COMPITIENDO POR CREAR VALOR

Juan F. Pérez-Carballo Veiga

ESIC EDITORIAL
Avda. de Valdenigrales, s/n. 28223 Pozuelo de Alarcón (Madrid).
Tels.: 91 352 77 16 - 91 352 80 34 - Fax: 91 352 85 34

© Juan F. Pérez-Carballo Veiga
ISBN: 84-7356-182-1
Depósito legal: M. 40693-1998
Fotocomposición: Anormi
              Doña Mencía, 39
              28011 Madrid

Portada: Carla Esteban

Imprime: Gráficas Dehon
          La Morera, 23-25
          28850 Torrejón de Ardoz (Madrid)

Impreso en España

En recuerdo a
Francisco, José y Angel,
quienes siempre antepusieron la riqueza
de la pasión a la pasión por la riqueza.

Índice

CAPÍTULO 11.–VALOR CREADO POR LA ADQUISICIÓN DE EMPRESAS

Introducción

A veces se señala cómo las nuevas técnicas de gestión irrumpen, una detrás de otra, en las empresas, absorbiendo importantes recursos para su implantación y dejando tras de sí, con frecuencia, insatisfacción por haberse incumplido las expectativas que en un principio se anticiparon. Una reciente encuesta de la revista "Fortune" muestra que son más los defraudados por los logros de la reingeniería de procesos que los que se sienten satisfechos con sus resultados.

De todas formas, cabe reconocer que este aluvión continuo de nuevas técnicas y planteamientos ofrece un estímulo permanente a la reflexión y a la mejora. Es manifiesto que las empresas, en general, están cada vez mejor gestionadas, aunque a ello contribuyan, también, otras causas como los crecientes niveles de formación o los avances de la tecnología.

Una de las técnicas más recientes, que pretende ayudar a mejorar la gestión empresarial, gira en torno a lo que se conoce, en general, como crear valor y, en particular, crearlo para el accionista.

Cuando la Bolsa sube, impulsada por la evolución favorable de las magnitudes macroeconómicas (reducción del tipo de interés y mejora de las expectativas de crecimiento, principalmente), se refuerzan las voces que resaltan la importancia de maximizar la creación de valor para el accionista. En general, el valor de mercado de todas las empresas, cotizadas o no, aumenta y, con él, la rentabilidad del accionista. Es entonces cuando algunos gestores, apoyados en la generosa muleta del mercado, pregonan su éxito y reclaman participar en las plusvalías generadas. Hay empresas que, adscritas a la moda del momento, anteponen como su objetivo más importante, a veces en detrimento de otros, el de maximizar la creación de valor para el accionista. El empeño por crear valor se convierte en un credo, al que pocos se resisten, espoleado por la valiosa e interesada contribución de consultores de ocasión.

Pero cuando la senda alcista de la Bolsa se quiebra, rotas las expectativas favorables del mercado, sólo perdura el eco debilitado del ya viejo mensaje que postula la necesidad de remunerar al máximo al capital por su aventurada apuesta. Entonces, ya no es hora de reclamar una participación en las minusvalías producidas y los gestores asisten, impotentes, a la destrucción de las plusvalías forjadas, con frecuencia, a partir de estrategias laboriosamente urdidas y ejecutadas. En setiembre de 1998 la cotización de una empresa francesa de telecomunicaciones se desplomó, en un solo día, en un 38% y a pesar de que la propia empresa adquirió un 10% de sus acciones en un vano intento de frenar la brusca caída, originada, en parte, por la desfavorable coyuntura bursátil.

El eslogan de crear valor para el accionista nace, a veces, de un sentido oportunista y especulativo. Oportunista, en cuanto que se ampara en la mejora de parámetros del entorno que, como la subida de la marea, afectan, aunque con distinta intensidad, a todas las empresas. Especulativo, en cuanto que se alimenta de causas esporádicas y no sostenibles. En ambos casos, el valor creado es volátil, no originado por la mejora de los fundamentos competitivos de la empresa, y se anula cuando desaparecen las oportunidades externas o los elementos especulativos que lo crearon.

La mayor subida absoluta de Wall Street, hasta el 8 de setiembre de 1998 y en el contexto de una grave crisis bursátil internacional, obedeció a unas declaraciones del máximo responsable monetario de Estados Unidos, anticipando una posible reducción de los tipos de interés. Causa que poco tiene que ver con la capacidad de los gestores de la empresa para crear valor para sus accionistas.

Algunos estudios demuestran que las recomendaciones de compra de los expertos que operan en el mercado bursátil, interesados en la subida de las cotizaciones por el incremento de negocio que supone y las oportunidades de especulación que ofrece, superan en cinco veces a las de venta. Este comportamiento contribuye a alimentar la tendencia alcista de la Bolsa.

En ocasiones, son las actuaciones de los especuladores, con su capacidad para distorsionar el comportamiento de la economía real de las empresas, las que anteponen la mayor fuerza del corto plazo de la economía financiera al empuje de la situación competitiva de las empresas. En otras, son los mismos gestores los que, en coyunturas favorables, acometen operaciones financieras (recompra o desdoblamientos de acciones, por ejemplo) dirigidas a mejorar la cotización, aunque sea transitoriamente, pero sin capacidad de crear auténtico valor sostenible.

Frente a este valor evanescente, creado más para la acción que para el accionista inversor, surge el genuino valor creado, nacido de la mejora de la situación de la empresa, y controlable por los gestores. Desglosar ambos exige disponer de metodologías contrastadas para medir el valor creado por la gestión y diferenciarlo del creado, más transitoriamente, por fuerzas exógenas. Además de permitir tomar decisiones a los inversores en la asignación de recursos, facilita remunerar, justamente, a los gestores por su auténtica contribución al fortalecimiento y mejora de la empresa.

Crear valor para el accionista, uno de los partícipes de la empresa, aparece como un objetivo legítimo de la sociedad mercantil. Crear valor exige participar en actividades rentables, orientando la asignación eficiente de los recursos, y mejorar la posición competitiva de la empresa. Para que ese valor perdure ha de alinearse con el obtenido por el resto de los partícipes. Así lo reclaman los defensores más serenos y congruentes de esta postura.

Al ser el accionista el receptor de los resultados residuales de la empresa, los restantes después de haber satisfecho todos los compromisos con terceros, se deberá crear valor, y anticipadamente, para el resto de los partícipes. Sólo así se evitará que se destruya el valor del accionista cuando entre en conflicto con los intereses del colectivo agraviado.

Recientemente, se han propuesto una serie de indicadores para estimar la creación de valor, como el valor económico añadido, el valor añadido de mercado y otros más complejos. Estos parámetros, que aparentemente reniegan de la contabilidad, descansan en ella para su cálculo, aunque con frecuencia precisen de numerosos ajustes.

El valor económico añadido, que no mide lo que parece sugerir su nombre, corrige el beneficio después de impuestos deduciendo el coste de los fondos propios, valorados contablemente. Aunque supone una mejora sobre dicho beneficio, en absoluto estima el valor creado, pues se limita a los resultados del ejercicio. Crear valor es posible con un valor económico añadido negativo y viceversa. En particular, para empresas emergentes en las que las expectativas cuentan más que las realizaciones reflejadas por los datos contables del año. Las empresas más maduras pueden ofrecer resultados contables satisfactorios, a la vez que la degradación progresiva de su posición competitiva destruye valor. Crear valor depende más de la capacidad para mejorar que de magnitudes de un año aislado.

Tampoco el valor añadido de mercado (diferencia entre la capitalización bursátil y el valor contable) estima correctamente el valor creado desde la constitución de la empresa, pues, por ejemplo, utiliza para su cálculo el valor contable de los fondos propios de dudosa significación para medir la inversión realizada por los accionistas.

En ocasiones, se pretende estimar el valor creado en el ejercicio por el aumento del valor añadido de mercado, lo que está sujeto, también, a errores importantes. Entre otras limitaciones, este parámetro omite los dividendos repartidos y el coste de oportunidad en que incurre el accionista por mantener su inversión en la empresa.

Una misma compañía puede ofrecer cualquier combinación, en cuanto a sus signos, de los tres indicadores anteriores. En un mismo ejercicio, un indicador puede sugerir que se ha creado valor mientras que los otros dos pueden indicar lo contrario.

Medir el valor creado exige enfrentar, al igual que hace el análisis de inversiones, los flujos de fondos del accionista durante el período, es decir, el valor final e inicial de la acción, el dividendo percibido y el coste de oportunidad de su inversión inicial. Si la empresa cotiza en Bolsa el valor final e inicial vienen dados por la cotización de mercado en cada momento. Si no cotiza, es preciso estimarlos por el valor actual del flujo de fondos previsto para el accionista.

Este método supone, en el caso de las empresas cotizadas, que el valor de una acción viene dado por el mercado, pues por la multitud de agentes que intervienen y la supuesta transparencia de la información disponible, se acepta que difícilmente se equivoca. Sin embargo, si así fuese, no se producirían las fuertes desviaciones que surgen entre la rentabilidad esperada por el accionista y la rentabilidad realmente obtenida, ni las importantes oscilaciones que experimentan las cotizaciones en períodos cortos, en los que difícilmente puede haber variado significativamente la situación de la empresa. Determinar el valor es un ejercicio impreciso y siempre una apuesta.

Probablemente, la cotización está más influenciada por los resultados inmediatos que por las expectativas de mayor alcance. Además, las cotizaciones se ven afectadas por factores emocionales, agrandados por reacciones de euforia o pánico según cual sea la coyuntura y que amplifican, en un sentido u otro, la realidad empresarial. No es infrecuente que la cotización de una empresa fluctúe en un 10% o más en un mismo día, con la consiguiente repercusión sobre el valor creado. En estos casos, el valor de la empresa no varía tanto como la apreciación que de él hace el mercado.

Con frecuencia, se utiliza la técnica de los multiplicadores para calcular el valor de una empresa que no cotiza en Bolsa. Para ello, se selecciona una variable representativa de la entidad de la empresa como son: el beneficio, las ventas, el valor contable de sus fondos propios o algún indicador operativo de su volumen de actividad (número de abonados o toneladas producidas, por ejemplo). A continuación se selecciona otra empresa (o un grupo de ellas) que cotice en Bolsa y similar a la que se desea valorar en facetas tales como: tipo de actividades, tamaño, tecnologías, canales de distribución, rentabilidad, endeudamiento o expectativas de crecimiento. Entonces, se identifica el multiplicador de la empresa de referencia que relaciona su capitalización bursátil, dato ofrecido por el mercado, con la variable relevante identificada (beneficio, ventas, valor contable o indicador operativo). Por último, se aplica el valor de este multiplicador de la empresa de referencia al valor de la variable relevante de la empresa en estudio.

Pero este método suele ser origen de errores importantes derivados de equiparar ambas empresas en la hipótesis de que son idénticas en todas las numerosas facetas relevantes. En realidad, ninguno de los multiplicadores que pueda seleccionarse es causa del valor, sino que es su consecuencia. Por ello, esta técnica, por otro lado muy utilizada en la práctica, sólo debe aplicarse cuando no sea factible elaborar estimaciones fiables de los flujos futuros de fondos de la empresa. Ello no quita que siempre resulte útil como elemento de contraste para comparar el valor actual obtenido al descontar los flujos futuros con el suministrado por el multiplicador o multiplicadores seleccionados.

Este libro expone los criterios a aplicar para medir el valor creado por las empresas, coticen o no, cómo determinar los parámetros que intervienen en su cálculo, los generadores de valor más relevantes y el valor creado por la estrategia, por las unidades de negocio y por la compra de otras empresas.

El autor desea agradecer la valiosa contribución recibida del profesor José Luis Espejo-Saavedra, del consultor Carlos Rodríguez Fernández y del empresario Eugenio Vela Sastre. Con los tres tuvo ocasión de contrastar y debatir el contenido de este libro y los tres le aportaron, generosamente, comentarios, experiencias y documentación. También agradece a Teresa Díaz González y al equipo de ESIC Editorial su colaboración en la edición de este trabajo.

Juan F. Pérez-Carballo Veiga

Octubre de 1998

Capítulo 1

Creación de valor para el accionista

1. ESTRATEGIA Y CREACIÓN DEL VALOR

Desde la perspectiva del accionista, un criterio clave para evaluar la calidad de la gestión de la empresa consiste en su capacidad para crear valor, es decir, para incrementar el patrimonio de sus inversores en fondos propios. Este aumento de la riqueza se produce cuando la rentabilidad obtenida por los accionistas supera el umbral mínimo que exigen a su inversión.

Por ello, la gestión del valor es uno de los objetivos prioritarios de la empresa. Incluso para algunos[1], en posiciones extremas, es el único relevante pues, según postulan, para que la empresa maximice su valor para el accionista es necesario que clientes, proveedores, trabajadores y otros partícipes estén satisfechos con su evolución. Para otros, "Como la función económica de la actividad de la empresa consiste en producir un producto o servicio a un precio competitivo mediante el compromiso de todos sus integrantes, es claro que se debe alcanzar un equilibrio en el reparto del valor añadido por la empresa entre todos sus componentes"[2].

En España, el denominado informe Olivencia, que recoge el Código del buen gobierno para los Consejos de Administración, formula como objetivo último de la actuación del Consejo la maximización del valor de las acciones.

Cada vez son más las empresas que proclaman en sus Cuentas Anuales que su principal objetivo es crear valor para sus accionistas. Coca-Cola, con más de cien años de existencia, ya afirmaba en 1984 que "El objetivo que dirige a esta empresa es incrementar el valor del accionista a lo largo del tiempo", y doce años después, en su informe anual, elevó ese objetivo al rango de misión. Una acción adquirida de esa empresa en 1919, primer año de cotización, por su precio inicial de 40 dólares, en 1996 valdría 5,1 millones de dólares, suponiendo que su primer compra-

---

[1] McTaggart, Kontes y Mankins: *The value imperative*. The Free Press, 1994.
[2] Gordon Donaldson: *Corporate restructuring*. Harvard Business School Press, 1994, pág. 12.

dor y sus afortunados herederos hubiesen reinvertido en acciones los dividendos percibidos durante ese período e incluyendo el efecto de los desdoblamientos[3] de acciones realizados por la compañía.

Para gestionar el valor es preciso disponer de herramientas para medirlo e identificar los parámetros relevantes que permiten influir sobre el mismo. En este proceso es crítico aislar y comprender los mecanismos por los cuales dichos parámetros contribuyen a la creación de valor, tanto los específicos de la empresa como los del sector en el que compite.

Estos parámetros, denominados generadores de valor y que han de ser controlables por la empresa, pueden ser operativos o financieros.

Los de naturaleza operativa son aquellos que nacen de la estrategia competitiva de la empresa, es decir, de la forma en que compite. Por ejemplo, para empresas con costes fijos elevados y que compiten sobre la base del precio de venta, la capacidad utilizada constituye un generador de valor clave, en cuanto que el coste unitario se reduce al crecer la actividad. Además, como estas empresas operan, en general, con márgenes estrechos, precisan alcanzar volúmenes elevados para aumentar la rotación y, por tanto, obtener una rentabilidad satisfactoria, calculada como producto del margen y la rotación.

Los parques temáticos y de atracciones operan con un elevado porcentaje de costes fijos, por lo que un requisito para obtener beneficios es llenar su aforo. Así lo entendió el renovado equipo de dirección de Euro Disney, cuando redujo el precio de la entrada en más de un 20%, lo que, junto a otras medidas, permitió entrar en beneficios en 1995 después de las importantes pérdidas generadas desde su inauguración en 1992.

Igualmente, en empresas con elevados costes de transporte, como ocurre en el sector cervecero o en el cementero, la localización de la planta de producción es, habitualmente, un generador operativo. La rápida obsolescencia de los semiconductores convierte la gestión de existencias en un generador importante para los fabricantes de este producto. A este respecto, la ley de Moore advierte que cada 18 meses se duplican sus prestaciones, provocando la obsolescencia de las generaciones anteriores.

---

[3] Desdoblar una acción es reducir su valor nominal, entregando al accionista el equivalente de acciones nuevas necesario para igualar el nominal de la acción antigua.

Un generador financiero de valor es, por ejemplo, la estructura de financiación o relación entre deuda y fondos propios, puesto que el endeudamiento permite apalancar la rentabilidad financiera a la vez que incrementa, simultáneamente, el riesgo y tanto una como otro son determinantes del valor de la empresa.

En 1985, después de cinco años de análisis, Coca-Cola cambió, por una más dulce, la composición de su producto estrella, con 99 años de vida, apoyándose en las pruebas ciegas de mercado realizadas de contraste con Pepsi. El objetivo de ganar tres puntos en cuota de mercado se convirtió, sin embargo, en una pérdida de un punto y medio. El día del anuncio del cambio de receta el valor de mercado de la empresa se redujo en 213 millones de dólares, frente a un incremento de la capitalización bursátil de Pepsi de 176 millones. Este es un ejemplo de una decisión que destruyó valor y que obligó a Coca-Cola, forzada por la reacción adversa del mercado, a reponer la antigua receta que, rebautizada como "clásica", recuperó, lentamente, su cuota de mercado anterior. Por el contrario, la nueva "Coke" dejó pronto de figurar entre las diez bebidas refrescantes de más venta en Estados Unidos[4]. Después de esta experiencia no es extraño que esta empresa acompañe las modificaciones de envases con eslóganes publicitarios recordando que se cambia la imagen pero no el sabor.

Una estrategia generadora de valor la ofrece el fabricante DELL, pionero en la venta directa de ordenadores personales. Hasta su irrupción en el mercado, el acceso al canal de distribución era una de las barreras de entrada a este sector. DELL la superó eliminándolo, consiguiendo, además, evitar su coste y retener el contacto directo con el cliente. Esta estrategia de venta directa, a la que no pudieron responder sus grandes rivales por la competencia interna que hacerlo hubiese supuesto a sus amplias y consolidadas redes de distribución, se ha mostrado como un importante generador de valor. DELL, que arrancó en 1983 y empezó a cotizar en Bolsa en 1988, ha conseguido, desde este año, incrementar sus ventas a una tasa anual superior al 50%, con una cuota en el mercado norteamericano próxima ya, en 1997, al 10%, y que la cotización de sus acciones se haya multiplicado por 200 en siete años.

Pero el potencial de una empresa para crear valor depende no sólo de su posición competitiva y de la capacidad para mantenerla, sino también del atractivo económico de su sector de actividad. Es razonable que uno atractivo, con expectativas importantes de crecimiento, sea fuente de crea-

---

[4] Pankaj Ghemawat: *Commitment*. The Free Press. 1991, pág. 109.

ción de valor para las empresas que participan en él. Lógicamente, este potencial es mayor para las empresas que son agentes del sector, es decir, que influyen sobre su configuración y estructura competitivas, que para aquellas otras que son meras pacientes, sin capacidad de influencia. En este sentido, la actuación de DELL alteró la estructura del sector de ordenadores personales, definiendo nuevas reglas competitivas y obligando a sus rivales a reducir precios, acelerar plazos de entrega, reducir inventarios y prestar una mejor atención a clientes. La fuerza de estos atributos aumenta con la creciente homogeneidad de este producto informático.

El encaje de la estrategia de la empresa exige identificar los parámetros específicos que crean valor en su sector, con el objeto de gestionarlos internamente. En ocasiones, el valor creado se lo apropian proveedores y clientes. Esto ha sucedido, recientemente, en la industria de los ordenadores personales. Según algunas estimaciones, Intel y Microsoft se han beneficiado del 80% del valor creado por este sector, quedando sólo un 20% en manos de los fabricantes de ordenadores[5]. Ello explica que el rendimiento anual medio obtenido por los accionistas de ambas empresas, durante el período 1987-97, haya sido del 36% y del 46% respectivamente, frente a sólo un 12% de media ofrecido por los fabricantes de equipos. Incluso la fuerte reducción de los precios de venta de los ordenadores personales, así como el enorme aumento de sus prestaciones, efectos derivados de la intensa competencia desatada y del progreso tecnológico, a quien más ha beneficiado ha sido, probablemente, a sus usuarios.

Para Hamel[6] una empresa crea valor si los dos siguientes indicadores muestran un comportamiento creciente:

- La suma de la capitalización bursátil de todas las empresas que operan en el sector.

- La cuota que representa el valor de mercado de la empresa con relación al valor de mercado total de su sector.

El primer indicador es una opción para medir el atractivo económico del sector. El segundo estima la posición competitiva de la empresa.

La posición competitiva es más crítica para crear valor que el atractivo económico del sector, pues incluso en sectores deteriorados siempre se pueden encontrar nichos o huecos de mercado atractivos. Este fue el

---

[5] Hax y Majluf: *The strategy concept and process.* Prentice Hall International, 1996, pág. 12.
[6] *"Fortune"*, 4 de agosto de 1997, pág. 166.

caso, por ejemplo, de Hewlett-Packard y Compaq, quienes durante la crisis de la industria informática de los primeros años 90, que afectó tan seriamente a otros grandes fabricantes de ordenadores y material relacionado, fueron capaces de ofrecer resultados muy satisfactorios a sus accionistas, según muestra el cuadro 1. Por el contrario, más difícil resulta que una empresa con posición competitiva débil ofrezca un rendimiento satisfactorio a sus accionistas, aunque actúe en un sector atractivo.

Cuadro 1. RENDIMIENTOS OBTENIDOS POR EL ACCIONISTA[7]

Compañía	Rentabilidad media del período 1987-1997
IBM	9%
Hewlett-Packard	17%
Compaq Computer	31%
Digital Equipment	−12%
Apple Computer	−10%
Media del sector	12%

2. LA CREACIÓN DE VALOR COMO INSTRUMENTO DE GESTIÓN

Los criterios de medida empleados para evaluar actuaciones influyen sobre los comportamientos y los resultados. Por ejemplo, el cambio de dos a tres puntos por victoria en la liga de fútbol estimula a los equipos a ganar y, por tanto, a un juego ofensivo. La fuerza de este estímulo se manifiesta cuando se comprueba que un equipo que, imbatido, gane el 40% de sus partidos y empate el resto, obtiene la misma puntuación que otro que gane el 60% pero pierda el 40% restante.

En este sentido, el criterio de creación de valor para gobernar y evaluar la estrategia de la empresa permite:

— Establecer objetivos y estrategias en coherencia con las expectativas de los accionistas. En la actualidad, asistimos a un poder creciente de los denominados accionistas institucionales, y en especial de los que constituyen el núcleo estable del accionariado. Estos

---

[7] Ranking de las 500 mayores empresas de EE.UU. editado por *Fortune,* 1998.

últimos, frente a las personas físicas, tienen objetivos más exigentes de rentabilidad, cuentan con más fuentes de información, están más atentos a la progresión de las operaciones y disponen de más recursos para acceder e influir sobre los rectores de la empresa.

Incluso, algunos de estos accionistas institucionales (las entidades financieras) tienen la posibilidad de acrecentar su poder mediante el mecanismo de la delegación de voto. Es el caso, por ejemplo, de los bancos alemanes que administran el 50% de las acciones cotizadas en Bolsa en dicho país, cuando sólo son propietarios del 8,2%[8]. El accionista institucional no siempre puede o se resigna a vender su participación, como hace el particular, si está disconforme con la gestión de la empresa; cada vez más intenta cambiar la situación, reemplazando a los órganos dirigentes.

El poder de estos accionistas institucionales quedó de manifiesto, por ejemplo, en la oferta pública de compra de acciones que el Grupo Granada lanzó para adquirir el Grupo Forte a finales de 1995, en la operación más hostil que se recuerda en la City londinense. La victoria de Granada se decantó cuando el Mercury Asset Management, accionista del 14,1% de Forte, declaró su apoyo a la oferta de aquella empresa[9].

Por todo ello, cumplir con las expectativas de rentabilidad de los accionistas es un requisito que han de satisfacer los gestores para mantener su apoyo.

– Orientar la estrategia de la empresa hacia aquellas acciones y procesos que crean valor, aportando criterios de análisis y decisión basados en este parámetro, con un enfoque a largo plazo. En este contexto, el crecimiento en sí mismo deja de ser un baremo de medida del éxito si no es rentable. Por el contrario, cuando sí lo es puede propiciar estrategias que refuercen la posición competitiva de la empresa, aun a costa de reducir el beneficio a corto plazo. Estas acciones, lógicamente, exigen una buena comunicación con los accionistas y el mercado para que compartan y aprecien, adecuadamente, los proyectos emprendidos y los incorporen a su valoración de la empresa. Por ello, el criterio de la creación de valor aporta un instrumento útil para:

---

[8] Copeland, Koller y Murrin: *Valuation.* Wiley, 1996, pág. 6.
[9] A su vez, el Mercury Asset Management fue adquirido por otra entidad financiera en 1997.

- Elegir entre estrategias y asignar de recursos de todo tipo.
- Forzar a centrarse en los mecanismos capaces de influir sobre el valor.
- Integrar las distintas actuaciones y procesos que tienen lugar en el seno de la empresa.
- Equilibrar el contenido temporal de sus acciones, de modo que actuaciones oportunistas de corto plazo no hipotequen su capacidad para crear valor.
- Liquidar actividades incapaces de crear valor.

– Enfocar la función de invertir de modo que se valoren estrategias en lugar de proyectos aislados. La empresa lo que debe financiar son estrategias, aceptando sus dilatados plazos para generar resultados, y en cuyo seno los proyectos deben encontrar su justificación y aportar su auténtica contribución. Al cálculo del valor actual neto del proyecto aislado se antepone, como más relevante, el valor actual neto de la estrategia en la que se integra.

– Facilitar la captación de financiación adicional, puesto que los capitales, en forma de fondos propios o deuda, se dirigen hacia las empresas que crean valor. Además, en cuanto que la aplicación sistemática y con éxito del objetivo de creación de valor provoca un incremento de la cotización de las acciones, las eventuales ampliaciones de capital se realizarán en condiciones más ventajosas para la empresa. Igualmente, mejorarán su imagen en el mercado y su solvencia financiera y, por tanto, sus condiciones crediticias. Todo ello adquiere más relevancia en la situación actual, con la creciente movilidad internacional de que disfrutan los capitales.

– Evaluar y recompensar la gestión realizada por su equipo de dirección. Si se liga la remuneración a directivos con el valor creado se acercan los objetivos de los gestores a los de los propietarios, puesto que se induce a aquellos a comportarse como dueños. Es un medio, pues, para superar los denominados problemas de agencia, que surgen de la diferencia de objetivos de ambos colectivos. Aunque, en la actualidad, existe la tendencia a vincular la remuneración de los directivos a los resultados, todavía la correlación entre ambos parámetros parece poco significativa[10]. Esta relación, para que estimule a maximizar la riqueza del accionista, debe basarse en el valor realmente creado y no, como sucede con frecuencia, en

[10] McTaggart, Kontes y Mankins: *The value imperative*. The Free Press, 1994, pág. 281.

cifras absolutas de beneficios que pueden obedecer más a la inercia de éxitos pasados que recientes. Además, si el mercado de trabajo para directivos valora su capacidad para generar valor para el accionista, se dispondrá de un instrumento que les estimule en ese propósito como requisito para su progreso profesional.

Algunos de los problemas de agencia que enfrentan los intereses de los accionistas y de los gestores se extienden a las siguientes áreas:

– *Crecimiento:* el accionista da prioridad a la rentabilidad. Al gestor puede convenirle dirigir una empresa de mayor tamaño para reforzar la importancia de su puesto. Este contraste puede resumirse diciendo que el accionista antepone la última línea de la cuenta de resultados a la primera. Para el gestor la prioridad puede ser inversa.

– *Liquidez:* para el gestor, la liquidez es una protección para hacer frente a períodos difíciles. El accionista prefiere reducirla en cuanto que el coste de financiarla supera al rendimiento que genera. Cuando se precisan fondos el accionista es favorable a que se acuda al mercado de capitales para que sancione la razonabilidad de la inversión.

– *Dividendos:* el gestor se inclina más por la retención de beneficios en busca de la autofinanciación. El interés del accionista en percibir dividendos depende del objetivo de su inversión y de su situación fiscal.

– *Endeudamiento:* al accionista le interesa que sea elevado a fin de apalancar su rentabilidad e inducir a una mayor exigencia en la aplicación de fondos. Para el gestor el endeudamiento genera cargas financieras y la obligación de amortizarlas, y, por tanto, el riesgo de no poder atender al servicio de la deuda.

– *Diversificación:* reduce el riesgo para el gestor, pero el accionista puede diversificar su inversión más eficientemente repartiendo su patrimonio directamente entre otras empresas.

– *Desinversiones:* al accionista le interesa que se liquiden las actividades que no crean valor. El gestor es más reacio a reconocer el fracaso o a reducir el tamaño de la empresa.

– *Corto y largo plazo:* el gestor está más dedicado y preocupado por los resultados a corto plazo que el accionista que invierte con una perspectiva de permanencia. Para el gestor, el éxito inmediato, aunque pueda obtenerse a costa de hipotecar el futuro, constituye un trampolín para progresar profesionalmente.

  – *Reacción ante una OPA*[11] *hostil:* mientras para el accionista puede ser una oportunidad de recibir una prima sobre la cotización actual, para el gestor suele ser una amenaza a su situación profesional.

3. CÓMO MEDIR LA CREACIÓN DE VALOR

Para medir el valor creado para el accionista no son fiables las magnitudes o índices derivados de la contabilidad, pues están afectados por criterios contables o por decisiones que premian el resultado a corto plazo frente a una perspectiva de más largo alcance. Además, la contabilidad informa sobre los resultados pasados, mientras que los inversores están más interesados en lo que sucederá en el futuro: sobre la base de sus expectativas de evolución de la empresa establecerán el precio de las acciones.

En cualquier caso, el análisis de la información contable es siempre útil, así como la revisión de eventuales cambios en los criterios aplicados. Por ejemplo, se puede recurrir a alterar un criterio contable o se pueden reducir determinados gastos de desarrollo estratégico de la empresa con el objeto de evitar una caída del beneficio inmediato. La intencionalidad de estas actuaciones deberá ser identificada por el analista atento.

La medida del valor exige recurrir, al igual que hace el análisis de inversiones, a los flujos de efectivo en vez de utilizar índices contables de dudosa capacidad para anticipar el futuro. En un año determinado, el valor creado para los accionistas se estima a partir de los dividendos repartidos más el incremento del valor de las acciones. Si de este rendimiento deducimos la renta mínima exigida por los inversores, que equivale a la de sus oportunidades alternativas de inversión, se obtiene el auténtico valor creado por la empresa en el año, es decir, el excedente generado por encima del coste de todos los recursos utilizados, incluido el coste de capital de los fondos propios.

Para empresas que cotizan en Bolsa el valor de sus acciones viene dado por su capitalización bursátil o producto del número de acciones por su cotización. Para las que no cotizan, su precio teórico hay que estimarlo mediante técnicas que se presentan más adelante.

Analíticamente, el valor creado en un año (VC) se estima, en una pri-

---

[11] OPA: oferta pública de adquisición de acciones lanzada por una empresa para comprar otra.

mera simplificación que omite contemplar ampliaciones de capital y recompras de acciones, mediante la expresión:

$$VC = VM_f - VM_i + DIV - R \cdot VM_i \tag{1}$$

donde:

VM$_f$ valor de mercado final de los fondos propios.
VM$_i$ valor de mercado inicial.
DIV dividendo repartido durante el año que media entre las dos valoraciones anteriores.
R   rentabilidad mínima exigida por los accionistas[12].

El valor creado, según lo calcula la fórmula 1, representa el exceso generado sobre la rentabilidad mínima de los inversores, es decir, aquella que podrían obtener de otras inversiones alternativas de riesgo similar. Cabe recordar que este rendimiento mínimo exigido por los accionistas equivale al coste de capital de los fondos propios de la empresa. Esta ha de alcanzar, por lo menos, este listón de rendimiento normal a fin de contar con el respaldo de sus accionistas y poder captar, cuando los precise, fondos adicionales en condiciones satisfactorias.

En cuanto a la rentabilidad del accionista (Ra), se calcula dividiendo sus rentas por el valor inicial de su inversión, es decir:

$$Ra = \frac{\left(VM_f - VM_i\right) + DIV}{VM_i} \tag{2}$$

y se compone de la rentabilidad por plusvalía o incremento del valor y del dividendo. La fórmula anterior supone que el dividendo se reparte a final de año; de no ser así, habría que actualizar su valor a dicho instante. La relación entre el valor creado y la rentabilidad del accionista, según se desprende de las fórmulas anteriores, es:

$$Ra = R + \frac{VC}{VM_i} \tag{3}$$

o:

$$VC = VM_i \cdot (Ra - R) \tag{4}$$

---

[12] El capítulo 4 aborda cómo estimar esta tasa.

La primera establece que la rentabilidad para el accionista es el rendimiento normal (R) esperado por el accionista más la creación (o menos la destrucción) de valor, expresado en porcentaje, que se haya producido. La segunda explicita que para que se cree valor es preciso que la rentabilidad del accionista supere a la rentabilidad mínima exigida. Si son iguales, el accionista se limita a recibir su rendimiento esperado sin que haya creación o destrucción de valor.

Como ejemplo, sea una empresa que cotiza en Bolsa y que, a final de año, ofrece los siguientes resultados, en millones de euros, y que no ha realizado ninguna ampliación de capital ni recompra de acciones:

Dividendos repartidos (DIV)	100
Valor final de mercado de sus fondos propios (VM_f)	3.500
Valor inicial de mercado de sus fondos propios (VM_i)	3.000
Rentabilidad exigida por los accionistas (R)	14%

Suponiendo, a meros efectos ilustrativos, que todas las acciones de la empresa se adquieren a principio de año y se venden a finales, la renta del conjunto de accionistas que lo han sido durante el año habría ascendido a 600 millones de euros y el valor creado a 180 millones, calculados por:

Aumento de la capitalización bursátil	500
+ Dividendos repartidos	100
= Renta de los accionistas	600
− Rendimiento normal exigido por los accionistas (0,14 x 3.000)	−420
= Valor creado en el año para los accionistas	180
Valor creado en % sobre el valor inicial (180/3.000)	6%

La rentabilidad del accionista se obtiene dividiendo la suma de la renta obtenida (incremento del valor de mercado y dividendos percibidos) por la inversión inicial. En el ejemplo, esta rentabilidad habría sido, según la fórmula 2, del 20% (600/3.000), superior en 6 puntos a su rendimiento esperado. De persistir este margen, se produciría una afluencia de inversores interesados en adquirir acciones de la empresa, debido a la renta extraordinaria que promete. Ello provocaría un aumento de la cotización de sus acciones, por el exceso de demanda inducida, hasta un precio tal que el rendimiento para los nuevos inversores converja hacia el indicado 14%, tasa que representa, en este ejemplo, la rentabilidad normal del mercado. Si se consolida en el futuro este rendimiento del 14%, el valor creado para el accionista sería nulo, pues se limitaría a obtener el rendimiento normal sobre su inversión.

Las fuerzas del mercado financiero hacen pues que la rentabilidad real del inversor tienda a igualarse con la rentabilidad normal. En igual sentido actúan, reforzando el proceso, las dinámicas competitivas del mercado de productos. Por un lado, la dinámica de movilidad sectorial empujará a nuevas empresas hacia los sectores más atractivos, deteriorando su rentabilidad. Igualmente, animará a otras a abandonar los menos favorables, haciendo que mejore su rendimiento. Por otro, la dinámica de la mejora competitiva forzará a las empresas en posición desfavorable a potenciar su situación como única salida a su viabilidad y a evitar su eventual desaparición.

Mientras los mercados financieros actúan rápidamente, produciendo ajustes inmediatos, los mercados de productos operan más lentamente en cuanto que exigen períodos de maduración más dilatados.

El valor creado se puede obtener también, según la fórmula 4, por:

$$VC = 3.000 \cdot (0,20 - 0,14)$$

Igualmente, es posible expresar el valor creado con relación al valor de mercado inicial, obteniéndose el índice de creación de valor según la expresión:

$$\frac{VC}{VM_i} = Ra - R \tag{5}$$

El método propuesto para estimar el valor creado supone que, durante el período, no ha habido ni ampliaciones de capital ni recompra de acciones por parte de la empresa. En el primer caso sería de esperar que la capitalización bursátil se incrementara, no sólo por la eventual creación de valor por la inversión del nuevo capital obtenido, sino también por los nuevos fondos aportados. En el segundo, podría disminuir como consecuencia del efecto de los fondos desembolsados por la empresa, que reducirían sus activos líquidos o aumentarían su deuda. Más adelante se insiste sobre los ajustes a realizar en ambas situaciones[13].

Según sea el signo del valor creado por la empresa se dirá que crea valor o, por el contrario, que lo destruye. Lógicamente, el signo será positivo si el rendimiento del accionista supera sus expectativas de rentabilidad y negativo en caso contrario. El cuadro 2 recoge ambas situacio-

---

[13] Esto se aborda en el epígrafe 4 del capítulo 2.

nes referidas a un período de un año, para una tasa de rendimiento esperado del 14% y suponiendo que la rentabilidad real del accionista, tal y
como se ha definido anteriormente en la fórmula 2, oscila entre el 10 y el
18%.

Cuadro 2. MATEMÁTICA DE LA CREACIÓN DE VALOR

Inversión inicial	Rentabilidad del accionista	Valor creado
100	10%	−4 se destruye valor
100	14%	0
100	18%	4 se crea valor

En resumen, el valor creado se refiere al rendimiento obtenido por
encima del normal, que viene dado por las expectativas del mercado. Así,
una empresa puede ofrecer un beneficio contable positivo, pero si no
supera el listón mínimo de rentabilidad exigido por sus accionistas, estará
destruyendo valor y sus accionistas podrían haber acertado desplazando
su inversión a otras opciones. Por último, en las tres situaciones del cuadro 2 la cotización de la acción tenderá a evolucionar, presionada por el
empuje de los mercados financieros y de productos, de modo que el rendimiento de los inversores converja con el 14% indicado.

4. DINÁMICA DE LA RENTABILIDAD

Crear valor exige, por tanto, que la rentabilidad real del accionista
supere sus expectativas de rentabilidad. Como se adelantó, las fuerzas de
la competencia, manifestadas en periodos amplios, hacen que ambas magnitudes tiendan a aproximarse. Aquellas empresas que ofrecen un rendimiento inferior se ven obligadas a mejorar su posición competitiva como
único camino para sobrevivir. Esta mejora degradará, a la vez, la posición
de sus competidores más aventajados. De este modo, los diferenciales
entre rendimientos de las distintas empresas de un mismo sector que
sobrevivan a éste permanente embate competitivo, deben tender a anu-
larse, aunque experimentando los vaivenes lógicos de todo proceso no
automático de convergencia.

El cuadro 3 recoge, para cinco sectores industriales de Estados Unidos, datos sobre la evolución de la rentabilidad media del accionista desde
1990 a 1996. De cada sector se han escogido las diez empresas mayores

en función de sus ventas y se han clasificado en dos grupos de cinco en función de su rentabilidad respectiva en 1990, calculándose la rentabilidad media (sin ponderar por el tamaño) de las cinco más rentables y de las cinco que lo fueron menos. El diferencial de rentabilidad entre ambos grupos, para cada sector y año, se indica en el cuadro 3 en puntos porcentuales. Igualmente, se ha calculado la variación de dicho diferencial en porcentaje en el tránsito de 1990 a 1996.

Para el conjunto de los cinco sectores (que incluye 50 empresas), el diferencial de rentabilidad entre el grupo más rentable en 1990 y el menos rentable fue de 26,5 puntos en 1990 y se redujo a 8,1 en 1996, lo que supone una disminución del diferencial entre ambos grupos del 69%.

Cuadro 3. REDUCCIÓN DEL DIFERENCIAL DE RENTABILIDAD DEL ACCIONISTA

	Diferencial de rentabilidad entre grupos (en puntos)		Reducción del diferencial en % de 1990 a 1996
	1990	1996	
Electrónica	23,0	−0,4	102%
Químico	24,6	5,0	80%
Ordenadores	49,0	14,6	70%
Refino petróleo	18,8	9,0	52%
Farmacia	17,0	12,2	28%
Total sectores	26,5	8,1	69%

En el plazo de seis años, en todos los sectores se redujo, fuertemente, el diferencial entre ambos grupos, indicando la aproximación entre ellos durante el período analizado. Sólo en la industria electrónica la rentabilidad media de las cinco empresas menos rentables en 1990 superó, en 1996, a la rentabilidad media de las cinco empresas que fueron más rentables en el origen. Esto indica una movilidad mayor de las posiciones competitivas de este sector, reflejo de las dinámicas de cambio tecnológico y de mercado por las que atraviesa. Por el contrario, en la industria farmacéutica las empresas más rentables en 1990 preservaron con más solidez su ventaja relativa, en coherencia con las características estructurales de la misma nacidas de las fuertes barreras de entrada que la protegen (importancia de la investigación y marca, patentes, cobertura internacional, entre otras).

Por ello, se puede afirmar que la dinámica competitiva genera una fuerza que propicia la regresión de la rentabilidad hacia la media.

5. CUANDO LA EMPRESA NO COTIZA

Para empresas que no cotizan en Bolsa es posible realizar un análisis similar, aunque para ello se requiere estimar el valor teórico de mercado de sus fondos propios basándose en las expectativas de resultados futuros. Frente al valor contable, que es mera consecuencia de lo sucedido hasta la fecha y de los criterios de valoración aplicados, el valor teórico nace del principio general de que el mercado valora un activo físico o un título financiero por el valor actual de las rentas monetarias que promete su posesión. Para obtenerlo es preciso contemplar sus Cuentas de resultados y sus Balances previsionales. En este planteamiento, el valor teórico se utilizará como sucedáneo o aproximación al del mercado.

Según este criterio, el valor teórico de los fondos propios se estima a partir del valor actual del flujo de caja para el accionista, entendido como los fondos disponibles para ser repartidos entre los accionistas, una vez que se han atendido todas las exigencias operativas y de inversión del negocio, el servicio a la deuda y los impuestos y con independencia de que la totalidad del importe resultante se distribuya como dividendos o se retenga en la tesorería de la empresa. Si hubiese recursos ociosos, que no generan renta, su valor debería añadirse al valor actual obtenido a partir de los flujos de caja previstos.

A continuación, se presenta un modelo para empresas maduras cuyo crecimiento previsto sea constante. Posteriormente se generaliza la metodología para situaciones que no presentan este comportamiento estable. En ambos casos, el cálculo se realiza sobre la base de los movimientos de caja disponibles para repartir a los accionistas en cuanto que el valor ha de estimarse, al igual que en el análisis de inversiones, a partir del movimiento de los flujos de efectivo y no de magnitudes contables.

El flujo de caja para el accionista, en el próximo ejercicio, viene dado por la suma del beneficio neto (BN) y la amortización del año (A) menos las inversiones (IN) que no se prevén financiar con un incremento de la deuda (D), es decir:

$$FCA = BN + A - IN + \Delta D \qquad (6)$$

Los valores de todas las variables implicadas son las estimadas para el ejercicio siguiente al del momento del cálculo. La inversión incluye las previstas realizar en inmovilizado (tanto nuevo como de reposición y mantenimiento) y en capital circulante operativo[14]. El incremento de la deuda se calcula deduciendo del saldo previsto para final de ejercicio el saldo inicial, lo que coincide con restar de las nuevas contrataciones previstas las devoluciones a realizar.

Cabe precisar que el flujo de caja para el accionista de un solo año no es válido para evaluar la calidad de la gestión, pues se ve afectado, además de por criterios contables, por decisiones discrecionales y puntuales de inversión/desinversión o relativas al volumen y estructura de financiación. Estas influencias, lógicamente, se ven atenuadas o incluso compensadas, cuando se contemplan períodos más amplios. Lo relevante es la corriente futura de flujos esperados y no el de un año aislado, más sensible a coyunturas o sucesos no recurrentes. Esta sensibilidad es, lógicamente, más acusada en empresas en fase de crecimiento o declive y en empresas sujetas a procesos de reconversión, que en aquellas otras más estables y consolidadas cuyo comportamiento no suele ofrecer grandes cambios.

De la fórmula 6 se deduce, según el anexo 1, que el flujo de caja para el accionista esperado para el próximo ejercicio, bajo la hipótesis de que las magnitudes contables muestran un crecimiento constante, se estima por:

$$FCA = FP \cdot (RF - c) \qquad (7)$$

donde:

- FP es el valor contable inicial de los fondos propios, es decir, el obtenido de restar al activo neto la deuda. El activo neto, a su vez, es la diferencia entre el activo total y la financiación espontánea.

- RF es la rentabilidad financiera esperada, calculada a partir de valores contables, o cociente, entre su beneficio neto (BN) y sus fondos propios iniciales (FP).

- c es la tasa de crecimiento esperada para las distintas partidas contables de la empresa, y, en concreto, de sus fondos propios. De momento se supone que no se producen ni ampliaciones de capital ni recompra de acciones.

---

[14] El capital circulante operativo es la diferencia entre el activo circulante operativo y la financiación espontánea. El primero es la suma de las cuentas de deudores, existencias y tesorería exigida por las operaciones. El activo circulante operativo excluye los excedentes de tesorería no necesarios para desarrollar la actividad. La financiación espontánea se compone de aquellas partidas de financiación de la empresa que no tienen un coste explícito.

La tasa de crecimiento c se relaciona, en este escenario, con la rentabilidad financiera mediante la expresión:

$$c = b \cdot RF$$

donde b es la tasa de retención de beneficios. Esta expresión se deduce de las igualdades:

$$c = \frac{BR}{FP} \quad y \quad b = \frac{BR}{BN}$$

siendo BR el beneficio retenido del ejercicio.

Si el beneficio neto y los fondos propios crecen a una tasa constante c, la rentabilidad financiera permanecerá también constante en el futuro.

En la hipótesis de que el crecimiento previsto c para todas las magnitudes contables de la empresa sea constante y suponiendo que ésta opera indefinidamente, el valor teórico de mercado de los fondos propios (VT) se obtiene a partir de la fórmula que da el valor actual de una renta perpetua creciente a una tasa c, de importe inicial FP · (RF–c) y a una tasa de descuento R, resultando:

$$VT = FP \cdot \frac{RF - c}{R - c} \tag{8}$$

donde R es el rendimiento exigido por los accionistas y, por tanto, su tasa para actualizar sus rentas futuras. El anexo 2 demuestra que el valor actual de una renta perpetua con crecimiento constante es igual a la primera renta esperada dividida por la diferencia entre las tasas de descuento y de crecimiento, siempre y cuando la primera sea superior a la segunda.

La fórmula 8 muestra cómo el segundo factor del segundo término constituye un multiplicador que amplifica o reduce el valor contable de los fondos propios para dar lugar al valor teórico. Si este multiplicador es mayor que la unidad, el valor teórico supera al contable, ofreciendo la diferencia una estimación, aunque no muy precisa, del valor creado por la empresa, en términos acumulados.

Para que dicho multiplicador sea mayor que la unidad es necesario que la rentabilidad financiera prevista (RF) supere la rentabilidad mínima exigida por los accionistas a su inversión (R). Según este modelo, las empresas que crean valor son aquellas que ofrecen un multiplicador superior a la unidad[15].

---

[15] En el capítulo 2 se analizan las limitaciones de este modelo, que postula que la creación de valor exige un multiplicador superior a la unidad.

Determinando cada año el valor teórico, el valor anual creado se calcula en términos similares a los descritos para aquellas empresas que sí cuentan con la referencia de su cotización bursátil. Para ello se utilizará la fórmula 1, en la que el valor teórico (VT) aparece como aproximación del de mercado (VM).

Si, transcurrido un año, los resultados reales coinciden con los previstos y se mantienen los flujos futuros estimados, la rentabilidad obtenida por el accionista coincide con su rentabilidad exigida, según demuestra el anexo 3. La creación de valor exige mejorar, sobre las estimaciones previas, los parámetros que participan en su cálculo. Si sólo se cumplen las expectativas, no habrá creación de valor; éste se creó cuando se gestaron dichas expectativas. Por ello, la creación de valor para el accionista exige un permanente esfuerzo de implantación de nuevas estrategias capaces de mejorar las expectativas y, por tanto, el flujo esperado de caja para el accionista y su valor teórico.

Para las empresas que sí cotizan y que se comporten según un modelo de crecimiento constante, la obtención de su valor teórico por medio de la fórmula 8 ofrece un valioso contraste para calibrar la razonabilidad de su valor de mercado. Si el valor teórico supera a la cotización, la empresa está infravalorada, lo que denota que el mercado puede desconocer sus estrategias y acarrea el peligro de una oferta pública de adquisición de acciones por algún potencial comprador, conocedor del desajuste y deseoso de adquirir el control de la empresa. Si la situación es la contraria, el riesgo es que el mercado advierta la sobrevaloración y provoque una caída súbita de la cotización, con la consiguiente insatisfacción de los accionistas y la pérdida de valor e imagen de la empresa.

En el primer caso la diferencia entre el valor teórico y la cotización ha de ser lo suficientemente amplia como para permitir que el eventual comprador pueda ofrecer un premio significativo sobre la cotización actual. Es habitual tener que abonar un premio no inferior al 25% si se desea alcanzar el control de la empresa, pues será preciso convencer a un número suficiente de accionistas para que vendan su participación. Desde la perspectiva del comprador puede estar justificado satisfacer esta prima si considera que, al gestionar la empresa, puede mejorar sus flujos futuros de efectivo.

Además, si la empresa se considera infravalorada, aparece una oportunidad de recomprar acciones a un precio atractivo. Si, por el contrario, se estima que está sobrevalorada, la oportunidad consiste en realizar una ampliación de capital.

La validez de aplicar la fórmula 8 anterior depende de que se cumpla la hipótesis reseñada de crecimiento constante. Sin embargo, aun en los

casos en que no sea estrictamente aplicable, por no preverse un crecimiento constante y que afecte por igual a todas las magnitudes contables,
hacerlo tiene las siguientes aplicaciones:

- Ofrece un primer valor de referencia que se puede afinar, posteriormente, mediante previsiones más elaboradas y desglosadas por
  años del flujo de caja para el accionista.

- Permite comprender las variables de las que depende, en última
  instancia, el valor de la empresa y que son: rentabilidad, crecimiento y riesgo. Este último parámetro influye sobre la rentabilidad
  esperada por los accionistas.

- Facilita evaluar, *grosso modo,* la repercusión de estrategias alternativas sobre el valor de la empresa.

- Posibilita realizar, rápidamente, análisis de sensibilidad que eva-
  lúen el impacto de alteraciones en los parámetros que intervienen.

- Suministra un atajo útil y razonable para estimar el valor residual al
  término del horizonte planificado cuando, en ausencia de un crecimiento constante, la estimación del valor de los fondos propios
  exige determinar el flujo de caja para el accionista para los años
  inmediatos y sustituir los posteriores por el mencionado valor residual, según se expone más adelante. El horizonte planificado
  corresponde al número de años para los que se realizan previsiones
  individualizadas del flujo de caja.

Por último, conviene advertir de la gran sensibilidad que presenta el
valor teórico a los parámetros que intervienen en la mencionada fórmula 8,
según atestigua el ejemplo del cuadro 4, en el que se suponen unos fondos
propios iniciales de 100. En este caso, cuando se les hace variar a la vez y
en sentido adverso un 10%, el valor teórico disminuye casi en un 24%.

**Cuadro 4. SENSIBILIDAD DEL VALOR TEÓRICO A UNA VARIACIÓN
DEL 10% DE LAS VARIABLES IMPLICADAS**

	Situación de referencia	Situación corregida	% Variación
Rentabilidad financiera (RF)	18,0%	16,2%	−10
Tasa de crecimiento (c)	4,0%	3,6%	−10
Rentabilidad esperada por los accionistas (R)	14,0%	15,4%	−10
Valor teórico (según fórmula 8)	140,0	106,8	−23,7

Esta sensibilidad refuerza la necesidad de realizar las estimaciones sobre los valores a considerar, para los mencionados parámetros, con el debido rigor y siempre apoyados en la realidad y expectativas de la empresa. La valoración es, ante todo, un ejercicio de conocimiento del negocio y del entorno en el que compite, no pudiendo limitarse a una mera práctica de cálculo financiero.

6. TASA FACTIBLE DE REPARTO DE DIVIDENDOS Y PER

Si aceptamos que la empresa distribuye a sus accionistas todo el beneficio neto (BN) que no precisa reinvertir para soportar su crecimiento, el aumento de sus fondos propios, en ausencia de ampliaciones de capital y de recompras de acciones, viene dado por la diferencia entre el beneficio neto y los dividendos (DIV), por lo que la tasa de crecimiento de sus fondos propios (FP) será:

$$c = \frac{BN}{FP} - \frac{DIV}{FP}$$

Multiplicando y dividiendo el segundo cociente del segundo término por el beneficio neto, resulta que:

$$c = RF \cdot (1 - td)$$

donde td es la tasa factible de reparto de dividendos o relación entre el dividendo y el beneficio neto[16].

Despejando la tasa de reparto td se obtiene el valor que puede tomar esta variable en coherencia con el crecimiento factible de la empresa, esto es:

$$td = 1 - \frac{c}{RF} \qquad (9)$$

Esta tasa de reparto es la máxima aplicable sin que sea preciso ampliar capital ni alterar el índice contable de endeudamiento o relación entre deuda y fondos propios, y es coherente con el crecimiento futuro que puede sostener y financiar la empresa con la retención de parte de su beneficio.

---

[16] En inglés este cociente se conoce como *pay-out*.

Si la empresa reparte cada año el dividendo máximo factible que se deduce de la tasa de reparto td, el dividendo coincide con el flujo de caja para el accionista de la fórmula 7, puesto que se cumple que:

$$DIV = td \cdot BN = \left(1 - \frac{c}{RF}\right) \cdot BN$$

y sustituyendo el cociente BN/RF por FP se obtiene idéntico resultado que el de la fórmula 7.

El PER de una acción es un índice bursátil que relaciona su cotización con el beneficio por acción. Su análisis permite una doble interpretación. La primera considera que un PER elevado indica una sobrevaloración de la empresa, pues equivale al número de años que se tarda en recuperar el precio de la acción a través del beneficio, suponiendo que éste permanece constante.

Pero el PER también ofrece una interpretación en cuanto a las expectativas del beneficio. Así, el PER puede ser alto no porque lo sea su precio sino porque el beneficio utilizado para calcularlo no es representativo de los beneficios futuros. Por ello, empresas emergentes, que todavía no han alcanzado su potencial de resultados, suelen ofrecer un PER elevado, que se irá reduciendo según se materialicen sus expectativas de crecimiento.

La fórmula 8 permite estimar el PER teórico de una acción en un escenario de crecimiento constante. Dividiendo ambos términos de dicha fórmula por el beneficio neto y simplificando, se deduce que:

$$PER = \frac{1 - \dfrac{c}{RF}}{R - c} \tag{10}$$

De la fórmula 9 se deduce que el PER también se calcula como cociente entre td y (R–c).

El cálculo del PER teórico permite hacer comparaciones con el real para empresas que cotizan. Para las que no lo hacen es útil a fin de cotejarlo con el de otras que sí lo hagan. Estos contrastes han de efectuarse con prudencia, pues el PER se basa en el beneficio de un solo año, el esperado para el próximo ejercicio, y no en la corriente futura del flujo de caja del accionista y omite, en su sencillez, las características peculiares de cada empresa. Por ello, las empresas de referencia han de pertenecer al mismo sector de actividad, incorporar unas características de negocio y tamaños similares y ofrecer unas expectativas de crecimiento análogas.

7. FLUJO DE CAJA PARA EL ACCIONISTA Y DIVIDENDOS

Supongamos que una empresa ofrece los datos y previsiones del cuadro 5, referidos al comienzo de un ejercicio.

Cuadro 5. INFORMACIÓN DE PARTIDA

Datos		Previsiones del ejercicio	
Fondos propios iniciales (FP)	100	Beneficio neto (BN)	18
Rentabilidad normal (R)	14%	Rentabilidad financiera (RF)	18%
		Tasa de crecimiento (c)	4%

De esta información se deduce, aplicando las fórmulas que se indican, que:

Flujo de caja para el accionista (FCA)	fórmula 7	14
Valor teórico (VT)	fórmula 8	140
Tasa de reparto factible (td)	fórmula 9	77,78%
PER teórico	fórmula 10	7,8

Si la empresa reparte todo el flujo de caja para el accionista, el dividendo será igual a 14 y los fondos propios finales del año ascenderán a 104, obtenidos de sumar a los iniciales (100) el beneficio de 18 y deducir los dividendos de 14. Con ello se alcanza la tasa planificada de crecimiento del 4%. Por esta razón, a veces se sugiere que el valor teórico se calcule como el valor actual de la corriente de dividendos esperados. En nuestro ejemplo, si el dividendo crece a una tasa del 4%, se obtiene, aplicando la mencionada fórmula de una renta perpetua creciente:

$$VT = \frac{14}{0,14 - 0,04} = 140$$

Sin embargo, la retribución en efectivo al accionista, que es discrecional, no recoge, en general, la totalidad del flujo disponible. Si la empresa anterior no repartiese dividendos, su valor teórico, según este método de estimación, sería nulo, lo cual no parece razonable. Por ello es más correcto calcularlo a partir del flujo de caja para el accionista.

En general, el dividendo es inferior al flujo de caja para el accionista por las siguientes razones:

- Las empresas sólo incrementan el dividendo cuando consideran que podrán mantenerlo en el futuro. Por ello, una mejora puntual del beneficio o del flujo de caja para el accionista no se traduce en un aumento inmediato y proporcional del dividendo. Este se incrementará sólo cuando se estime que se consolida el aumento de los resultados. En caso contrario, podría ser preciso recortar el reparto a los accionistas con las adversas consecuencias que ello provocaría sobre la cotización, dado el mensaje negativo que se transmitiría al mercado.

- En ocasiones no se alcanza la tasa factible de distribución con el fin de retener fondos para desarrollar nuevas inversiones, bien ya en cartera o que se prevea que puedan presentarse en el futuro.

- El reparto de dividendos está sujeto al impuesto sobre la renta que debe satisfacer su perceptor y que supera al impuesto sobre ganancias de capital. Por ello las empresas prefieren, a veces, mejorar la cotización mediante la retención de beneficios que proceder a su distribución.

En todo caso, para el modelo presentado, ambos métodos conducen al mismo resultado si se aplican coherentemente con las hipótesis aceptadas. Si la empresa, por ejemplo, no reparte el dividendo máximo factible según el criterio del flujo de caja para el accionista, se irán acumulando excesos de tesorería por encima de las necesidades de reinversión del negocio. Estos excesos estarían a disposición de los accionistas y podrían ser distribuidos más adelante o ser reinvertidos en actividades nuevas que generarían unas rentas adicionales sobre las previstas. En consecuencia, el valor de la empresa sería la suma de los valores actuales de la corriente de dividendos y de los mencionados excesos de liquidez.

Este desglose expresa que un posible comprador debería pagar un precio equivalente al valor actual de la corriente esperada de dividendos más los excesos de tesorería que se prevea acumular. Alternativamente, los vendedores podrían retirar el exceso de caja acumulado y vender su inversión en la empresa por el valor actual de la corriente prevista del flujo de caja para el accionista, siempre y cuando éste no incluya los flujos asociados al excedente de tesorería.

El valor teórico de mercado calculado a partir del flujo de dividendos no incluye, pues, los excesos de tesorería nacidos de retener más beneficio del necesario para soportar el crecimiento planificado por la empresa, concretado en la tasa de crecimiento c.

En el ejemplo anterior, supongamos que la empresa, en vez de distribuir dividendos basándose en la tasa de reparto factible td del 77,78%, aplica una del 50%. Ahora el dividendo previsto para el primer año es de 9 y crecerá a una tasa del 4%. Como el dividendo máximo factible es de 14, se generará un exceso de caja, el primer año, de 5 y, de mantenerse la política de reparto, crecerá también al 4%. En este escenario el valor de la empresa será igual a la suma de dos rentas perpetuas crecientes y coincide con el calculado previamente según se indica a continuación:

$$\text{Valor actual de la corriente de dividendos} = \frac{9}{0,14 - 0,04} = 90$$

$$\text{Valor actual de los excesos de caja} = \frac{5}{0,14 - 0,04} = 50$$

$$\text{Valor teórico de la empresa} \qquad\qquad\qquad\qquad \underline{140}$$

Alternativamente, se podrían efectuar las previsiones incorporando un dividendo inferior al factible y contemplando como ingreso el rendimiento de los excedentes de caja y como salida las inversiones financieras asociadas a la colocación de dichos excedentes.

En resumen, aunque en sentido estricto el flujo de caja para el accionista se limita al dividendo percibido, a efectos de cálculo del valor de los fondos propios se deberán incluir los dividendos factibles con los planes de crecimiento de la empresa. Esto es así ya que el dividendo factible coincide, según se ha demostrado, con el flujo de caja para el accionista.

Aplicar sólo la corriente de dividendos previstos para estimar el valor teórico permitiría incrementar este valor, y probablemente el de mercado, sin más que aumentar la tasa de reparto. Si bien este efecto podría suceder a corto plazo, por una reacción favorable de los inversores al mensaje positivo de aumento del dividendo, a largo plazo no parece razonable que dicho incremento se mantuviese si no es como consecuencia de un aumento efectivo del flujo de caja para el accionista.

También es cierto que en términos previsionales el dividendo previsto suele coincidir con el factible, pues si éste es superior se generarían unos excedentes de tesorería cuyo rendimiento sería inferior al coste de su financiación. La disparidad entre ambos dividendos explica los importantes saldos de tesorería de numerosas empresas de gran tamaño.

8. EL CASO DE EMPRESAS SIN CRECIMIENTO CONSTANTE

El modelo presentado en los tres epígrafes anteriores sólo es aplicable, como queda advertido, a empresas para las que se prevé un crecimiento estable y constante, es decir, empresas maduras. Para aquellas otras emergentes, que previsiblemente experimentarán fluctuaciones a tenor de una etapa inicial de fuerte expansión para atemperar posteriormente su progresión cuando alcancen la fase de consolidación, es preciso estimar el flujo anual de caja para el accionista sobre la base de sus cuatro componentes indicados en la fórmula 6 anterior. A continuación se calculará el valor teórico como el valor actual de la corriente prevista de dichos flujos. Es decir, en vez de poder usar una simple fórmula, la 8, se hace necesario desglosar por años la previsión del flujo de caja para el accionista.

Sin embargo, sí es recomendable realizar estas previsiones para un número limitado de años, para los cuales sea posible efectuar previsiones con cierto grado de certidumbre, y sustituir los flujos posteriores por un valor residual que acepte un crecimiento estable. Con ello se acotan unas previsiones que, lógicamente, ganan en incertidumbre al alejarse del origen. Además, las fuerzas de la competencia tienden a frenar crecimientos dispares de la media. Así, las estimaciones pueden efectuarse para cinco o diez años y añadir un importe final que acumule el valor actual de los flujos futuros, calculado a partir de una renta perpetua, ya de crecimiento constante. La extensión del período planificado ha de ser tal que permita prever un crecimiento posterior estable. Este enfoque plantea que:

> Valor teórico = valor actual del flujo de caja para el accionista del período planificado + valor actual del valor residual de los flujos posteriores

La extensión del periodo planificado depende de las expectativas formuladas sobre el comportamiento del atractivo del sector y de la posición competitiva de la empresa. En este sentido, la ventaja del lanzamiento de un nuevo producto por parte de una empresa verá acotada su vida por: el cambio tecnológico, la eventual irrupción de productos sustitutivos, el poder de clientes y proveedores, el ciclo de vida del producto, el debilitamiento de las barreras de entrada, así como por acciones de los competidores actuales. Los efectos de una nueva tecnología tienden a perdurar más por los tiempos de I+D que exigirán a los competidores y por la eventual protección otorgada por las patentes.

Las hipótesis para calcular el valor residual son muy críticas, pues éste suele tener una importancia significativa en el valor teórico que se obtenga. De hecho, para un mismo horizonte planificado, cuanto mayor sea su contribución al valor de la empresa, mayor será la valoración que se hace de las expectativas a largo plazo. Para un mismo período planificado esta relevancia se estima por el índice:

$$\text{Entidad de las expectativas a largo} = \frac{\text{Valor residual}}{\text{Valor teórico}}$$

La importancia del valor residual que se comenta queda de manifiesto en el cuadro 6, donde se recoge una estimación[17] realizada de la parte del precio de mercado de una serie de empresas explicada por la corriente de dividendos prevista para los siguientes cinco años. El resto de la valoración estima la entidad del valor residual. La escasa importancia de los dividendos inmediatos en el valor de Walt Disney contrasta con su protagonismo en el caso de IBM.

Cuadro 6. PORCENTAJE DEL VALOR DE MERCADO QUE REPRESENTAN LOS DIVIDENDOS DE LOS PRÓXIMOS CINCO AÑOS (a diciembre de 1992)

Walt Disney	2%	Boeing	16%
Coca-Cola	7%	Philips Morris	19%
Procter & Gamble	10%	Eastman Kodak	21%
Merck	14%	Texaco	25%
3M	15%	IBM	41%

En este mismo sentido, las ventas y el beneficio de Microsoft fueron, en 1997, el 14,5% y el 57,7%, respectivamente, en relación con los de IBM. Sin embargo, el valor de mercado de Microsoft era más del doble, señalando sus mejores expectativas percibidas por los inversores.

Incluso es posible que para una empresa de constitución reciente, embarcada en un proceso de alta tecnología, el valor teórico nazca, en su totalidad, de las expectativas posteriores a los cinco primeros años. En ellos, la empresa puede generar pérdidas, siendo nulos sus dividendos previstos, y, simultáneamente, las inversiones pueden ser elevadas.

Para una empresa que prevea una primera etapa de fuerte crecimiento, por ejemplo, seguida de otro más atenuado y estable, es preciso estimar los flujos de caja individualizados para la primera fase y el valor residual a su término.

---

[17] McTaggart, Kontes y Mankins: *The value imperative.* The Free Press, 1994, pág. 63.

Supóngase que el flujo de caja para el accionista de los cuatro próximos años es de: 2, 8, 14 y 18 y que, posteriormente, se estima que crecerá a una tasa anual constante del 4%. El valor residual (VR) al término del período planificado, finalizado el cuarto año, a una tasa de descuento del 14%, será de 187,2, según se obtiene de resolver:

$$VR = \frac{18 \cdot 1,04}{0,14 - 0,04}$$

Por lo que el valor teórico de mercado ascenderá a 138,9 calculado como valor actual del flujo de fondos: 2, 8, 14 y 205,2 obteniéndose este último importe como suma del cuarto flujo (18) y del valor residual (187,2). En este caso, el valor actual del valor residual asciende a 110,8, que representa el 80% del valor teórico hallado.

En empresas cuyo fin se prevea próximo, el valor de liquidación, obtenido por diferencia entre el precio de venta de los activos y el pago del exigible, ofrece un valor residual más adecuado que el derivado de una renta perpetua.

9. CRECIMIENTO Y VALOR

Los conceptos anteriores son útiles también para valorar el interés de acometer estrategias de crecimiento. Bajo el criterio de creación de valor, el crecimiento no es un objetivo final, sino que sólo se justifica si contribuye a crear riqueza para el accionista.

Supongamos dos empresas, CREATOR y DESTROYER, que están creciendo al 4% y que analizan el interés de implantar una nueva estrategia que les permita hacerlo al 8%. La política de dividendos de ambas consiste en repartir la totalidad del flujo de caja para el accionista. Sus datos actuales aparecen bajo la columna de **Estrategia actual,** del cuadro 7. Si al siguiente año acometen el cambio de rumbo, obtendrían los resultados que figuran bajo la columna **Nueva estrategia,** suponiendo un coste de los fondos propios del 14% y que la rentabilidad financiera prevista se mantiene.

Dicho cuadro muestra cómo la empresa CREATOR es capaz de crear más valor para sus accionistas, mientras que DESTROYER lo destruye cuanto más crezca.

Cuadro 7. CREACIÓN DE VALOR Y CRECIMIENTO

	Estrategia actual (Crecimiento 4%)		Nueva estrategia (Crecimiento (8%)	
	Destroyer	Creator	Destroyer	Creator
1. Rentabilidad financiera	10,0%	18,0%	10,0%	18,0%
2. Fondos propios iniciales	100,00	100,00	104,00	104,00
3. Flujo de caja accionista (fórmula 7)	6,00	14,00	2,08	10,40
4. Valor teórico inicial (fórmula 8)	60,00	140,00	34,67	173,33
5. Coste fondos propios (14% del valor inicial)			8,40	19,60
6. Valor creado (fórmula 1)				
+ aumento valor teórico			−25,33	33,33
+ dividendos repartidos			6,00	14,00
− coste fondos propios			−8,40	− 19,60
Total valor creado.........		−27,73	27,73	

La empresa CREATOR es capaz de aumentar su valor teórico y crear valor con el crecimiento, a pesar de que disminuye su flujo de caja para el accionista. En el caso de DESTROYER un mayor crecimiento destruye valor haciendo que disminuya su valor teórico. Esta empresa debería revisar su cartera de actividades a fin de evaluar el interés de liquidar, preferentemente por venta, aquellas menos rentables.

En resumen, en la mayoría de las ocasiones el crecimiento es una condición necesaria pero no suficiente para contribuir a crear valor. Es la mejora lo que explica la creación de valor, el crecimiento sólo lo amplifica.

Para que las nuevas inversiones de crecimiento creen valor es preciso que su valor actual neto sea positivo o, lo que es equivalente, que su tasa interna de rentabilidad supere al coste de su financiación.

Anexo 1

FÓRMULA DEL FLUJO DE CAJA PARA EL ACCIONISTA

La variación del activo neto (AN) es la diferencia entre la inversión (IN) y la amortización (A), es decir:

$$\Delta AN = IN - A$$

y también igual a la suma de las variaciones de los fondos propios (FP) y la deuda (D):

$$\Delta AN = \Delta FP + \Delta D$$

por lo que resulta que:

$$A - IN + \Delta D = -\Delta FP$$

y sustituyendo en la fórmula (6) se obtiene:

$$FCA = BN - \Delta FP$$

que expresa que el flujo de caja para el accionista es igual al beneficio neto (BN) menos la variación de los fondos propios. Multiplicando y dividiendo el segundo término por los fondos propios iniciales y siendo c la tasa de crecimiento de los fondos propios obtenida como cociente:

$$c = \frac{\Delta FP}{FP}$$

se concluye que el flujo de caja del accionista esperado para el próximo ejercicio se estima por:

$$FCA = FP \cdot (RF - c)$$

donde RF es la rentabilidad financiera o cociente entre el beneficio neto y los fondos propios iniciales (BN/FP).

Anexo 2

VALOR ACTUAL DE UNA RENTA PERPETUA CON CRECIMIENTO CONSTANTE

Si el flujo previsto se comporta según una renta perpetua pospagable de crecimiento constante a una tasa anual compuesta de c, se cumple que:

$$r_i = r_{i-1} \cdot (1 + c)$$

donde r_i es el flujo del año i e r_{i-1} el del año anterior. En consecuencia, el valor actual de dicha renta será:

$$VAN = \frac{r}{(1+k)} + \frac{r \cdot (1+c)}{(1+k)^2} + \ldots + \frac{r \cdot (1+c)^{n-1}}{(1+k)^n} + \ldots$$

donde r es la primera renta esperada y k la tasa de descuento aplicable al flujo de fondos.

Multiplicando por (1 + k) y dividiendo por (1 + c) todos los términos de la fórmula anterior, se obtiene:

$$\frac{1+k}{1+c} \cdot VAN = \frac{r}{(1+c)} + \frac{r}{(1+k)} + \ldots + \frac{r \cdot (1+c)^{n-2}}{(1+k)^{n-1}} + \ldots$$

Restando de esta ecuación la anterior, resulta:

$$\frac{1+k}{1+c} \cdot VAN - VAN = \frac{r}{1+c}$$

y simplificando se concluye que:

$$VAN = \frac{r}{k-c}$$

Anexo 3

IGUALDAD ENTRE RENTABILIDAD DEL ACCIONISTA Y RENTABILIDAD EXIGIDA CUANDO SE CUMPLEN LAS EXPECTATIVAS

Al principio de año, el valor teórico de los fondos propios, en un modelo de crecimiento constante, se calcula por:

$$VT_i = FP \cdot \frac{RF - c}{R - c}$$

Si se cumplen las expectativas iniciales de resultados, el valor al final del ejercicio será:

$$VT_f = FP \cdot (1 + c) \cdot \frac{RF - c}{R - c}$$

Además, se habrá repartido un dividendo de:

$$DIV = BN - c \cdot FP = FP \cdot (RF - c)$$

Luego la rentabilidad del accionista, según la fórmula 2, será:

$$Ra = \frac{FP \cdot c \cdot \dfrac{RF - c}{R - c} + FP \cdot (RF - c)}{FP \cdot \dfrac{RF - c}{R - c}}$$

y simplificando se comprueba que:

$$\boxed{Ra = R}$$

Capítulo 2

Medida de la creación de valor

1. **VALOR AÑADIDO DE MERCADO**

La diferencia entre el valor de mercado (o el teórico) de las acciones de una empresa y el valor contable de sus fondos propios se denomina valor añadido de mercado. Esta magnitud ofrece una estimación, aunque muy imprecisa, del valor creado por la empresa desde su origen y que se ha añadido a su valor contable. Algunos analistas consideran que si el valor añadido de mercado es positivo es porque la gestión de la empresa ha creado valor, en términos acumulados.

VALOR AÑADIDO DE MERCADO = VALOR DE MERCADO –
– VALOR CONTABLE

Sin embargo, esta evaluación es discutible en cuanto que el valor añadido de mercado se calcula de acuerdo con los siguientes criterios:

– Se valora la inversión realizada por el accionista a partir de criterios contables, con la imprecisión que ello supone.

– Omite el coste de oportunidad de los accionistas por haber mantenido su inversión en la empresa.

– No se contemplan los dividendos percibidos por los accionistas y que forman parte del valor creado durante el periodo contemplado.

Para calcular el auténtico valor creado por una empresa desde su origen, hay que enfrentar los ingresos percibidos por los accionistas con los desembolsos realizados por ellos, y ambas magnitudes expresadas en valor actual. A este respecto, el valor de mercado en el momento del cálculo estima los fondos que podría percibir el accionista si decidiese liquidar su inversión en la empresa y con independencia de que así lo haga.

VALOR CREADO ACUMULADO = INGRESOS ACCIONISTAS ACTUALIZADOS –
– DESEMBOLSOS ACCIONISTAS ACTUALIZADOS

El cuadro 1 presenta dos empresas hipotéticas en las que el valor añadido de mercado (VAM) es idéntico y, sin embargo, el comportamiento del valor creado es muy diferente. El valor añadido de mercado es, en ambos casos, de 400 si se supone que los fondos propios ascienden a 1.100, es decir:

$$VAM = 1.500 - 1.100 = 400$$

Cuadro 1. VALOR CREADO DESDE LA CONSTITUCIÓN DE LA EMPRESA (en millones de euros)

	Se ha creado valor	Se ha destruido valor
1. Valor actual de los dividendos repartidos	1.000	0
2. Valor teórico actual	1.500	1.500
3. Valor actual de los desembolsos accionistas	−2.000	−2.000
4. Valor creado (1 + 2 − 3)	500	−500

Los importes que recoge el cuadro 1 representan el valor actual, al momento del cálculo, de todos los flujos asociados a cada uno de los conceptos incluidos. Así, por ejemplo, el valor actual de todos los dividendos repartidos por la empresa que ha creado valor asciende a 1.000 millones de euros.

De acuerdo con este análisis, el valor añadido de mercado es una estimación muy imprecisa del valor creado por la empresa hasta el momento de su cálculo. Y lo es también, todavía más, para estimar el potencial de creación de valor de la empresa. Una empresa puede ofrecer, incluso, un valor añadido de mercado negativo y, sin embargo, tener capacidad para crear valor si consigue mejorar sus expectativas de resultados sobre los conseguidos hasta la fecha.

Respecto a las empresas del cuadro 1, podría suceder que la primera, que ha creado valor en términos acumulados, lo hubiese destruido en el último ejercicio, mientras que la segunda ofreciese, en la actualidad, unas expectativas más favorables. Ello justificaría la igualdad supuesta del valor teórico de ambas a pesar de comportamientos históricos tan dispares.

Veamos mediante un ejemplo más detallado la relación entre el valor creado y el valor añadido de mercado. Sea una empresa cuyos parámetros muestra el cuadro 2, que recoge su evolución real desde su constitución a finales del año 1 hasta el año 4. Junto a estos datos históricos se ofrece también la previsión para los años 5 y 6. Se supone que a partir de este último año, incluido éste, la empresa entrará en un período de crecimiento constante a una tasa del 4%. Igualmente, se considera que el coste de capital de los fondos propios es del 14% y que permanece constante desde el inicio de las actividades. Por último, se admite que el dividendo previsto repartir en los años 5 y 6 coincide con el flujo de caja para el accionista. Esto puede comprobarse recordando que el flujo de caja para el accionista (FCA), en un escenario de crecimiento constante, se calcula por[1]:

$$FCA = FP \cdot (RF - c)$$

Sustituyendo el valor de las variables del ejemplo para el mencionado año 5, resulta:

$$FCA = 1.420 \cdot \left(\frac{210}{1.420} - 0,04 \right) = 153,20$$

Cuadro 2. BASES DE CÁLCULO DEL VALOR CREADO

	Real				Previsión	
	Año 1	Año 2	Año 3	Año 4	Año 5	Año 6
1. Beneficio neto		110,00	160,00	180,00	210,00	218,40
2. Dividendos		0,00	30,00	100,00	153,20	159,33
3. Fondos propios finales	1.100,00	1.210,00	1.340,00	1.420,00	1.476,80	1.535,87

Con estos datos es factible calcular el valor creado hasta finales del año 4. Puede comprobarse cómo los fondos propios crecen, cada año, con el beneficio retenido y que la rentabilidad financiera prevista para los años 5 y 6 es del 14,79%. Los dividendos de los años 5 y 6 se calculan a partir de la tasa factible de reparto compatible con el crecimiento esperado del 4%. Si la sociedad se constituyó con unos fondos propios desembolsados por los accionistas de 1.100, su valor actual, al 14%, asciende a 1.629,70. En cuanto al valor actual de los dividendos percibidos, suponiendo que se han repartido a final de cada año, se eleva a 134,20. Por último, el valor teórico de los fondos propios a final del año 4 es de 1.532,00 calculado

---

[1] Ver fórmula 7 del capítulo 1.

como el valor actual de la corriente futura del flujo de caja para el accionista, que en este ejemplo coincide con el flujo de dividendos, es decir:

$$VT = 153,20 / (0,14 - 0,04)$$

Por tanto, el valor creado por la empresa desde su constitución al momento presente asciende a 36,50 calculado por:

+ Valor actual dividendos	134,20
+ Valor teórico	1.532,00
− Valor actual de fondos propios desembolsados	−1.629,70
Valor creado acumulado	36,50

El valor añadido de mercado al origen del año 5 es de 112,00 (1.532 − 1.420), mientras que el auténtico valor creado se reduce a 36,50, un 67% menos.

En cuanto al valor que se prevé crear durante el año 5, de acuerdo con las previsiones del cuadro 2, es cero, puesto que:

Valor teórico a final del año 5	1.593,28
− Valor teórico a principio del año 5	−1.532,00
+ Dividendos	153,20
− Coste fondos propios (14 % de 1.532)	− 214,48
Valor previsto crear en el año 5	0,00

Este resultado confirma que el valor creado es nulo cuando se cumplen las expectativas formuladas al inicio del ejercicio y sobre las que se calculó el valor teórico.

El valor añadido de mercado sí da una estimación razonable del valor que se espera crear cuando se refiere a un nuevo proyecto. Por ejemplo, para una empresa que acomete una nueva inversión, financiada en 100 millones con fondos propios, con una tasa esperada de crecimiento del 4%, que ofrece una rentabilidad financiera del 18% y con unas expectativas de rentabilidad de sus accionistas del 14%, el valor actual del proyecto se calcula por la expresión[2]:

---

[2] Ver fórmula 8 del capítulo 1. Según la fórmula 7 de dicho capítulo, el primer flujo de caja para el accionista es de 14 y crecerá a una tasa del 4%. Por lo tanto, el valor actual de esta renta perpetua creciente es de 140. Esto implica que la amortización coincide con la inversión de reposición y que la inversión de crecimiento del primer año es de 4.

$$VAN = 100 \cdot \frac{0,18 - 0,04}{0,14 - 0,04} - 100$$

y asciende a 40 millones de euros. Este importe coincide con el valor añadido de mercado del proyecto y es igual al valor creado por el mismo. Obsérvese que este valor se crea, aunque de forma latente, en el momento de arrancar el proyecto y no durante los años de su operación. Aunque por supuesto que este valor podrá aumentar o disminuir sobre la previsión inicial en función de que el proyecto se desarrolle con mejor o peor fortuna que la prevista en su origen.

El concepto de valor añadido de mercado es, también, aplicable a un periodo anual. Para ello, basta restar del aumento experimentado durante el año por el valor de mercado (o teórico) el incremento de los fondos propios contables.

Esta formulación pretende estimar, aunque con las limitaciones ya señaladas, el valor añadido durante el año al que se refiere el cálculo. Como tendremos ocasión de comprobar más adelante, el valor anual creado no coincide con el incremento del valor añadido de mercado.

2. PRECIO RELATIVO

El precio relativo se calcula como cociente entre el valor teórico de mercado y el valor contable. Como el valor teórico, en un escenario de crecimiento constante, se obtiene a partir de:

$$VT = FP \cdot \frac{RF - c}{R - c}$$

el precio relativo[3] es igual a:

$$Pr = \frac{RF - c}{R - c} \tag{1}$$

De manera análoga al valor añadido de mercado, algunos analistas utilizan el precio relativo para discernir si se crea valor o se destruye. Cuando

---

[3] El precio relativo coincide en el multiplicador de los fondos propios contables introducido en el epígrafe 5 del capítulo 1.

es superior a la unidad, se interpreta, aunque indebidamente, que la empresa ha añadido valor a la inversión realizada por los accionistas e incluso que puede seguir creándolo en el futuro.

En un nuevo proyecto de inversión, la relación entre el valor actual de los flujos de caja que se prevé que generará y el desembolso inicial exigido expresa el multiplicador de valor creado por la inversión. Cada unidad monetaria invertida se convierte en el valor indicado por dicho multiplicador. En este caso, el importe de la inversión sí refleja el valor de los fondos aportados, pues se refiere a unidades monetarias actuales y no históricas. La diferencia entre el valor actual de dichas rentas y el desembolso expresa el valor que se espera que cree el proyecto y coincide con su valor actual neto.

Para el proyecto del epígrafe anterior el precio relativo es de 1,4 e indica que por cada 100 ptas. invertidas se creará valor por importe de 40. En este caso, la inversión de los accionistas sí viene dada por los fondos propios que deben aportar para acometer el proyecto de inversión y que, por ser de nuevo desembolso, coinciden con su valor contable.

El precio relativo constituye un índice bursátil de amplio uso para calibrar el nivel de la cotización de una acción. El cuadro 3 ofrece su valor, para una serie de empresas españolas, en 1998[4].

Cuadro 3. PRECIO RELATIVO PARA EMPRESAS ESPAÑOLAS

Puleva	7,85	FCC	3,56	Cepsa	2,23
Pascual	7,42	Amper	3,16	Iberdrola	1,73
BBV	5,38	Repsol	2,75	Unión Fenosa	1,20
Continente	4,06	Vallehermoso	2,73	Citroën	1,16
Banco Popular	3,82	Dragados	2,27	Sarrió	1,05
Telefónica	3,63	Urbis	2,26	Fecsa	1,01

Cabe advertir que el valor que tome este índice depende de:

- la calidad de la gestión estratégica de la empresa por su capacidad para influir sobre su rentabilidad, crecimiento y riesgo;

- la evolución general del mercado en cuanto actúa sobre la demanda, los precios, los costes y las expectativas de crecimiento;

---

[4] Datos tomados de *El País*. 24.05.1998.

– el tipo de interés vigente, pues repercute sobre la tasa de descuento (rentabilidad mínima exigida por los accionistas) que determina el valor de mercado o el teórico. A igualdad de condiciones, cuando esta tasa disminuye se incrementa el valor teórico y viceversa.

En este sentido, el cuadro 4 recoge el precio relativo de las cinco empresas norteamericanas, de mayores ventas en 1996, de los sectores de petróleo y farmacia, en su evolución de 1990 a 1996. Como se observa, la media (ponderada por los fondos propios) de cada sector experimenta una notable progresión de un año a otro, recogiendo el efecto de la mejora de la situación económica general. El año 1990 fue de crisis económica en EE.UU., mientras que 1996 lo fue de fuerte crecimiento.

Cuadro 4. PRECIO RELATIVO POR SECTORES

Petróleo	1996	1990	Farmacia	1996	1990
Exxon	2,9	2,1	Johnson & Johnson	7,1	6,1
Mobil	2,7	1,5	Merck	8,9	10,7
Texaco	2,6	1,8	Bristol Myers	9,5	7,4
Chevron	2,8	1,8	American Home Pro.	5,8	6,7
Amoco	2,7	1,9	Pfizer	8,4	3,5
Media	2,8	1,8		8,0	4,6

Por ello, el incremento del precio relativo de prácticamente todas las empresas se explica, en parte, por la mejora de la coyuntura. Este cuadro también ratifica la ley, ya enunciada, de reducción de diferenciales entre empresas, como se comprueba al revisar la evolución de las empresas incluidas en la muestra.

El precio relativo, en este contexto, da una aproximación del atractivo económico cuando se refiere a la media de un sector, y de la posición competitiva cuando se calcula para cada empresa y se compara con el de su sector. Los sectores con buenas expectativas tendrán un valor teórico más elevado y, por tanto, un precio relativo mayor. Lo mismo sucederá con aquellas empresas que, dentro de un mismo sector, ofrezcan mejores expectativas de rentabilidad y crecimiento.

El cuadro 5 muestra la cuota relativa del valor bursátil de cada empresa para cada sector y año. Mientras que en el sector de petróleo las posiciones fueron más estables, en farmacia se aprecian algunos cambios bruscos en las posiciones relativas.

**Cuadro 5. CUOTA DE CAPITALIZACIÓN BURSÁTIL
DE LA MUESTRA SECTORIAL**

Petróleo	1996	1990	Farmacia	1996	1990
Exxon	43%	42%	Johnson & Johnson	22%	20%
Mobil	18%	16%	Merck	31%	28%
Texaco	9%	10%	Bristol Myers	18%	27%
Chevron	15%	16%	American Home Pro.	12%	12%
Amoco	15%	16%	Pfizer	17%	13%
Total	100%	100%		100%	100%

3. VALOR ECONÓMICO AÑADIDO PARA EL ACCIONISTA[5]

Una medida utilizada para estimar el excedente generado en un año es el valor económico añadido (VEA) para el accionista, que se obtiene de restar de los ingresos del año el coste de todos los recursos utilizados para generarlos. Este indicador supera al beneficio contable en cuanto que éste omite deducir el coste de oportunidad de los fondos propios de la empresa. Por ello, para calcular el valor económico añadido para el accionista (VEA) se debe restar del beneficio neto el coste financiero de los fondos propios según la expresión:

$$VEA = BN - R \cdot FP \qquad (2)$$

Esta fórmula puede también expresarse por:

$$VEA = FP \cdot (RF - R)$$

sin más que dividir y multiplicar en la anterior el beneficio neto (BN) por los fondos propios (FP) y simplificar. Esta expresión resalta que el valor añadido para el accionista, según este índice, equivale a la diferencia entre lo que la empresa gana en un año sobre los fondos propios y por encima de la exigencia de rendimiento normal de éstos. En definitiva, para que el valor añadido para los accionistas sea positivo se ha de cumplir, en el marco de las hipótesis expuestas, que la rentabilidad financiera supere al coste de capital de los fondos propios (R).

---

[5] Esta expresión se corresponde con la anglosajona Economic Value Added, cuyo acrónimo EVA está registrado por Stern Stewart & Co.

Este indicador de resultados se considera más representativo que el beneficio neto (BN) y algunos analistas señalan que existe una fuerte correlación, para las empresas que cotizan en Bolsa, entre él y la cotización[6]. Según ellos el precio de la acción se explica más por el valor añadido para el accionista que por otros indicadores tradicionales como el beneficio por acción, la rentabilidad financiera o el margen sobre ventas. En el caso de Coca-Cola el valor económico añadido para el accionista creció a una tasa anual compuesta del 20% de 1992 a 1996 en correlación con un incremento de su cotización del 21%.

Para el ejemplo del cuadro 6, el valor añadido previsto para el próximo ejercicio resulta ser de 4, calculado por:

Beneficio neto esperado	18
− Coste de los fondos propios (14% de 100)	14
= Valor económico añadido previsto	4

y el valor teórico actual de 140, calculado por:

$$VT = 100 \cdot \frac{0,18 - 0,04}{0,14 - 0,04}$$

Cuadro 6. BASES DE CÁLCULO DEL VEA

Datos		Previsiones	
Fondos propios iniciales	100	Beneficio neto	18
Rentabilidad exigida por accionistas	14%	Tasa de crecimiento	4%

Bajo la hipótesis de un crecimiento sostenido y constante de los parámetros contables de la empresa, y en concreto de sus fondos propios, el valor económico añadido crecerá también a la tasa anual del 4%, siempre y cuando la rentabilidad financiera y el coste de capital de los fondos propios permanezcan constantes.

El anexo 1 demuestra que el valor teórico de los fondos propios se obtiene, alternativamente, añadiendo a su valor contable presente el valor actual de la corriente futura del valor económico añadido para el accionista, resultando,

$$VT = FP + \frac{VEA}{R - c} \tag{3}$$

---

[6] *Fortune.* Setiembre 20, 1993, pág. 26.

en un escenario de crecimiento constante a una tasa c. En este sentido, el valor teórico incorpora, en un momento determinado, todo el flujo futuro del valor económico añadido.

El valor añadido de mercado, introducido en el epígrafe 1 de este capítulo, resulta ser igual al valor actual de la corriente futura del valor económico añadido.

Según la fórmula anterior, el valor teórico se maximiza cuando se maximiza la corriente futura del valor económico añadido. Aplicándola a los datos del ejemplo del cuadro 6 que se comenta, el valor actual (VEAva) del flujo futuro de valor económico añadido para el accionista es de 40, calculado por:

$$VEAva = \frac{4}{0,14 - 0,4}$$

Al aplicar la fórmula 3, se confirma que el valor teórico de mercado coincide con el calculado anteriormente:

Valor contable (FP)	100
+ Valor actual valor añadido para el accionista (VEAva)	40
Valor teórico (VT)	140

Sin embargo, el valor económico añadido no mide tampoco la creación de valor. Una empresa puede presentar un VEA negativo en un año y, sin embargo, haber creado valor si ha sido capaz de mejorar sus flujos futuros sobre la previsión anterior. De nuevo, la creación de valor exige aumentar la previsión del valor actual de todos los VEA futuros. Igualmente, no se puede catalogar la gestión de un año superior a la de otro porque su VEA sea más elevado; más importante es cómo se haya influido sobre las expectativas futuras.

A este respecto, el VEA anual es más representativo, como medida de la gestión realizada, en empresas maduras, con un comportamiento previsible más estabilizado, que en compañías emergentes, en fase de crecimiento. En las primeras, el VEA es más difícil que fluctúe significativamente, mientras que en las segundas es de prever que tienda a crecer aunque con posibles oscilaciones. Lo importante, en este último caso, es, construir una posición sólida en el mercado, incluso a costa de incurrir en resultados negativos en los primeros ejercicios.

El VEA sí constituye, sin embargo, una medida más fiable que el beneficio neto para evaluar la gestión realizada, en cuanto que este último parámetro omite deducir el coste de los fondos propios. Además, tiene la ventaja de que induce a los gestores a tratar de reducir el capital utilizado y ofrece un indicador periódico de resultados.

El valor económico añadido se incrementa actuando sobre los siguientes parámetros:

— Reduciendo el activo neto necesario para desarrollar las actividades actuales. Esto exige reducir la inversión en el activo circulante operativo sin afectar a la actividad, mejorar la financiación espontánea o liquidar activos ociosos que no contribuyan a generar ingresos.

— Mejorando la productividad del activo neto actual de modo que sin aumentar la inversión se alcance un volumen mayor de operaciones.

— Liquidando actividades cuya rentabilidad esperada sea inferior al coste de capital.

— Acometiendo nuevos proyectos de inversión cuyo valor económico añadido sea positivo, es decir, con una rentabilidad que supere al coste de su financiación.

— Reduciendo la rentabilidad esperada por el accionista, lo cual precisa disminuir la prima de riesgo que exige a su inversión. Para ello es necesario recortar el riesgo económico del negocio y su riesgo financiero.

Es preciso señalar que el cálculo del VEA utiliza los fondos propios contables cuando podría ser más razonable usar su valor de mercado, pues éste representa mejor la inversión del accionista. Si así se hiciese, el valor actual del flujo de VEA que se prevé generar es nulo[7]. La aplicación de la fórmula 3 así lo exige.

La aplicación del concepto de valor añadido para el accionista cobra especial relieve en empresas que cuentan con unidades de negocio diferenciadas. El desglose de resultados y capitales utilizados por actividades permite diferenciar aquellas incapaces de generar un excedente y que, de

---

[7] En el epígrafe 5 del capítulo 7 se desarrolla esta formulación.

no enderezar su rumbo, pueden ser candidatas a ser liquidadas o vendidas a fin de liberar recursos para potenciar a aquellas otras con mejores expectativas.

Por último, el valor económico añadido puede calcularse, también, según demuestra el anexo 2, por la expresión:

$$VEA = AN \cdot (RE \cdot (1-t) - Ccm)$$

donde:

AN: Activo neto o diferencia entre el activo total y la financiación espontánea.

RE: Rentabilidad económica o cociente entre el beneficio de explotación y el activo neto.

t: Tipo impositivo o cociente entre el impuesto de sociedades y el beneficio antes de impuestos.

Ccm: Coste de la financiación media de la empresa calculado después de impuestos y ponderando el coste de las fuentes individuales por su participación a valor contable.

4. VALOR CREADO EN EL AÑO

Para estimar el valor creado durante un año es preciso aplicar el criterio del flujo de fondos que, en este caso, consiste en enfrentar los ingresos percibidos por los accionistas con los demás desembolsos realizados por ellos. Con este propósito, consideramos que el valor de mercado o teórico de los fondos propios al principio y final del ejercicio equivalen al desembolso inicial que debió realizar el accionista y al ingreso que podría haber percibido, de liquidar su inversión, respectivamente.

Además, incluiremos ahora la posibilidad de que durante el ejercicio se hayan realizado ampliaciones de capital así como con recompras de acciones por importes de Ac y RA, respectivamente.

De este modo, el valor creado (VC) durante el año viene dado por:

$$VC = VM_f - VM_i + DIV - Ac + RA - R \times VM_i \tag{4}$$

donde:

VM = Valor de mercado de los fondos propios al final o inicio del año.

DIV = Dividendo repartido en el año

Ac = Importe de las ampliaciones de capital realizadas

RA = Importe de las recompras de acciones

R = Coste de capital de los fondos propios

Esta fórmula, que deduce de los ingresos percibidos por los accionistas sus desembolsos, considera que el pago del dividendo anual (DIV) y las operaciones de capital (Ac y RA) han tenido lugar al final del ejercicio. Si no fuese así, sería necesario actualizar las cantidades correspondientes a dicho momento.

Supongamos que una empresa que cotiza en bolsa, ofrece los datos del cuadro 7, expresados en millones.

Cuadro 7. **BASES DE CÁLCULO DEL VALOR CREADO (millones)**

	1997	1998
Valor de mercado a final del año (VM_f)	30.000	34.000
Fondos propios contables finales (FP_f)	10.000	10.600
Beneficio después de impuestos (BN)		600
Dividendos (DIV)		300
Ingresos por ampliación de capital (Ac)		800
Importe de las acciones recompradas (RA)		500

Los fondos propios contables se incrementan en 600 millones como consecuencia del beneficio retenido (300), de la entrada por ampliación de capital (800) y de la salida por recompra de acciones (500)[8]. El valor creado durante el ejercicio es negativo en 200 millones según calcula el cuadro 8, que aplica la fórmula 4, con un coste de capital de los fondos propios del 14%.

---

[8] No se considera el eventual incremento de los fondos propios por regularización de activos al amparo de leyes de regulación de balances.

Cuadro 8. VALOR CREADO DURANTE EL EJERCICIO 1998

	Millones
+ Incremento del valor de mercado	4.000
+ Dividendos	300
− Ampliación de capital	− 800
+ Recompra de acciones	500
− Coste de capital de fondos propios (14% de 30.000)	−4.200
Valor creado durante el año	− 200

Como se expuso en un epígrafe anterior, por la complejidad de los cálculos a realizar, sobre todo para el analista externo, es frecuente estimar el valor creado por la empresa, en términos acumulados, por el valor añadido de mercado, es decir, por la diferencia entre el valor de mercado y el valor contable de los fondos propios.

Este cálculo supone que el valor contable de los fondos propios es una estimación razonable de la inversión realizada por los accionistas, lo cual pocas veces sucede por la diferencia existente entre los valores de mercado y contable. Además, se debería tener en cuenta la corriente actualizada de dividendos repartidos desde el origen de la empresa.

Desde el punto de vista de la evaluación de la gestión anual, es más relevante calcular el valor creado durante el ejercicio que el valor creado acumulado.

A este respecto, el valor creado acumulado para los años n y n−1, utilizando el concepto de valor añadido de mercado e incorporando el valor actual de los dividendos repartidos, se podría calcular por:

$$VCA_n = VM_n - FP_n + \sum DIV_n$$
$$VCA_{n-1} = VM_{n-1} - FP_{n-1} + \sum DIV_{n-1}$$

donde el sumatorio de los dividendos se expresa en valor actual.

Restando ambas expresiones resulta que, según este método de estimación, el valor creado durante el año n se calcularía por:

$$VC_n = \Delta VM_n - \Delta FP_n + DIV_n \tag{5}$$

Esta fórmula estima el valor creado durante un año añadiendo el dividendo anual al incremento del valor añadido de mercado, aunque, como veremos a continuación, puede ser una estimación sumamente imprecisa. Dicha fórmula no depende del valor contable de los fondos propios, sino de su variación durante el ejercicio.

El incremento de los fondos propios se alimenta del beneficio retenido y de las ampliaciones de capital producidas durante el año y se reduce por los desembolsos originados por las eventuales recompras de acciones (RA), cumpliéndose que:

$$\Delta FP_n = BR + Ac - RA$$

Según este método de estimación, aplicado a la empresa del cuadro 7, el valor creado durante el año sería de 3.700 millones, obtenido según indica el cuadro 9.

Cuadro 9. ESTIMACIÓN ALTERNATIVA DEL VALOR ANUAL CREADO

		Millones
+ Incremento del valor de mercado		4.000
− Incremento de los fondos propios		−600
Beneficio retenido	300	
Ampliaciones de capital	800	
Recompra de acciones	−500	
+ Dividendos		300
		3.700

Esta nueva estimación difiere significativamente de la calculada previamente como consecuencia de la simplificación de hipótesis que introduce el segundo método de cálculo. Por ello, siempre es más aconsejable estimar el valor creado durante el año aplicando la fórmula 4. Para que ambas fórmulas ofrezcan el mismo valor sería preciso que se cumpliese que:

$$BR = R \cdot VM_i$$

Es decir, que los beneficios retenidos coincidiesen con el coste de oportunidad de los fondos propios valorados según mercado.

En resumen, una empresa crea valor si es capaz de generar una rentabilidad superior a la que pueden obtener los accionistas individualmente. Si la rentabilidad del accionista es mayor, los fondos aportados por los accionistas valen más si son gestionados por la empresa. En este caso, incluso se podría cuestionar la oportunidad de repartir dividendos, pues la empresa podría reinvertirlos más rentablemente que las oportunidades alternativas de que disponen los accionistas. Para ello, la empresa ha de poder acometer inversiones con un valor actual neto positivo. Este planteamiento explica por qué, a principios de 1998, la cotización de Telefónica se incrementó cuando anunció un recorte en su política de dividendos coincidiendo con una bajada del índice bursátil.

El cuadro 10 muestra la rentabilidad media del accionista durante el período comprendido entre 1992 y 1997, para algunas empresas españolas, según un estudio realizado por *The Boston Consulting Group*[9]. La rentabilidad del accionista se calcula como cociente entre la suma de los dividendos y la revalorización bursátil y la cotización inicial.

Encabeza la lista AMPER, que fue capaz de superar con éxito una situación de partida problemática gracias a la acertada actuación de Eugenio Vela Sastre, quien fue su Consejero Delegado hasta 1997.

Cuadro 10. RENTABILIDAD DEL ACCIONISTA

	Rentabilidad media del accionista del período 1992-97		Rentabilidad media del accionista del período 1992-97
Amper	92%	Puleva	30%
Tubacex	86%	Tabacalera	28%
Vidrala	61%	Endesa	27%
Gas Natural	41%	Dragados	26%
Acerinox	37%	Acesa	25%
Vallehermoso	37%	Ebro	24%
Telefónica	35%	Repsol	22%

Para terminar, veamos mediante un ejemplo cómo ni el denominado valor económico añadido (EVA), ni el incremento del valor añadido de mercado (VAM), ni el precio relativo sirven para estimar el valor creado durante un ejercicio.

Supongamos una empresa con un valor inicial de sus fondos propios contables de 1.000, que espera obtener una rentabilidad financiera del 20%, con un coste de los fondos propios del 14% y una tasa de crecimiento estable del 4%.

---

[9] Publicado en *Actualidad Económica,* 9 de febrero de 1998.

Su valor teórico inicial, en el marco de un modelo de crecimiento estable, asciende a 1.600 según se desprende de la expresión:

$$VT_i = 1.000 \cdot \frac{0,20 - 0,04}{0,14 - 0,04}$$

Su beneficio neto será de 200, obtenido como producto de su rentabilidad financiera por los fondos propios iniciales. Como los fondos propios han de crecer un 4%, el beneficio retenido será de 40 y los dividendos distribuidos de 160. En consecuencia, los fondos propios finales ascenderán a 1.040.

El valor económico añadido durante el ejercicio se elevará a 60 calculado por:

$$VEA = 1.000 \cdot (0,20 - 0,14)$$

El valor teórico de final de ejercicio será de 1.664, obtenido a partir de:

$$VT_i = 1.040 \cdot \frac{0,20 - 0,04}{0,14 - 0,04}$$

Respecto al valor añadido de mercado (VAM) inicial y final se calcula por:

$$VAM_i = 1.600 - 1.000 = 600$$
$$VAM_f = 1.664 - 1.040 = 624$$

En consecuencia, el incremento del valor añadido de mercado entre el final y el inicio del ejercicio se eleva a 24.

El valor creado durante el ejercicio, sin embargo, es nulo, según se desprende del siguiente cálculo:

+ Valor teórico final	1.664
− Valor teórico inicial	−1.600
+ Dividendos repartidos	160
− Coste de oportunidad de los fondos propios	−224
Valor creado	0

En resumen, ni el VEA ni el incremento del valor añadido de mercado estiman correctamente el valor creado durante el año, como en muchas ocasiones se ha repetido. Tampoco es cierto que empresas con un precio relativo superior a la unidad creen valor para el accionista. En el ejemplo anterior el precio relativo es de 1,6 y, sin embargo, la empresa no crea valor para el accionista. Sólo lo hará si es capaz de mejorar los parámetros que determinan su valor teórico.

El cuadro 11 muestra el valor económico añadido y el valor añadido de mercado y su aumento anual de una serie de empresas de ámbito internacional, en referencia a 1996. Los datos han sido tomados de los publicados por "Fortune" a partir de elaboraciones realizadas por Stern Stewart.

Como puede comprobarse, son factibles todas las combinaciones, en lo que se refiere al signo, de las tres variables que, supuestamente, miden el valor creado.

Cuadro 11. COMBINACIONES DE PARÁMETROS

	VEA	VAM	D VAM	Signos
Walt Disney	497	22.980	5.906	+++
Motorola	853	17.653	−3.415	++−
Ford Motor	1.591	−12.915	842	+−+
Champion International	332	−1.245	−253	+−−
Digital Equipment	−1.829	391	5.075	−++
Time Warner	−1.495	5.445	−1.900	−+−
Coca-Cola Enterprises	−223	−1.417	682	−−+
RJR Nabisco Holdings	−1.390	−11.882	−121	−−−

5. VALOR CREADO POR UNA INVERSIÓN

El método general para calcular el valor creado, concretado en la fórmula 1 del capítulo 1, es congruente con el valor añadido por una nueva inversión, es decir, su valor actual neto.

Supongamos una empresa que prevé el movimiento de caja, a recibir al final de cada año futuro, recogido en la línea 1 del cuadro 12. Si la tasa de descuento es del 14%, su valor al principio del año 1 será de 208,33. Esta empresa estudia acometer un nuevo proyecto cuyo flujo de caja es el previsto en la línea 2 del mencionado cuadro, siendo su valor actual de 18,78 referido al final del año 1. El flujo de caja previsto para la combinación de la empresa actual y de la nueva inversión es la suma de ambos flujos, según indica la línea 3, con un valor actual de 224,80. Este valor coincide con la suma del actual de la empresa (208,33) más el valor actual neto del proyecto descontado un año (18,78/1,14 = 16,47). La nueva inversión aumenta el valor de la empresa, estimado al inicio del año 1 en 16,47, siendo el valor creado igual al valor actual del valor actual neto del proyecto.

Transcurrido el primer año y distribuido el flujo generado en el mismo de 50, si se mantienen las previsiones originales, el flujo previsto de cada año será el indicado en la línea 4 del cuadro que se comenta y el valor de la empresa al final del año 1 será de 206,27. Por tanto, el valor creado durante dicho año corresponderá al añadido por la inversión y se calculará según la fórmula 1 del capítulo, por:

Valor final	206,27
– valor inicial	–208,33
+ flujo del año 1	50,00
– coste de capital (14% de 208,33)	–29,17
Valor creado en el año 1	18,78

Este importe coincide con el valor actual neto del proyecto, estando ambos referidos al final del primer año. El valor de la empresa al origen del año 1 se compone del valor de sus actividades actuales más el valor actual neto del proyecto que se propone acometer.

Cuadro 12. VALOR DE EMPRESA Y VALOR DEL PROYECTO

	Año 1	Año 2	Año 3	Año 4	Valor
1. Empresa actual	50	60	70	120	208,33
2. Proyecto de inversión		–50	20	70	18,78
3. Empresa actual + proyecto	50	10	90	190	224,80
4. Idem un año después		10	90	190	206,27

6. LEYES DE LA CREACIÓN DE VALOR

A continuación, y como resumen de lo expuesto, se describen las leyes que rigen la creación de valor para el accionista.

1. Crear valor exige que la rentabilidad del accionista supere a sus expectativas de rentabilidad o coste de capital de los fondos propios de la empresa. La rentabilidad del accionista se compone de la obtenida por dividendos y por aumento del valor de mercado o teórico.

2. El cálculo de la creación de valor exige utilizar valores de mercado en vez de contables, pues éstos no miden correctamente el patrimonio del accionista.

3. La creación de valor depende de la capacidad de la empresa para mejorar el flujo de caja previsto para el accionista y para reducir su coste de capital de los fondos propios.

4. El valor creado en un año en ausencia de operaciones de capital es igual al aumento experimentado por el valor de mercado o teórico de la empresa más los dividendos menos el coste de oportunidad de la inversión inicial de los accionistas. Este coste se obtiene multiplicando el coste de capital de los fondos propios por el valor de mercado o teórico inicial.

5. El valor creado en un año recoge los resultados obtenidos durante el año más la mejora de las expectativas de todos los años futuros sobre las existentes previamente.

6. El valor añadido de mercado (VAM) no mide el valor acumulado creado por la empresa, pues no tiene en cuenta los dividendos repartidos hasta la fecha y, además, considera que la inversión realizada por los accionistas coincide con el valor contable de los fondos propios.

7. El valor económico añadido (VEA) del año no mide el valor anual creado, pues se basa en el valor contable de los fondos propios y omite la variación esperada en los flujos de caja futuros. El valor económico añadido de un año puede ser positivo y, sin embargo, haberse destruido valor si se han deteriorado las expectativas de la empresa.

8. El valor creado es función de la variación de parámetros del entorno y de la propia gestión interna de la compañía.

9. El crecimiento sólo añade valor si se basa en proyectos que generen una rentabilidad superior al coste de capital de la empresa.

10. El valor actual neto de una inversión mide el valor que se espera que cree el proyecto.

11. Parte del valor creado por un proyecto o una estrategia nace cuando se concibe y transmite al mercado. Otra parte depende de que la ejecución mejore la prevista inicialmente.

12. Cuando la empresa se limita a cumplir con sus expectativas ni crea ni destruye valor, sólo mantiene el generado hasta la fecha. En este caso, la rentabilidad del accionista coincide con el coste de capital de los fondos propios.

13. El escenario de crecimiento constante supone que el valor creado es nulo.

14. En una empresa que cotice en Bolsa la creación de valor depende de su capacidad para transmitir sus planes al mercado y conseguir que éste los comparta.

15. La creación de valor es un concepto dinámico que exige la mejora continua de los flujos de caja previstos por medio de la implantación permanente de nuevas estrategias rentables. El concepto de creación de valor a largo plazo sólo es aplicable a empresas que cuentan con esa capacidad reconocida de innovación permanente.

Anexo 1

VALOR TEÓRICO DE LOS FONDOS PROPIOS Y VALOR ECONÓMICO AÑADIDO PARA EL ACCIONISTA

El flujo de caja para el accionista es igual a la diferencia entre el beneficio neto (BN) y el beneficio que es preciso retener para financiar las inversiones que no se pueden cubrir con la amortización y el aumento de la deuda. Este beneficio retenido se corresponde con el incremento de los fondos propios (FP), resultando para el período j que:

$$FCA_j = BN_j - (FP_j - FP_{j-1})$$

Sumando y restando $R \cdot FP_{j-1}$ al segundo término de la ecuación, donde R es la rentabilidad exigida por los accionistas, recordando que el valor económico añadido para el accionista (VEA) es igual a:

$$VEA_j = BN_j - R \cdot FP_{j-1}$$

y que el valor teórico de los fondos propios se calcula como el valor actual de la corriente del flujo de fondos para el accionista, se obtiene:

$$VT = \sum_{j=1}^{\infty} \frac{VEA}{(1+R)^j} + \sum_{j=1}^{\infty} \frac{(1+R) \cdot \left(FP_{j-1}\right)}{(1+R)^j} - \sum_{j=1}^{\infty} \frac{FP}{(1+R)^j}$$

Como los dos últimos sumandos del segundo término se pueden expresar por:

$$FP + \sum_{j=1}^{\infty} \frac{FP}{(1+R)^j}$$

donde FP son los fondos propios iniciales, resulta que:

$$VT = FP + \sum_{j=1}^{\infty} \frac{VEA}{(1+R)^j}$$

Anexo 2

FÓRMULA ALTERNATIVA PARA CALCULAR EL VALOR ECONÓMICO AÑADIDO

Como el beneficio neto es igual a:

$$BN = (BE - i \cdot D) \cdot (1 - t)$$

la fórmula 2 puede expresarse por:

$$VEA = BE \cdot (1 - t) - i \cdot D \cdot (1 - t) - R \cdot FP$$

Multiplicando y dividiendo el segundo término por el activo neto (AN) resulta:

$$VEA = AN \cdot \left(RE \cdot (1 - t) - \frac{i \cdot D \cdot (1 - t) + R \cdot FP}{AN} \right)$$

Como el último cociente expresa el coste medio de la financiación Ccm después de impuestos y ponderado a valores contables, se concluye que:

$$VEA = AN \cdot (RE \cdot (1 - t) - Ccm)$$

Capítulo 3

Los flujos de fondos de la empresa

1. FLUJO DE FONDOS Y DECISIONES FINANCIERAS

La empresa y los inversores adoptan sus decisiones de inversión enfrentando los desembolsos que exige el proyecto con las rentas monetarias que se espera que genere. Esta es siempre una evaluación que se apoya en estimaciones sobre el comportamiento futuro de los flujos de fondos involucrados en la operación, es decir, sobre movimientos de efectivo. El cálculo del valor actual de dichos flujos ayuda a tomar una decisión sobre la conveniencia de la inversión. Si el valor actual neto resulta positivo, la inversión crea valor y podrá ser aceptada.

En el caso de una inversión empresarial la estimación de dichos flujos futuros se sustenta, lógicamente, en las previsiones que se formulen sobre la evolución previsible de las actividades. Son éstas las que, en última instancia, deben explicar el movimiento de fondos esperado de la inversión.

No entramos aquí en los métodos para realizar esta apreciación del comportamiento futuro del negocio y que descansan en consideraciones estratégicas sobre la estructura actual y futura del sector de actividad en el que opera la empresa, así como en la trayectoria prevista de su posición competitiva en el mismo.

Baste señalar que, para ello, es preciso identificar los factores estructurales que determinan la rentabilidad del sector a largo plazo, el comportamiento previsible de los principales competidores, la posición relativa de la empresa con relación a dichos competidores y su capacidad para gestionar los factores estructurales del sector. Estos factores se relacionan, en el planteamiento elaborado por Porter, con: el poder relativo de proveedores y clientes, la amenaza derivada de los productos sustitutivos y de la eventual entrada de nuevos competidores, así como con la situación de la empresa en relación con su competencia actual. De este modo, la preparación del flujo de fondos previsional es un ejercicio básicamente estratégico y no financiero como se pretende con frecuencia.

La empresa, considerada en su conjunto, se configura como una cartera de actividades para las que es posible realizar el tipo de análisis anterior y del que se desprenderán unas previsiones financieras individuales a partir de las cuales confeccionar el flujo consolidado de fondos. Su valor actual permite valorar la empresa y comparar estrategias alternativas.

Desde la perspectiva de los inversores, la estimación del flujo de fondos que esperan recibir y el cálculo de su valor actual neto constituyen el método más aceptado para evaluar su posible inversión en la empresa, bien por la compra de una participación en su capital social o por la adquisición de sus activos. Los flujos de fondos a utilizar, en una u otra situación, serán diferentes: en cada caso los que se espera que genere el activo que se valora.

Por ello, junto a su interés a efectos de diagnóstico y de gestión, la previsión de los flujos de fondos de la empresa constituye un ejercicio previo a los procesos de valoración empresarial. A este respecto, podemos diferenciar cuatro tipos de flujos de fondos más relevantes.

El flujo operativo estima la generación prevista de fondos por la actividad económica de la empresa, nacida de sus operaciones de compra, fabricación y venta, así como de las inversiones necesarias para desarrollar su estrategia. Las inversiones incluyen las previstas en todo tipo de activos (inmovilizado y circulante) reducidas por la contribución a financiarlas de la denominada financiación espontánea. Este flujo no incluye ningún concepto relacionado con la financiación onerosa de la empresa, siendo su finalidad, precisamente, la de cubrir los fondos originados por ésta. En consecuencia, este flujo mide la liquidez generada por el negocio y disponible para atender las exigencias de su financiación.

El flujo de la deuda recoge todos los movimientos de efectivo asociados con el endeudamiento actual y previsto de la empresa.

El flujo para el accionista cuantifica los fondos disponibles, generados en el ejercicio, para repartir entre los propietarios y pone un techo, bajo criterios de liquidez, al dividendo máximo a repartir, salvo que se disponga de excedentes de tesorería o se realice una ampliación de capital. Si se prevé un programa de recompra de acciones, su importe reducirá el flujo disponible para repartir en dividendos. Para el accionista este flujo constituye la estimación de la renta monetaria prevista por su participación societaria.

Por último, **el flujo financiero de la empresa** incluye todos los movimientos de fondos asociados a la financiación onerosa de la empresa, es decir, a la deuda con coste explícito y a los fondos propios. Como veremos más adelante, el importe del flujo financiero coincide, necesariamente, con el flujo operativo.

2. PREVISIÓN DE LOS ESTADOS FINANCIEROS

Un producto final de la formulación de la estrategia de la empresa consiste en cuantificar sus resultados en términos de los estados financieros previsionales, es decir, el Balance, la Cuenta de resultados y el Cuadro de financiación.

A efectos ilustrativos, supongamos que la empresa MELTONO ha previsto los estados contables resumidos, expresados en millones de euros, que recogen los cuadros 1 y 2. Para simplificar la exposición se contemplan sólo los correspondientes al ejercicio recién terminado, bajo la cabecera **"Real Año 0"** y los estimados para los dos próximos ejercicios bajo la cabecera **"Previsión"**. Igualmente, aparecen con un formato que pretende facilitar e interpretar la elaboración, a partir de ellos, de los flujos de fondos que se presentan posteriormente.

Cuadro 1. BALANCES DE MELTONO

		PREVISIÓN	
Balance resumido (Final ejercicio)	Real Año 0	Año 1	Año 2
Exceso de tesorería	2,00	7,25	19,88
Activo circulante operativo	350,00	373,00	390,00
Inmovilizado bruto	480,00	605,00	625,00
– Amortización acumulada	–240,00	–270,00	–300,00
Activo = Pasivo	592,00	715,25	734,88
Fondos propios	310,00	364,25	424,88
Ampliación de capital/recompra de acciones	0,00	50,00	20,00
Deuda	184,00	200,00	185,00
Pasivo circulante operativo	98,00	101,00	105,00

A continuación se revisan algunos aspectos relevantes de las partidas contempladas, a efectos de cálculo de los flujos de fondos de la empresa.

Exceso de tesorería: recoge los excedentes monetarios no necesarios para el desarrollo de las operaciones. Constituye un disponible sobrante que puede ser aplicado a discreción de la empresa, bien para poder acceder a oportunidades de inversión o para compensar eventuales déficits posteriores de tesorería. Mientras no se invierte en la actividad, se suele colocar en activos financieros con vencimiento a corto plazo.

Activo circulante operativo: esta partida incluye la inversión demandada por la actividad de la empresa en deudores, existencias y tesorería operativa. El saldo de deudores depende de las condiciones de crédito que se otorguen a los clientes y de los procesos de cobro aplicados. Las existencias de las duraciones de los procesos de aprovisionamiento, producción y distribución, así como de objetivos de rotación en cada caso. La tesorería operativa estima el efectivo preciso para soportar todos los procesos anteriores y nace, fundamentalmente, de la pérdida de disponibilidad de los fondos al circular por las cuentas bancarias, debido a la aplicación por las entidades financieras de una fecha valor diferente a la de la operación.

Inmovilizado bruto: agrupa todas las inversiones en activo fijo (material, inmaterial y financiero) valoradas en términos contables, es decir, a precio de compra incrementado en las eventuales revalorizaciones practicadas, de acuerdo con las leyes de Regularización de Balances.

Amortización acumulada: refleja la pérdida contable de valor del inmovilizado, en términos acumulados, desde su puesta en operación.

Fondos propios: es el saldo acumulado hasta la fecha de las aportaciones de los accionistas y de la retención anual de beneficios.

Ampliación de capital / Recompra de acciones: esta cuenta debería aparecer incluida en la anterior, pero se ha desglosado a efectos de mostrar el movimiento previsto para los dos próximos ejercicios de MELTONO. Así se deduce que se prevé realizar una ampliación de capital en el año 1 por importe de 50 millones de euros y una recompra de acciones, y simultánea cancelación en el año 2, por valor de 30 millones. Aunque probablemente la realización de ambas operaciones no se justificaría desde un planteamiento empresarial, al menos por los gastos generados, se han incluido para mostrar su efecto en los flujos de fondos a calcular.

Deuda: recoge todo el exigible de MELTONO, con independencia de su plazo de vencimiento, gravado con un interés contractual. Incluye conceptos tales como: descuento de efectos, pólizas de crédito, préstamos y obligaciones. La contratación puede ser a tipo de interés fijo o variable y estar nominada en moneda local o en divisas.

Pasivo circulante operativo: incluye la financiación espontánea generada por la actividad y se compone de proveedores y acreedores. Esta financiación no está sujeta a interés, aunque sí puede tener un coste implícito relacionado con el coste de oportunidad en que se incurre por no acogerse a eventuales descuentos por pronto pago. Este coste implícito se considera incluido en el coste de los productos, servicios y bienes adquiridos y, por tanto, en el coste de ventas.

Respecto a las Cuentas de resultados, que figuran en el cuadro 2, también expresadas en millones de euros, cabe realizar las siguientes observaciones:

– Los costes operativos recogen todos aquellos que no son gastos financieros, incluyendo pues la amortización. En este ejemplo ésta puede estimarse a partir del movimiento de la cuenta de Balance de amortización acumulada lo cual exige suponer que no se ha dado de baja ningún elemento del inmovilizado.

– El beneficio económico se calcula antes de gastos financieros e impuestos y mide el excedente contable generado por las operaciones.

– A efectos informativos, se recoge el dividendo distribuido cada año que se supone repartido a final de ejercicio o incluido en el pasivo circulante, hasta el momento de su pago.

Cuadro 2. CUENTAS DE RESULTADOS DE MELTONO

Cuentas de resultados resumida	Real Año 0	PREVISIÓN	
		Año 1	Año 2
Ventas	1.000,00	1.100,00	1.210,00
– Costes operativos	–850,00	–935,00	–1.029,00
Beneficio económico	150,00	165,00	181,00
– Intereses	–18,40	–20,00	–18,50
– Impuestos (al 35%)	–46,06	–50,75	–56,87
Beneficio neto	85,54	94,25	105,63
Dividendos	–35,00	–40,00	–45,00

A continuación se presenta la metodología para calcular los distintos flujos de fondos, es decir, de entradas y salidas de efectivo, a partir de los estados financieros anteriores. Para ello, tendremos en cuenta que la comparación del Balance final de un año con el inicial nos informa sobre el movimiento del saldo de cada partida. La Cuenta de resultados ofrece información sobre el beneficio generado en el año.

3. FLUJO OPERATIVO DE CAJA

Este flujo se compone de todos los movimientos de fondos generados por las actividades de negocio de la empresa, sin considerar los asociados a la financiación onerosa. Su importe, en términos previsionales, debe ser una síntesis del atractivo económico del sector y de sus expectativas de crecimiento, así como de la posición competitiva de la empresa y de las estrategias contempladas.

El cuadro 3 muestra los componentes del flujo operativo de MELTONO calculado a partir de sus estados financieros.

Cuadro 3. FLUJO OPERATIVO DE CAJA

	Año 1	Año 2
Flujo operativo de caja	−7,75	114,65
+ Beneficio económico	165,00	181,00
− Impuestos operativos (35% de anterior)	−57,75	−63,35
+ Amortización	30,00	30,00
− Inversiones en activo circulante operativo	−23,00	−17,00
− Inversiones en inmovilizado	−125,00	−20,00
+ Incremento pasivo circulante operativo	3,00	4,00

Puesto que el beneficio económico resume la diferencia entre ventas y costes operativos y como éstos incluyen la amortización anual, se añade este concepto a fin de reconocer que es un coste que no se desembolsa. Su importe anual se estima, en este ejemplo, aceptando que no se han producido bajas de inmovilizado a partir del incremento de la correspondiente cuenta de Balance. La amortización es la estimación contable, casi siempre poco afortunada, de utilizar, durante el ejercicio, el inmovilizado de la empresa. Pero el desembolso asociado a este coste se produjo cuando se adquirió y pagó dicho activo.

Además, se incluyen las variaciones del activo y el pasivo circulantes para ajustar el criterio de devengo que utiliza la Cuenta de resultados para determinar el beneficio económico con el concepto de movimiento de caja que exige el cálculo del flujo de fondos. Con ello, se reconocen hechos tales como los siguientes:

- Se han podido cobrar, en el ejercicio, ventas realizadas en el anterior.

- Ventas del ejercicio se cobrarán en el siguiente.

- Variaciones de la tesorería operativa o de las existencias que suponen la aplicación (cuando aumenta el saldo) o el origen de efectivo (si disminuye el saldo).

- Se han podido pagar deudas del ejercicio anterior incluidas en el pasivo circulante operativo o dejar a deber compras de este ejercicio para ser saldadas en el próximo.

Dentro del saldo del pasivo circulante operativo no debe incluirse la periodificación de intereses a pagar, pues este concepto corresponde al flujo de la deuda, según se expone más adelante.

Como el beneficio económico se calcula antes de impuestos, es necesario detraer el impuesto de sociedades a que dicho excedente está sujeto. Este impuesto, llamado operativo, se calcula sobre la base del beneficio económico, sin deducir los gastos financieros, en cuanto que el flujo operativo ignora la estructura de financiación de la empresa (de hecho supone que toda la financiación es fondos propios). En realidad, el Impuesto de Sociedades liquidado en un año corresponde al devengado en el ejercicio anterior. El ajuste entre ambos se realiza mediante la correspondiente variación del saldo que, por este concepto, debe incluir el pasivo circulante operativo.

Además, el flujo operativo de caja se aminora por la variación del inmovilizado bruto correspondiente a las inversiones del ejercicio. La inversión realizada se calcula, en este ejemplo, a partir del incremento de la cuenta de inmovilizado bruto del Balance. De haberse producido desinversiones, dicho incremento recogería la diferencia entre la inversión y la desinversión, es decir, la inversión neta. El cuadro 3 sólo contempla los pagos por inversiones realizados durante el año en cuanto que, como se ha comentado, incluye la variación del pasivo circulante operativo, que comprende también posibles deudas a corto por adquisición de inmovilizado.

El flujo operativo de fondos mide pues los fondos de efectivo generados por la actividad económica de la empresa, calculados por diferencia entre ingresos y desembolsos. Según el cuadro 3, se prevé que MELTONO experimente un déficit en el año 1, como consecuencia de las elevadas inversiones previstas en inmovilizado, que deberá ser cubierto con financiación adicional: en este ejemplo, mediante la ampliación de capital prevista y un mayor endeudamiento según se anticipa al revisar los Balances de dicho año y del anterior.

La previsión del año 2, por el contrario, informa sobre la previsible generación de unos fondos de más de 114 millones de euros, que podrán ser destinados a reducir la financiación de la empresa, recomprar acciones o a aumentar sus excedentes tesoreros. Se puede adelantar, revisando el Balance de dicho año en relación con el anterior, que MELTONO prevé recomprar acciones, reducir su deuda y aumentar su tesorería no operativa, con el excedente del flujo operativo de caja.

Los componentes del cuadro 3 permiten analizar la forma de mejorar la liquidez generada por la actividad, lo cual se consigue mediante una o varias de las siguientes actuaciones:

– Mejora del beneficio económico por variaciones de las ventas y de los costes operativos.

– Reducción del tipo impositivo de la empresa.

– Reducción de las inversiones en circulante e inmovilizado.

– Aumento de la financiación suministrada por el pasivo circulante operativo.

De este repertorio se deduce que no sólo interesa valorar el flujo operativo previsto, sino también su calidad, en cuanto pueden adoptarse medidas que lo mejoren en un año, pero a costa de degradar la posición competitiva y el futuro de la empresa. Así sucederá, por ejemplo, si se recortan gastos de desarrollo estratégico del negocio (investigación y desarrollo, gastos comerciales, sistemas de información y mantenimiento, entre otros), se reducen, cancelan o retrasan proyectos de inversión o se ajustan factores de competitividad relacionados con los parámetros de gestión del activo y pasivo circulantes operativos (crédito a clientes o rotación de existencias, por ejemplo).

El valor actual del flujo operativo estima el valor teórico del activo que lo genera, que en este caso se refiere al activo neto de la empresa, obtenido por diferencia entre el activo total y la financiación espontánea. En cuanto que el flujo operativo se obtiene a partir de las previsiones económico-financieras de la empresa, incluye los flujos asociados al activo neto actual y a las nuevas inversiones. En el primer caso, sólo incorpora los flujos generados por el activo actual. En el segundo, añade también los desembolsos necesarios para desarrollar las nuevas inversiones. Por ello, el valor actual de dicho flujo estima el valor del activo neto ya existente, incluyendo el valor actual neto de las inversiones previstas. Ello es razonable en la medida en que es el activo existente el que permite y da la opción de ejecutar el nuevo plan inversor.

4. FLUJO DE LA DEUDA

Un segundo flujo de efectivo lo constituye el derivado de la deuda de la empresa, que comprende todos los movimientos de caja relacionados con la contratación y servicio al endeudamiento. Al igual que el flujo operativo, se ha de calcular después de impuestos.

Por ello, el flujo de la deuda se compone de los intereses a abonar, reducidos en el ahorro fiscal correspondiente, más la devolución del principal y menos los nuevos fondos recibidos de todo tipo de prestamistas. Estas dos últimas partidas se resumen en la variación experimentada por el saldo del Balance de toda la deuda.

Para MELTONO, el flujo de la deuda se calcula en el cuadro 4. Los intereses que deben figurar en dicho cuadro son los abonados realmente y no los devengados durante el ejercicio. Para realizar el ajuste entre ambos conceptos es preciso incluir la variación del saldo de la cuenta de intereses devengados y pendientes de pago a final de ejercicio. En el ejemplo que se comenta se supone que los intereses devengados coinciden con los abonados.

Dicho cuadro considera que el ahorro fiscal se produce en el momento en que se devengan los intereses. En realidad, hay un desfase entre ambos flujos debido a que el ahorro de impuestos se producirá en el ejercicio siguiente, cuando se liquide el Impuesto de Sociedades del ejercicio anterior. Para solventar este desfase bastaría desplazar el ahorro de impuestos al período en que realmente se produce.

Cuadro 4. FLUJO DE CAJA DE LA DEUDA

	Año 1	Año 2
Flujo de la deuda	−3,00	27,02
Intereses	20,00	18,50
− Impuestos (35% del anterior)	−7,00	−6,48
+ Saldo inicial de la deuda	184,00	200,00
− Saldo final de la deuda	−200,00	−185,00

Este flujo, que se compone de los flujos individuales de todas las operaciones de financiación que mantiene la empresa, permite estimar el valor de mercado de la deuda. Para ello, es preciso calcular su valor actual utilizando como tasa de descuento el coste marginal, es decir, el que se estima que aplicarán los prestamistas potenciales de la empresa a la nueva deuda que le concedan.

5. FLUJO DE CAJA PARA EL ACCIONISTA

Este flujo resume los fondos generados por la empresa para sus accionistas después de atender a las necesidades de inversión y a las asociadas a la financiación por deuda. Mide, pues, la renta en efectivo disponible para distribuir al accionista. Su importe, de carácter residual, se obtiene según el cuadro 5.

Cuadro 5. FLUJO DE CAJA PARA EL ACCIONISTA

	Año 1	Año 2
Flujo para el accionista	–4,75	87,63
+ Beneficio neto	94,25	105,63
+ Amortización	30,00	30,00
– Inversiones en activo circulante operativo	–23,00	–17,00
– Inversiones en inmovilizado	–125,00	–20,00
+ Incremento pasivo circulante operativo	3,00	4,00
+ Aumento deuda	16,00	–15,00

La revisión de este cuadro permite valorar los mecanismos que favorecen un aumento del flujo de caja para el accionista, debiéndose realizar, al igual que para el flujo operativo, un juicio sobre la calidad de dicho flujo. Su mejora no debe realizarse a costa de hipotecar los flujos futuros de la empresa. El objetivo a este respecto consiste en dotar a la empresa de los recursos necesarios para propiciar un flujo de caja para el accionista sostenible y creciente.

Si el flujo anual de caja es positivo, en principio la empresa podrá distribuir un dividendo, recomprar acciones o incrementar el saldo de su tesorería excedente. Si es negativo, será preciso realizar una ampliación de capital, salvo que existan excedentes de tesorería acumulados en años anteriores. Aunque también es posible distribuir un dividendo, cuando el flujo anual es negativo, si la empresa realiza en el año una ampliación de capital.

El cuadro 5 está calculado desde la perspectiva de la empresa pero, según el párrafo anterior, tiene su reflejo en el movimiento de fondos del accionista, que se compone de:

- Los dividendos recibidos.

- El desembolso por ampliación de capital realizado por el accionista.

- El ingreso recibido por el accionista en concepto de recompra de acciones.

- La variación del saldo de tesorería excedente.

Este último componente es un ingreso para el accionista en cuanto que la empresa lo reserva para aplicaciones futuras, como, por ejemplo, pagar un dividendo en un año posterior o efectuar una recompra de acciones con pago en efectivo. En realidad, la empresa podría haber abonado un dividendo más elevado, pero ha optado por retenerlo a disposición de sus propietarios. Por distribuirse un dividendo inferior al factible, se generan unos excedentes que permanecerán en la empresa como un mayor disponible. Este excedente se irá alimentando o reduciendo en función de los importes de cada año.

El cuadro 6 muestra la mencionada descomposición del flujo de caja para el accionista desde su perspectiva y referido a MELTONO. La variación del saldo de la tesorería excedente se obtiene directamente de la evolución de la cuenta de Balance. El importe resultante para cada año coincide con el obtenido en el cuadro 5.

Cuadro 6. COMPONENTES DEL FLUJO DE CAJA DEL ACCIONISTA

	Año 1	Año 2
Dividendos	40,00	45,00
Ampliación de capital	−50,00	
Recompra de acciones		30,00
Variación del exceso de tesorería	5,25	12,63
Flujo de caja para el accionista	− 4,75	87,63

La presentación del flujo de caja del accionista en los términos del cuadro 6 muestra las opciones para gestionarlo, en cuanto que se puede actuar sobre cada uno de los mencionados componentes para ajustar la situación financiera de la empresa.

En el año 1 el flujo es negativo, pues la suma de los dividendos y el incremento de la tesorería excedente es menor que la ampliación prevista de capital a realizar. En el año 2, por el contrario, se obtiene un flujo positivo debido a que el accionista percibe dividendos y el importe de la recompra de acciones y, además, se incrementa el saldo de la tesorería excedente.

Es práctica habitual, en empresas de gran tamaño y en coyunturas favorables, acumular excesos de tesorería, no distribuyendo todo el dividendo factible. El cuadro 7 recoge la relación entre la suma de la tesorería y las inversiones financieras a corto y la cifra de ventas de algunas grandes empresas.

Cuadro 7. TESORERÍA E INVERSIONES FINANCIERAS A CORTO EN RELACIÓN A LA CIFRA DE VENTAS (al 31-12-1996)

	% sobre ventas anuales		% sobre ventas anuales
Hewlett Packard	8,7	Merck & Co.	6,8
Intel	37,9	Compaq	22,0
Coca-Cola	8,9	Royal Dutch	8,9

Por último, el valor actual de los flujos para el accionista ofrece el valor teórico de los fondos propios, pues es este activo, en este caso de naturaleza financiera, el que los genera para sus propietarios.

6. FLUJO FINANCIERO

Como ya se anticipó, este flujo pretende medir todos los fondos destinados a atender a la financiación de la empresa, tanto en lo que se refiere a la variación de saldos como a la remuneración de los capitales utilizados. Se obtiene como suma del flujo de la deuda y del flujo de caja para el accionista.

De acuerdo con lo anterior, el cuadro 8 recoge el flujo financiero previsto para MELTONO.

Cuadro 8. FLUJO FINANCIERO

	Año 1	Año 2
Flujo financiero	−7,75	114,65
+ Flujo para el accionista	−4,75	87,63
+ Intereses	20,00	18,50
− Ahorro de impuestos por intereses (35%)	−7,00	−6,48
− Aumento deuda	−16,00	15,00

El aumento indicado en la deuda se obtiene por diferencia entre su saldo a final de ejercicio y el inicial. De este modo, la cantidad resultante es el neto de las entradas de deuda y las devoluciones producidas durante el ejercicio.

Se comprueba cómo, efectivamente, el flujo financiero coincide con el flujo operativo calculado en el cuadro 3. Ello es así porque precisamente este último cuantifica los fondos generados por el negocio disponibles para atender los flujos derivados de la financiación onerosa de la empresa.

7. FLUJO DE CAJA PARA EL ACCIONISTA Y FLUJO OPERATIVO

De la igualdad entre el flujo operativo y el financiero se obtiene que:

$$FCA = FOC - INT \cdot (1 - t) + \Delta D \qquad (1)$$

donde:

FCA = Flujo de caja para el accionista
FOC = Flujo operativo de caja
ΔD = Incremento de la deuda
INT = Intereses
t = Tipo impositivo sobre beneficios

Dicha ecuación muestra que el flujo de caja para el accionista es igual al flujo operativo del negocio menos los intereses después de impuestos que han de cubrirse más la financiación aportada por la deuda. Es decir, el flujo de caja para el accionista se obtiene deduciendo del flujo operativo el flujo de la deuda. Esta ecuación muestra que FCA y FOC coinciden en aquellas empresas que carecen de deuda.

El cuadro 9 recalcula el flujo para el accionista sobre la base de la ecuación anterior y permite realizar un análisis alternativo de su génesis.

Cuadro 9. FLUJO DE CAJA PARA EL ACCIONISTA

	Año 1	Año 2
Flujo para el accionista	−4,75	87,63
+ Flujo operativo	−7,75	114,65
− Intereses	−20,00	−18,50
+ Ahorro de impuestos por intereses	7,00	6,48
+ Aumento deuda	16,00	−15,00

8. CÁLCULO DE LA TESORERÍA EXCEDENTE

El análisis realizado en los epígrafes anteriores, así como los datos hasta aquí presentados, permiten prever el flujo de tesorería excedente de la empresa, según muestra el cuadro 10, que también incluye el saldo de dicha cuenta y que coincide con el que aparece, para cada año, en el cuadro 1. El saldo de la tesorería operativa, que se mantiene por exigencia de la actividad, no figura, por estar incluido en el activo circulante operativo.

Cuadro 10. FLUJO DE TESORERÍA EXCEDENTE

	Año 1	Año 2
Incremento de la tesorería excedente	5,25	12,63
+ Beneficio neto	94,25	105,63
+ Amortización	30,00	30,00
− Dividendos	−40,00	−45,00
− Inversiones en activo circulante operativo	−23,00	−17,00
− Inversiones en inmovilizado	−125,00	−20,00
+ Financiación pasivo circulante	3,00	4,00
+ Aumento deuda	16,00	−15,00
+ Ampliación capital − Recompra acciones	50,00	−30,00
+ Saldo inicial tesorería excedente	2,00	7,25
= Saldo final tesorería excedente	7,25	19,88

Este cuadro también se puede elaborar arrancando del beneficio económico en vez del neto, pero ello exigiría añadir los desembolsos ligados a los intereses e impuestos.

Capítulo 4

El coste de capital como tasa de descuento

1. PAPEL DE LA TASA DE DESCUENTO

La estimación del valor de mercado de un activo físico o financiero requiere calcular el valor actual de las rentas monetarias futuras que se espera que proporcione a su propietario. En este contexto, son activos el activo neto de la empresa, sus fondos propios y su deuda, así como cada uno de los componentes que los integran. Para calcular dicho valor actual es preciso descontar, al momento del cálculo, las mencionadas rentas, lo que exige identificar los flujos temporales a considerar en cada caso y la tasa de descuento para actualizarlos, teniendo en cuenta el riesgo asociado a la naturaleza de cada flujo. El riesgo de un flujo monetario aumenta con la variabilidad que puedan experimentar sus importes como consecuencia de la dificultad para estimarlos y de la incidencia de eventuales sucesos externos e internos a la empresa.

Como criterio general, la tasa de descuento corresponde a la rentabilidad esperada por el inversor, en función del nivel de riesgo que perciba en los flujos monetarios previstos. Se refiere, pues, a la rentabilidad marginal vigente, asociada a nuevas inversiones, y no a datos históricos, carentes de relevancia para la toma de decisiones, aunque sí la tengan a efectos de diagnóstico y control.

En el caso de los fondos propios, el flujo a descontar es el denominado flujo de caja para el accionista y la tasa de descuento equivale a la rentabilidad mínima que exigen los accionistas para invertir en la empresa. Esta tasa incorpora, además del tipo de interés del mercado, el riesgo económico del negocio y el riesgo financiero de la empresa. El primero nace de las características de la actividad y se explica por causas tales como: sensibilidad de las ventas al ciclo económico, estructura de costes, concentración de clientes y proveedores o evolución de la tecnología. Así, por ejemplo, una empresa con elevados costes fijos presentará un mayor riesgo económico por su menor capacidad para ajustar sus costes a los vaivenes de las ventas.

El riesgo financiero se deriva de la estructura de financiación. Cuanto mayor sea el endeudamiento mayor será el servicio a la deuda que deberá ser cubierto por el flujo operativo de caja. Si éste disminuye, al mantenerse fijo el servicio a la deuda, se amplificará la fluctuación del flujo de caja para el accionista.

Desde la perspectiva de la empresa, esta tasa equivale al coste de capital de sus fondos propios, que representa el rendimiento que ha de ofrecer a sus accionistas para mantener su apoyo y poder obtener de ellos recursos financieros adicionales. En realidad, entre ambas tasas existe un diferencial que obedece a los gastos de emisión y formalización incurridos para captar nueva financiación por fondos propios: son costes para la empresa que no constituyen rendimiento para el accionista.

Para la deuda, la tasa de descuento es el rendimiento demandado por el prestamista para aportar nuevos fondos en base al riesgo que perciba en su inversión. Esta tasa corresponde a la vigente en el mercado para operaciones similares de plazo y riesgo, es decir, es el coste de reponer o aumentar la deuda. En cuanto a los flujos a descontar, son los asociados a la deuda que se desea valorar, incluyendo intereses, ahorro de impuestos, gastos de formalización y devolución del principal. Ahora, también la existencia de gastos de formalización de la operación hace que el coste para la empresa supere a la rentabilidad exigida por el prestamista[1].

Si se desea calcular el valor del activo neto, es preciso considerar el flujo operativo de caja, sin incluir ningún flujo relacionado con la financiación onerosa. La tasa de descuento corresponde, ahora, al coste medio de capital de la empresa, estimado como media de los costes de las fuentes que la financian ponderadas por su participación respectiva a valores de mercado. Este coste equivale a la rentabilidad que el mercado espera que genere el activo neto de la empresa para una determinada estructura de financiación.

En la medida en que los flujos de caja se calculan después del impuesto de sociedades, las tasas de descuento anteriores se deben calcular incluyendo la repercusión de dicho impuesto, según se muestra más adelante. Si los flujos de caja se estiman, como es habitual, en unidades monetarias corrientes de cada año, las tasas de descuento serán nominales, es decir, incorporarán el componente inflacionario.

En resumen, el cálculo del valor actual de un flujo monetario exige que sea coherente con la tasa de descuento a aplicar, en las tres siguientes dimensiones:

---

[1] Además, el coste para la empresa es inferior al rendimiento del prestamista debido a que los intereses son deducibles fiscalmente, lo que genera un ahorro de impuestos.

– Naturalezas del flujo y de la tasa de descuento.

– Cálculo después de impuestos.

– Cálculo en términos nominales.

La figura 1 establece que el valor de los fondos propios es igual al valor del activo neto menos el valor de la deuda y muestra los criterios para calcular cada uno de dichos importes, según lo expuesto anteriormente.

Obsérvese cómo el valor del activo neto se compone del valor actual del flujo operativo de caja más el valor de los activos disponibles que no contribuyan a generar renta, si los hubiese.

Figura 1. VALOR DE LA EMPRESA

__Valor Activo Neto__		__Valor Deuda__		__Valor Fondos Propios__
• Fujo operativo. • Coste medio de capital. + Activos sin renta.	−	• Flujo deuda. • Tipo de interés mercado	=	• Flujo para el accionista. • Coste fondos propios. + Activos sin renta

2. RIESGO DE UN ACTIVO FÍSICO O FINANCIERO

El riesgo de un activo mide la variabilidad esperada de sus flujos de fondos y nace de la dificultad que existe para prever con exactitud el importe de dichos flujos. Hay activos denominados sin riesgo porque se considera que los flujos que generan no tienen posibilidad de fluctuación. Este es el caso de la deuda emitida por el Estado, puesto que se admite que no hay duda razonable de que ni los intereses ofrecidos, ni la devolución del principal, a su vencimiento, experimentarán variaciones sobre las condiciones estipuladas en el momento de su emisión.

Los demás activos, que no están respaldados por la garantía del Estado, están sujetos a riesgo en cuanto que nadie garantiza al inversor que el emisor podrá satisfacer los flujos previstos. La rentabilidad esperada de estos activos es igual a la rentabilidad de los activos sin riesgo más una prima, que refleja el premio que exigen los inversores por soportar un mayor riesgo.

El riesgo de las acciones supera al de la deuda, pues en este último caso hay unas condiciones de remuneración y amortización, exigibles por el prestamista mediante contrato, que tienen prelación a los derechos de cobro de los accionistas. Por ello, mayor es el riesgo relacionado con el flujo de caja para el accionista por su condición de flujo residual, que queda disponible después de haber satisfecho el resto de los pagos. Por esta razón, su evolución se ve condicionada, más intensamente que el flujo de la deuda, por la marcha de la empresa.

Los flujos monetarios incorporan dos componentes de riesgo principales.

• El primero surge de contingencias generales que afectan por igual a todos los activos, nacidas de fuentes tales como: el ciclo económico, la evolución demográfica, la presión fiscal, la situación política o actos de la naturaleza. Producidos dichos sucesos, su repercusión se extiende, aunque con distinta intensidad, a los flujos de todos los activos. Es el denominado riesgo sistemático del negocio, que por ser general no se atenúa o elimina mediante la diversificación en diferentes inversiones.

• El segundo obedece a posibles variaciones de los flujos de una empresa por causas que le son específicas, es decir, que de producirse sólo le afectarán a ella. Este riesgo, que se conoce como no sistemático, sí es posible gestionarlo mediante la diversificación. Por ejemplo, en un caso extremo, la inversión simultánea y por idéntico importe en dos empresas cuyos flujos monetarios reaccionen de manera opuesta a un mismo suceso externo, permitirá que el flujo combinado de ambas se mantenga constante debido a la fluctuación simétrica e inversa de los flujos individuales.

La decisión de invertir en un activo aúna los criterios de rendimiento y riesgo, por lo que no es válido aceptar que los inversores pretendan maximizar la rentabilidad. Si así fuese, nadie invertiría, por ejemplo, en Letras del Tesoro, que si bien tienen un rendimiento relativamente reducido, soportan un riesgo significativamente inferior al de otras opciones, *a priori* más rentables.

3. MODELO DE VALORACIÓN DE ACTIVOS[2]

Para abordar el cálculo de las diversas tasas de descuento a utilizar en los procesos de valoración, se introduce a continuación el modelo de valoración de activos formulado por Sharpe, Litner y Treynor en los años 60.

---

[2] La denominación original de este modelo es: *Capital asset pricing model* (CAPM).

Este modelo acepta que la rentabilidad esperada de un activo físico o financiero se obtiene añadiendo una prima de riesgo al rendimiento ofrecido por los activos sin riesgo. Esta prima, que refleja el exceso de rendimiento que exige el inversor por soportar un mayor riesgo, se considera que es proporcional a la prima de riesgo del conjunto del mercado. Esta, a su vez, es la correspondiente a una inversión compuesta por una muestra representativa de todos los activos con riesgo, en la proporción en que se ofertan en el mercado. Esta cartera, que en la práctica se identifica con un índice bursátil, carece de riesgo no sistemático relevante, puesto que el de los activos individuales que la componen se diluye por la diversificación. Al coeficiente de proporcionalidad entre el rendimiento del activo y el del mercado se le denomina coeficiente Beta del activo. El modelo postula, por tanto, que la prima de riesgo que los inversores exigen a un activo es una función lineal de su coeficiente Beta.

Este coeficiente incorpora las características del sector en que actúa la empresa y las estrategias de ésta, pues ambos factores explican cómo fluctuará su rentabilidad con relación al mercado global. En la medida en que las pautas de comportamiento del mercado y del sector se mantengan y no se altere significativamente la estrategia de la empresa, incluida la de financiación, el valor de su Beta no sufrirá variaciones importantes de un periodo a otro.

Como activos sin riesgo se consideran los bonos del Estado a largo plazo, cuyo tipo de interés consideraremos, en lo que sigue, del 5,9%. La razón de optar por activos con vencimiento a largo plazo (diez años, por ejemplo) obedece a que son plazos comparables con los que se contemplan en los procesos de valoración.

Matemáticamente, el modelo de valoración de activos se expresa por la ecuación:

$$Rac = Rf + \beta \cdot (Rm - Rf) \tag{1}$$

donde:

Rac = rentabilidad esperada del activo
Rf = rentabilidad esperada de los activos sin riesgo
β = coeficiente Beta del activo
Rm = rentabilidad esperada para una inversión que incluya todos los activos con riesgo o una muestra suficientemente representativa, como es, por ejemplo, el índice general de la Bolsa o el IBEX 35, calculado, este último, ponderando las cotizaciones de 35 empresas seleccionadas.

La diferencia entre Rm y Rf estima la prima de riesgo del mercado y tiende a permanecer estable aunque fluctúen las dos variables que la determinan. Cabe señalar que esta prima es la esperada por los inversores, aunque para un año aislado suele diferir significativamente de la prima real obtenida. Para estimarla es preciso contemplar las primas reales de un número suficientemente amplio de periodos, en la confianza de que las fuerzas del mercado hagan converger la prima realmente obtenida con la media esperada.

La diferencia entre Rac y Rf es la prima de riesgo del activo individual.

El valor de la Beta depende, en concreto, de la sensibilidad de las actividades de la empresa al ciclo económico, de la estructura de las actividades y de costes y del endeudamiento como factores más importantes. Los dos primeros parámetros se asocian a las características del negocio, es decir, perfilan su riesgo económico. El endeudamiento, por su parte, conforma el riesgo financiero de la empresa.

Para una inversión en una cartera que incluya todos los activos con riesgo o una muestra representativa de los mismos, el coeficiente Beta es la unidad y la rentabilidad esperada de la cartera es igual a la rentabilidad esperada para el conjunto del mercado. En el caso de los activos sin riesgo la Beta es cero, según se desprende de la fórmula 1, lo que reconoce que sus flujos de fondos no se alteran por fluctuaciones que experimente la rentabilidad esperada de mercado. La figura 2 muestra una posible evolución de la rentabilidad esperada de los activos en función del coeficiente Beta, según el modelo de valoración de activos, y define la denominada recta de rentabilidad del mercado.

En los cálculos que siguen supondremos una prima de riesgo del mercado de 6 puntos, representativa de la situación española actual. Añadida la rentabilidad esperada para los activos sin riesgo, que supondremos del 5,9%, resulta una rentabilidad prevista del mercado (Rm) del 11,9%.

Pero para un activo individual la prima podrá ser superior o inferior a la del conjunto del mercado según sea el nivel relativo de riesgo sistemático que se perciba en los flujos esperados de dicho activo. Para determinar esta prima de riesgo es preciso calcular su coeficiente Beta, puesto que el modelo de valoración que se comenta establece una proporcionalidad entre ambas primas, según se desprende de la fórmula 1, es decir:

Prima de riesgo del activo = Beta · prima de riesgo del mercado

**Figura 2. EVOLUCIÓN DE LA RENTABILIDAD ESPERADA
EN FUNCIÓN DEL COEFICIENTE BETA**

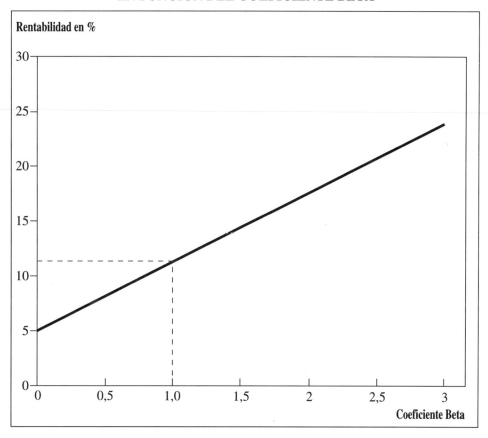

4. COEFICIENTE BETA DE LA DEUDA

La ecuación del modelo de valoración de activos permite estimar el coeficiente Beta de cualquier título financiero y, en concreto, de la deuda de una empresa si se conocen las rentabilidades esperadas que intervienen en dicha ecuación. La información del mercado referente a operaciones de riesgo similar ofrece el rendimiento esperado por el prestamista o, lo que es equivalente, el coste de la deuda para la empresa, antes de impuestos, si se omiten los conceptos de coste para la empresa que no suponen renta para el prestamista (gastos de intervención, por ejemplo).

Si una empresa, como es habitual, tiene más de una operación de deuda, el coste medio se calcula como media de los costes de las operaciones financieras individuales, ponderados por sus importes respectivos.

En el caso de que el coste de mercado de la deuda de una pequeña empresa, a la que en lo sucesivo denominaremos ALENDA, sea del 10 % antes del ahorro de impuestos generado por los intereses, la Beta de su deuda (βd) asciende a 0,683 calculada, según la fórmula 1, por:

$$\beta d = \frac{10,0 - 5,9}{6,0}$$

Al ser una pequeña empresa con un coste previsible de la deuda muy superior al tipo de interés sin riesgo, su coeficiente Beta es muy elevado, reflejando un riesgo significativo para el prestamista. Las empresas de mayor dimensión y solvencia, que consiguen un diferencial de coste más reducido en relación con el tipo sin riesgo, presentan un coeficiente Beta de su deuda, en general, pequeño. Por ejemplo, si dicho diferencial es de sólo medio punto, el coeficiente Beta de su deuda se reduce a 0,083 si se mantienen las rentabilidades esperadas implicadas en el cálculo.

5. LA BETA DE LAS EMPRESAS QUE COTIZAN

Como se ha expuesto, el riesgo de una empresa se compone del sistemático y del no sistemático. El primero, compartido por todas las empresas, nace como consecuencia de posibles sucesos que, de producirse, afectarán a todas ellas, aunque lo hagan con distinta intensidad. El segundo, que es específico de cada empresa, es gestionable por el accionista en cuanto puede atenuarlo o eliminarlo repartiendo su inversión entre distintas empresas de modo que las variaciones en el flujo de caja de unas compensen las producidas en otras.

Esta diversificación es incluso más fácil y económica de realizar por el accionista que por la empresa: a aquél le basta con repartir su patrimonio entre acciones de diferentes empresas o invertir directamente en activos basados en un índice bursátil. Bien es cierto que, en ocasiones, la empresa puede alcanzar una diversificación no reproducible por el accionista. Por ejemplo, la mayoría de las compañías petroleras operan de forma integrada, desde la exploración hasta la distribución capilar y pasando por la producción, el transporte y el refino, aunque lo hagan con diferente grado de integración vertical. Esta diversificación interna no puede ser imitada por un inversor individual por no existir empresas cotizadas que operen en actividades aisladas del ciclo petrolero.

Pero, en general, el único riesgo que ha de considerarse para estimar la rentabilidad esperada de los fondos propios es el primero, el sistemático. El mercado no exigirá ninguna prima adicional por el riesgo no sistemático, puesto que, bajo este planteamiento, la empresa no añade valor al accionista diversificándose. Este hecho ha provocado una reducción de los procesos de diversificación de las empresas en actividades no relacionadas con las actuales y las impulsa a centrarse en sus negocios básicos, como lo atestiguan las declaraciones de numerosas Memorias Anuales recientes. De este modo, la prima de riesgo de una acción se calcula sólo con relación al riesgo global del mercado, que, por incidir sobre todas las empresas, no puede ser diversificado.

Precisamente, el coeficiente Beta mide cómo influye el riesgo sistemático sobre la prima de riesgo de una empresa en particular con relación a cómo lo hace sobre la del mercado. Es decir, la sensibilidad que incorpora la rentabilidad de una acción respecto a fluctuaciones de la rentabilidad del mercado.

Con este planteamiento, parece razonable calcular el coeficiente Beta analizando cómo ha fluctuado, en el pasado, el riesgo de la empresa en relación con el riesgo del mercado. Para ello, basta con tomar datos reales, para una serie de períodos, de la rentabilidad media del conjunto del mercado y de la rentabilidad de la empresa en estudio y analizar la evolución relativa de ambas, en cuanto que las mencionadas rentabilidades incluyen las primas de riesgo respectivas. Este cálculo es válido en la medida en que no se produzcan cambios estructurales significativos en la empresa o en su sector, que impidan tomar como referencia de comportamientos futuros los pasados.

El rendimiento incluye los dividendos y la plusvalía de la acción en estudio y del mercado en su conjunto.

Así, se podrá concluir, por ejemplo, que cuando la rentabilidad del mercado varía en 2 puntos la rentabilidad de las acciones de la empresa lo hace en 3. En este caso, el coeficiente Beta es de 1,5, pues la variación del mercado se amplifica en un 50% en su repercusión sobre la empresa.

Bajo este enfoque, el coeficiente Beta de una acción se obtiene aplicando la técnica de ajuste por regresión lineal a un conjunto de datos históricos que relacionen la rentabilidad de la empresa y del mercado para una serie de períodos anteriores. De este modo, se obtendrá la siguiente ecuación, que explica la rentabilidad histórica de la empresa (R) en función de la del mercado (Rm):

$$R = \alpha + \beta \cdot Rm \tag{2}$$

De ella se deduce que si la rentabilidad esperada del mercado pasa de Rm a (Rm + ΔRm), la nueva rentabilidad esperada de la empresa será:

$$R + \Delta R = \alpha + \beta \cdot (Rm + \Delta Rm)$$

Restando de esta expresión la anterior y despejando resulta:

$$\beta = \frac{\Delta R}{\Delta Rm}$$

Este cociente indica que el coeficiente Beta mide, como se anticipó, la variación relativa de la rentabilidad de los accionistas provocada por una variación de la rentabilidad del mercado. Si el comportamiento pasado se mantiene y explica el futuro, a partir de la rentabilidad esperada del mercado se puede estimar la de la empresa. Al mismo resultado se llega sumando a la rentabilidad de los activos sin riesgo la prima de riesgo esperada de la empresa, calculada como producto de su coeficiente Beta por la prima de riesgo del mercado.

El coeficiente Beta de las acciones de una empresa aumenta con la variabilidad de su rendimiento esperado y, por tanto, aumenta con:

- La sensibilidad de las ventas con el ciclo económico.

- La proporción de costes fijos.

- El endeudamiento.

La rentabilidad de la empresa es la que obtiene el accionista, por ello se expresa una vez satisfecho por aquélla el impuesto sobre sociedades. En iguales términos se ha de calcular la rentabilidad del mercado.

El ajuste según la fórmula 2 permite calcular el coeficiente de correlación entre R y Rm. El cuadrado de dicho coeficiente expresa:

- En términos estadísticos la bondad del ajuste.

- En términos financieros la propoción del riesgo de la empresa explicado por el riesgo del mercado. La diferencia entre la unidad y dicho coeficiente al cuadrado estima el riesgo no sistemático de la empresa.

Para las empresas que cotizan en Bolsa los coeficientes Beta se calculan y publican por instituciones y empresas de asesoramiento especializadas, basándose en las técnicas de regresión descritas. El valor del coeficiente Beta de las acciones oscila, generalmente, entre 0,5 y 2. El cuadro 1 recoge los coeficientes Beta de algunas empresas españolas, referidos a 1998[3].

Cabe reconocer que el valor del coeficiente Beta tiende a fluctuar a lo largo del tiempo y según cual sea el período que se adopte para realizar la regresión entre el rendimiento de la empresa y el del mercado. En este sentido, las Betas calculadas con períodos mensuales, trimestrales, semestrales o anuales suelen diferir entre sí, en ocasiones, significativamente.

Cuadro 1. EL COEFICIENTE BETA DE EMPRESAS ESPAÑOLAS

	BETA		BETA
Azucarera	0,54	Dragados	1,10
Vidrala	0,57	Agromán	1,11
Cepsa	0,72	Amper	1,12
Repsol	0,76	Urbis	1,14
Vallehermoso	0,77	Pryca	1,15
Tabacalera	0,83	Banco Bilbao Vizcaya	1,15
Telepizza	0,83	Continente	1,16
El Aguila	0,87	FCC	1,17
Iberdrola	0,96	Banco Santander	1,23
Banco Popular	1,05	Telefónica	1,27
Puleva	1,07	Ercros	1,34
Endesa	1,09		

La constante α de la fórmula 2, denominado coeficiente alfa, estima el rendimiento de la empresa cuando el del mercado es nulo. Por ello, informa si la rentabilidad de la empresa ha superado a la del mercado o no, durante el periodo contemplado. En el primer caso el coeficiente alfa, será positivo.

Combinando las fórmulas 1 y 2 se obtiene que:

$$\alpha = Rf \cdot (1 - \beta)$$

---

[3] Semanario *Inversión*. N.º 239. Mayo 1998, pág. 29.

por lo que la media ponderada de los coeficientes alfa de la totalidad de las empresas que componen el mercado es nula, ya que la Beta media es igual a la unidad. La expresión anterior confirma que las empresas con coeficiente Beta superior a uno (con más riesgo) ofrecen un rendimiento negativo cuando la rentabilidad del mercado es nula.

Por último, como el coeficiente Beta oscila en torno a la unidad, el coeficiente alfa se mueve alrededor de cero.

6. LA BETA DE LAS EMPRESAS QUE NO COTIZAN

Para las empresas que no cotizan no es posible realizar la estimación de su Beta directamente, pues se carece de información sobre su valor de mercado y, por tanto, de la rentabilidad real obtenida por el accionista, compuesta de la plusvalía y de los dividendos. Para estimar la Beta de estas empresas es habitual tomar como referencia la de otra empresa similar que sí cotice, de tipo de actividad, tamaño y evolución análogos, y a partir de ella calcular la Beta teórica de la empresa en estudio según el siguiente procedimiento.

El coeficiente Beta de una empresa incluye el riesgo sistemático propio del negocio y el riesgo introducido por su estructura de financiación. En este sentido, la Beta observada de una empresa, como las del cuadro 1, incorpora los riesgos derivados de sus operaciones y de su estructura de financiación. A estas Betas observadas, calculadas en base a comportamientos históricos, las denominamos Betas con deuda y las representamos por βcd.

Si se supone que el riesgo del negocio es compartido por todas las empresas que operan en un mismo sector, la Beta de todas ellas será la misma excepto por la incidencia introducida por el distinto endeudamiento. Si se utiliza la Beta observada de una empresa para estimar la de otra que no cotiza, es necesario ajustar el distinto riesgo financiero. El método a seguir comprende los siguientes pasos:

– Cálculo de la Beta teórica de la empresa de referencia en ausencia de deuda.

– Asociación de esta Beta sin deuda (βsd) como Beta de la empresa en estudio suponiendo un endeudamiento nulo y sobre la base de que el riesgo económico de negocio de ambas se considera análogo.

– Ajuste de esta Beta sin deuda para añadir el riesgo financiero de la empresa en estudio.

Para ello, se precisa establecer la relación entre las Betas con deuda y sin deuda de las acciones de una misma empresa. Dicha relación viene dada según la fórmula 3[4]:

$$\beta sd = \frac{\beta cd}{1 + em \cdot (1 - t)} + \frac{\beta d \cdot em \cdot (1 - t)}{1 + em \cdot (1 - t)} \tag{3}$$

donde:

βsd = Beta de las acciones de la empresa sin deuda (Beta desapalancada).

βcd = Beta observada al endeudamiento real de mercado (Beta apalancada).

βd = Beta de la deuda de la empresa.

em = relación entre la deuda y los fondos propios a valores de mercado.

t   = tipo impositivo de la empresa.

Cuando el endeudamiento em es nulo se cumple que:

$$\beta sd = \beta cd$$

Si no hay endeudamiento, el importe de los fondos propios coincide con el del activo neto y ambos ofrecen el mismo rendimiento a sus propietarios. Son activos equivalentes en cuanto generan los mismos flujos monetarios: el operativo coincide con el flujo para el accionista. Por ello, la Beta observada de los fondos propios en este caso, cuando no hay deuda, estima la Beta del activo neto que financia. La Beta del activo neto, cuando no hay deuda, es por definición única pues sólo depende del riesgo del negocio. Al aumentar el endeudamiento crece el riesgo de los accionistas por la incidencia del mayor riesgo financiero y, por tanto, deberá aumentar la Beta observada (βcd) en relación a la Beta sin deuda (βsd).

Como el importe del segundo cociente del segundo término de la expresión 3 es, en general, muy reducido comparado con el del primer cociente, dicha fórmula se aplica, con frecuencia, omitiendo el mencionado segundo cociente. En efecto, obsérvese cómo su numerador es, habitualmente, el producto de tres variables inferiores a uno, mientras que su denominador es mayor que la unidad. Esto se cumple con intensidad cre-

---

[4] Brealey y Myers: *Principles of corporate finance.* McGraw Hill. 1991, pág. 469.

ciente según disminuyen la Beta de la deuda y el endeudamiento y según aumenta el tipo impositivo.

La Beta sin deuda de la empresa de referencia, que explica sólo el riesgo sistemático del negocio, se supone que coincide con la de la empresa en estudio. Ahora es necesario añadir el efecto del endeudamiento de esta última empresa para estimar su Beta teórica con deuda. Para ello, basta utilizar la ecuación 3 anterior despejando βcd, obteniéndose:

$$\beta cd = \beta sd \cdot (1 + em \cdot (1-t)) - \beta d \cdot em \cdot (1-t) \qquad (4)$$

o en su versión simplificada,

$$\beta cd = \beta sd \cdot (1 + em \cdot (1-t))$$

Estas fórmulas permiten realizar el proceso genérico de desapalancar y apalancar el coeficiente Beta.

Cabe señalar que en vez de utilizar como referencia una sola empresa, por la dificultad de identificar una que sea similar a la que se estudia, se puede partir de la Beta sin deuda media del sector (o del subconjunto de empresas más afines). Esta Beta sectorial suele ser más representativa del riesgo del negocio y más fiable para estimar la Beta de una empresa que se incluya en él y que no cotice en Bolsa.

En el caso de ALENDA, supongamos que se identifica otra empresa con un riesgo de negocio similar y que ofrece los siguientes datos:

Beta observada (con deuda)	βcd	= 1,380
Endeudamiento de mercado	em	= 0,399
Tipo impositivo	t	= 0,2837
Beta de la deuda	βd	= 0,315

Aplicando la fórmula 3 se deduce que la Beta sin deuda de la empresa de referencia es de:

$$\beta sd = 1,1433$$

Por tanto, esta Beta se considera también aplicable al activo neto de ALENDA, es decir, su Beta teórica observada en la hipótesis de que no tuviese endeudamiento. Se trata ahora de incorporar el riesgo añadido por la deuda real que presenta ALENDA, utilizando la fórmula 4. Si suponemos que sus parámetros relevantes son los siguientes:

> Endeudamiento de mercado em = 0,6421
> Tipo impositivo   t = 0,3000
> Beta de la deuda βd = 0,6833 (obtenida en el epígrafe 4)

resulta una Beta teórica para ALENDA, a su endeudamiento real de mercado, de:

$$\beta cd = 1,3500$$

que permitirá, según expone el epígrafe siguiente, calcular el coste de los fondos propios de la empresa a partir de la fórmula del modelo de valoración de activos.

7. COSTE DE CAPITAL DE LOS FONDOS PROPIOS

El coste de capital de los fondos propios equivale a la rentabilidad mínima que exigen los accionistas por invertir en la empresa, considerando sus riesgos económico y financiero. Razonablemente, debe coincidir con la rentabilidad que podrían obtener en otras inversiones alternativas de riesgo análogo. Se trata, pues, de un coste de oportunidad que ha de cubrir la empresa para lograr el apoyo de sus accionistas y conseguir nuevas aportaciones de fondos propios, en condiciones razonables.

Por ello, la rentabilidad de la empresa debe al menos igualar a su coste de capital, referidos ambos parámetros a los fondos propios y expresados después del impuesto de sociedades al que debe hacer frente la empresa antes de atender la remuneración de sus accionistas.

Introduciendo en la fórmula 1 de valoración de activos el valor de la Beta teórica observada (βcd), se obtiene una rentabilidad esperada por los accionistas de ALENDA del 14,00% calculada por:

$$R = 5,9 + 1,35 \cdot 6$$

Es decir, el coste de sus fondos propios asciende al 14% después de impuestos y será ésta la tasa a utilizar para descontar el flujo de caja para el accionista y poder, así, calcular el valor teórico de los fondos propios. Como la rentabilidad esperada por el accionista se refiere a un periodo de liquidación anual, el porcentaje calculado anteriormente se refiere a la tasa anual equivalente (TAE)[5] de la operación.

---

[5] La tasa anual equivalente es el tipo de interés en período de liquidación anual equivalente a otro tipo de interés con un período de liquidación no anual.

Obsérvese que en el cálculo realizado para determinar el coste de capital de los fondos propios se ha utilizado el endeudamiento (em) a valores de mercado. Para empresas que no cotizan la estimación de este índice exige calcular, previamente, el valor teórico de los fondos propios, lo que a su vez requiere conocer la tasa de descuento a utilizar para actualizar el flujo futuro de caja para el accionista. Así pues, para estas empresas que no cotizan, no es posible calcular el coste de los fondos propios sin conocer previamente su valor y éste depende de la tasa de descuento. Por ello, se sugiere que más que utilizar el endeudamiento real, que por otro lado está sujeto a fluctuaciones coyunturales o esporádicas, se utilice un endeudamiento objetivo, al que la empresa trate de ajustar su estrategia de financiación, aunque con las lógicas variaciones de un año a otro.

Para empresas que cotizan en Bolsa este problema de bucle no existe en cuanto que la cotización ofrece, directamente, el valor de mercado de los fondos propios sin que sea necesario estimarlo por su valor teórico. Sin embargo, el cálculo de éste siempre resulta útil para identificar eventuales desajustes con la cotización.

Figura 3. DIAGRAMA DE BETAS

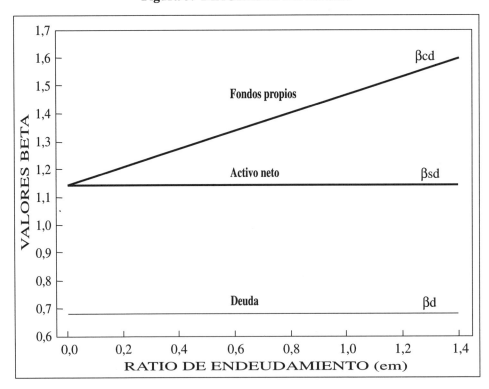

La figura 3 muestra la evolución de la Beta teórica de las acciones de ALENDA en función del valor que tome su endeudamiento de mercado y suponiendo que la Beta de la deuda permanece constante. Esta última hipótesis es cuestionable pues parece razonable anticipar que el coste de la deuda, y por tanto su Beta, debe aumentar al hacerlo el endeudamiento, por el mayor riesgo financiero que provoca. Por esta razón, ha de entenderse que el modelo que se presenta sólo es válido para un intervalo del índice de endeudamiento de mercado, en el que no varíe significativamente el coste de la deuda de la empresa.

8. COSTE DE LA DEUDA

El coste de capital de la deuda se relaciona con la rentabilidad esperada por los prestamistas. Como se ha anticipado, mientras los prestamistas exigen obtener el rendimiento vigente en el mercado, el coste para la empresa será menor por el ahorro fiscal que producen los intereses. En sentido contrario, se incrementará debido a los costes de formalización que gravan la operación y a los que deberá atender la empresa y que, sin embargo, no son rendimiento para el prestamista.

Este coste de la deuda se ha de estimar por el tipo de interés vigente para operaciones de plazo y riesgo similares a los de la empresa que se considere, minorado en el ahorro de impuestos. Alternativamente, se puede estimar a partir de las ofertas de crédito recibidas por la empresa. Para mantener la homogeneidad con el cálculo del coste de capital de los fondos propios, el coste de la deuda ha de expresarse en términos de TAE. La relación entre el coste de la deuda antes (i) y después de impuestos (id) es:

$$id = i \cdot (1 - t)$$

siendo t el tipo impositivo sobre el beneficio de sociedades. En realidad, esta fórmula es aproximada, pues considera que el pago de intereses y el ahorro de impuestos se producen simultáneamente. En la práctica, existe un desfase entre ambos flujos debido a que la liquidación del Impuesto de Sociedades se realiza, habitualmente, más de seis meses después del cierre del ejercicio fiscal, mientras que los intereses se abonan a lo largo del mismo.

En cuanto al valor de mercado de la deuda actual, se calcula descontando sus flujos futuros después de impuestos a dicho tipo de interés de mercado, y con independencia de cuál sea el tipo de interés nominal de la deuda, es decir, aquel que se pactó con los prestamistas a su formalización. Cabe anticipar que el valor actual de la nueva deuda que se contrate será nulo, pues su tipo de interés coincidirá, razonablemente, con el del mercado.

Supongamos que ALENDA mantiene una deuda de 617,647 millones de euros a un tipo de interés nominal del 10% y con un plazo de amortización de 3 años. El cuadro 2 recoge los flujos previstos, referidos al final de cada año y deduciendo el ahorro fiscal, a razón de una tasa del 30%, producido por los intereses. Supongamos, de momento, que el tipo de interés de mercado para operaciones similares es, en la actualidad, del 9%, que después de impuestos equivale al 6,3%.

Cuadro 2. FLUJO DE CAJA DE LA DEUDA Y VAN (en millones de euros)

	Año 1	Año 2	Año 3
1. Intereses a pagar (10%)	61,7647	61,7647	61,7647
2. Devolución del principal			617,6470
3. Ahorro de impuestos (30% de 1)	−18,5294	−18,5294	−18,5294
Flujo de caja después de impuestos	43,2353	43,2353	660,8823
VAN al 7,0% 617,647			
VAN al 6,3% 629,140			

Lógicamente, si se calcula el VAN al tipo de interés nominal después de impuestos, el valor de mercado de la deuda coincide con su valor contable referidos ambos al origen del año 1. Pero si se calcula el VAN al tipo de interés de mercado después de impuestos del 6,3%, el valor de mercado aumenta en 11,493 millones de euros. Este incremento refleja el mayor coste para la empresa de mantener deuda al 10% cuando ahora podría endeudarse al 9%.

El aumento del valor de la deuda se obtiene también por el valor actual de la diferencia entre los intereses, después de impuestos, calculados al 10% y al 9% para toda la vida pendiente de la operación, es decir:

$$\sum_{j=1}^{j=3} \frac{617,647 \cdot (0,07 - 0,063)}{(1 + 0,063)^j} = 11,493$$

En el caso de ALENDA se supondrá que el tipo nominal de su deuda coincide con el de mercado. Por ello, el valor de mercado de la deuda es igual al recogido por la contabilidad. Es más frecuente que los tipos nominal y de mercado coincidan en las operaciones contratadas más recientemente y en las concertadas a corto plazo frente a las de largo plazo. Igualmente, ambas tasas se aproximan más en las operaciones contratadas a tipo variable que en aquellas otras negociadas a tipo fijo.

9. COSTE MEDIO DE CAPITAL

Para calcular el valor teórico del activo neto, financiado con la estructura de financiación real de la empresa, es preciso estimar el valor actual del flujo operativo de caja descontado al coste medio de capital de la empresa. Este coste, que se habrá de calcular después de impuestos, pues el flujo operativo de caja así se determina, equivale al rendimiento que el mercado demanda del activo neto, teniendo en cuenta cómo se financia.

El coste medio de capital (CCm) es la media ponderada de los costes de la deuda y de los fondos propios, es decir:

$$CCm = \frac{id \cdot Dm}{Dm + FPm} + \frac{R \cdot FPm}{Dm + FPm} \qquad (5)$$

donde:

id   = coste de la deuda después de impuestos.
R   = coste de capital de los fondos propios.
Dm = valor de mercado de la deuda.
FPm = valor de mercado de los fondos propios (para las empresas que no cotizan viene dado por su valor teórico VT).

El coste medio se calcula en base a ponderar según valores de mercado, pues es a éstos a los que capta la nueva financiación.

Dividiendo el numerador y el denominador de ambos cocientes del segundo término de la fórmula anterior por el valor de mercado de los fondos propios (FPm) y recordando que el índice de endeudamiento de mercado es igual a:

$$em = \frac{Dm}{FPm}$$

resulta que:

$$CCm = \frac{id \cdot em}{1 + em} + \frac{R}{1 + em} \qquad (6)$$

El coste medio de capital depende pues del coste de las fuentes que lo integran y del endeudamiento de mercado. Para reducir dicho coste, y con ello aumentar el valor de la empresa, es preciso actuar sobre las variables que aparecen en el segundo término de la fórmula anterior, es decir, reducir el coste de las fuentes individuales y aumentar el endeudamiento de mercado. Al aumentar este índice se incrementa la fuente de financiación más económica y, en consecuencia, cae el coste medio de capital. Pero esto sólo es válido para el intervalo del índice de endeudamiento en el cual el coste de la deuda y de los fondos propios no varían significativamente.

Por expresarse el coste de las fuentes individuales en términos de TAE, el coste medio de capital también se refiere a un período de liquidación anual.

A título de ejemplo, el coste medio de capital estimado por Coca-Cola y publicado en su Memoria del año 1996 se elevaba, aproximadamente, al 11%.

Sustituyendo en la fórmula 6 los valores conocidos para ALENDA, se obtiene un coste medio de capital del 11,2628%, calculado por:

$$CCm = \frac{0,07 \cdot 0,6421}{1 + 0,6421} + \frac{0,14}{1 + 0,6421}$$

La figura 4 recoge la evolución del coste medio de capital de ALENDA en función del endeudamiento de mercado y suponiendo que los costes de los fondos propios y de la deuda permanecen constantes. Puesto que esto sólo es cierto para variaciones acotadas del endeudamiento, la línea de dicha figura sólo es válida en un intervalo en torno al índice de endeudamiento considerado. Variaciones mayores de éste terminarían por afectar al coste de ambas fuentes, puesto que fluctuarían las rentabilidades esperadas por accionistas y prestamistas a tenor del distinto riesgo financiero.

Dicha figura muestra cómo se reduce el coste medio de capital al aumentar el endeudamiento en cuanto que se incrementa la participación de la fuente de financiación de coste menor.

Figura 4. EVOLUCIÓN DEL COSTE MEDIO DE CAPITAL

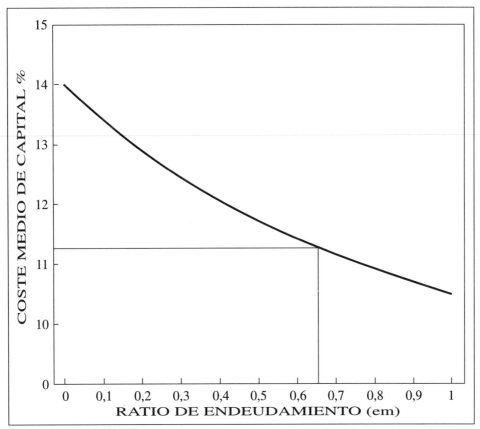

10. COSTE MEDIO DE CAPITAL Y MODELO DE VALORACIÓN DE ACTIVOS

Como el coste medio de capital equivale a las expectativas de rendimiento que el mercado demanda al activo neto de la empresa, aquél se puede calcular también aplicando la fórmula 1 del modelo de valoración de activos. Según este modelo la rentabilidad (Ran) esperada del activo neto, como activo que genera el flujo operativo de caja, se calcula por:

$$Ran = Rf + \beta an \cdot (Rm - Rf)$$

donde:

βan = coeficiente Beta del activo neto que equivale a la Beta sin deuda (βsd) calculada previamente, en el epígrafe 6.

Sustituyendo los valores de ALENDA resulta que:

$$Ran = 5,9 + 1,1433 \cdot (11,9 - 5,9) = 12,7597\%$$

Esta rentabilidad exigida por el mercado al activo neto es independiente del endeudamiento y refleja el rendimiento esperado de la actividad propiamente dicha.

Pero esta rentabilidad esperada supone que el activo neto sólo se financia con fondos propios, ya que para calcularla se ha utilizado la Beta sin deuda, y es igual a la rentabilidad que ofrecen otros activos de riesgo económico similar. Sin embargo, el activo neto de la empresa se financia, en realidad, también con deuda y ésta aporta un ahorro fiscal. Para tener en cuenta que la presencia de deuda en la financiación genera unos ahorros de impuestos, Modigliani y Miller formularon que la rentabilidad del activo neto esperada por el mercado, cuando se reconoce que se financia con un endeudamiento definido por em, ha de corregirse según la siguiente ecuación[6]:

$$R'an = Ran \cdot \left(1 - t \cdot \frac{em}{1 + em}\right) \qquad (7)$$

donde R'an equivale al coste medio de capital de la empresa, es decir, se cumple que:

$$R'an = CCm$$

Esta identidad muestra cómo el coste de capital surge, fundamentalmente, del mercado en cuanto que éste exige una rentabilidad determinada en función del riesgo que perciba en invertir en la empresa en lugar de en otras alternativas de riesgo similar. La influencia de la situación de la empresa se manifiesta por la entidad de sus riesgos económico y financiero.

Según la fórmula 7, para una Ran determinada, al aumentar el endeudamiento disminuye R'an. Ello sugiere de nuevo que interesa maximizar el endeudamiento y, por tanto, reducir el importe de la tasa de descuento para calcular el valor de la empresa. Pero lo que no se tiene en cuenta en

---

[6] Brealey y Myers: *Principles of corporate finance*. Brealey y Myers. Mc. Graw Hill. 1991, pág. 462.

este modelo es que en algún momento dejaría de ser cierto que el coste de la deuda permanece constante. Por ello, esta fórmula sólo ofrece una estimación y ha de utilizarse con la debida prudencia.

Sustituyendo los valores de ALENDA resulta que:

$$\text{R'an} = 12,7597 \cdot \left(1 - 0,3 \cdot \frac{0,6421}{1 + 0,6421}\right) = 11,2628\%$$

que coincide con el coste de capital calculado según la fórmula 6. La diferencia entre Ran (endeudamiento nulo) y R'an (endeudamiento em) recoge el ahorro fiscal introducido por la estructura de financiación definida para la empresa. Por tanto:

R'an = Ran – efecto del ahorro de impuestos inducido por la deuda.

La rentabilidad exigida por el mercado al activo neto endeudado es menor porque parte de la remuneración procede del ahorro de impuestos.

En resumen, el menor gasto fiscal que propicia la deuda reduce el coste medio de capital de la empresa por debajo de la rentabilidad exigida a su activo neto sin deuda. Al disminuir la tasa de descuento del flujo operativo de caja aumenta el valor teórico del activo neto de la empresa. Este aumento recoge el mencionado ahorro fiscal. De alguna manera, la deuda añade otra fuente de financiación sin coste, el ahorro de impuestos, que minora el coste medio.

El endeudamiento también afecta al coste de capital de los fondos propios, pues añade al riesgo económico otro adicional, el financiero. Cuando la deuda es nula, el coste de los fondos propios coincide con la rentabilidad exigida por el mercado al activo neto sin deuda (Ran). En este caso el único riesgo que afrontan los accionistas es el del negocio. Pero según se añade deuda los accionistas demandarán una prima creciente por el riesgo financiero y por encima de la situación sin deuda. Esta prima se estima, según demuestra el anexo 1, por:

$$\text{PRF} = \text{em} \cdot (\text{Ran x } (1 - t) - \text{id}) \tag{8}$$

Sustituyendo los valores para ALENDA resulta una prima del 1,240% calculada por:

$$\text{PRF} = 0,6421 \cdot (0,127597 \cdot (1 - 0,3) - 0,07)$$

Esta prima de riesgo financiero sumada al coste de capital de los fondos propios cuando no hay deuda (12,7597 %) arroja la tasa del 14,000 % calculada en el epígrafe 7, cumpliéndose que:

$$R = Ran + em \cdot (Ran \cdot (1-t) - id)$$

De este modo el coste de los fondos propios es igual a la rentabilidad exigida al activo neto sin deuda de la empresa, que sólo contempla el riesgo económico, más una prima de riesgo provocada por el endeudamiento. Al aumentar este índice se incrementa la prima de riesgo financiero de los fondos propios.

Anexo 1

PRIMA DE RIESGO FINANCIERO DE LOS FONDOS PROPIOS

Como el coste medio de capital CCm se obtiene, alternativamente, por las fórmulas 6 y 7, igualando el segundo término de ambas resulta:

$$\text{Ran} \cdot \left(1 - \frac{t \cdot em}{1 + em} \right) = \frac{id \cdot em}{1 + em} + \frac{R}{1 + em}$$

Simplificando y despejando R se obtiene:

$$R = \text{Ran} + em \cdot (\text{Ran} \cdot (1-t) - id)$$

por lo que la prima de riesgo financiero de los fondos propios a añadir al rendimiento esperado del activo neto cuando no hay deuda (Ran) es:

$$PRF = em \cdot (\text{Ran} \cdot (1-t) - id)$$

Capítulo 5

La generación
de valor económico

1. GÉNESIS DEL VALOR CREADO

El valor creado por la empresa para sus accionistas, durante un ejercicio, obedece a diversas causas convergentes que pueden agruparse en dos grupos principales. El primero se nutre de factores relacionados con el entorno de la empresa y abarca tres aspectos más importantes:

– **Inflación:** este parámetro influye sobre la creación de valor por dos vías principales. Por un lado afecta al tipo de interés nominal de los activos financieros sin riesgo y en consecuencia repercute, según el modelo de valoración de activos, sobre el coste de capital de los fondos propios de la empresa, que es la tasa utilizada para descontar el flujo de caja para el accionista. Si dicha tasa disminuye, por ejemplo, debido a una menor inflación, el valor actual de dicho flujo se incrementará, lo que elevará el valor teórico de los fondos propios y, por tanto, el valor creado durante el período.

Además, el índice de inflación incide sobre los flujos de caja para el accionista, que se calculan en pesetas nominales, en cuanto que la inflación afecta a las partidas de ingresos y desembolsos de la empresa. La variación de dichos flujos, que puede ser favorable o desfavorable según la empresa gestione el impacto de la inflación, incidirá sobre el valor teórico que se calcule en cada momento y, en consecuencia, sobre la estimación del valor creado.

– **Tipo de interés real:** el tipo de interés nominal de los activos sin riesgo depende también del tipo de interés real, es decir, el vigente sin riesgo e inflación y que fluctúa de un período a otro en base a la política monetaria que aplique el Banco Central. Aunque, en general, el tipo de interés real oscila alrededor del 3%, se han producido tasas históricas sensiblemente diferentes.

La reducción de los tipos de interés nominales en España, impulsada por el proceso de convergencia europea y la caída generalizada de la inflación, explica en buena medida la fuerte subida de las cotizaciones bursátiles de la mayoría de las empresas y, por tanto, del valor creado para el accionista a partir de finales de 1996.

– **Atractivo económico del sector al que pertenece la empresa:** la evolución de la situación económica general, entendida en sentido amplio, repercute sobre el atractivo económico de todos los sectores, aunque lo haga con intensidades diferentes según las características de cada uno de ellos.

Lógicamente, un sector más atractivo mejorará la rentabilidad de las empresas que agrupa, incrementando, por este concepto, el valor creado para los accionistas de todas ellas. Por ejemplo, la adquisición por parte de *Microsoft* de una participación importante en una empresa de cable alertó al mercado sobre el potencial de este sector, produciéndose una subida generalizada de las cotizaciones de este tipo de empresas.

Junto a estas causas externas conviven otras de origen interno, que surgen de la gestión realizada por la empresa y afectan a sus expectativas en relación a sus competidores. Es decir, alteraciones de su posición competitiva inciden, directamente, sobre el valor creado durante el ejercicio.

El desglose entre causas externas e internas permite evaluar más correctamente la calidad del valor creado. El que tiene un origen externo es poco controlable por la empresa y oscila según lo hagan las fuerzas exógenas que lo generan. Además, este valor creado o destruido no es imputable a los órganos de gestión de la empresa, por lo que no debería ser considerado a la hora de evaluar y recompensar su desempeño.

En cuanto al valor creado por actuaciones internas, su importe sí es asociable a la calidad de la gestión realizada y obedece a los resultados obtenidos durante el año así como a las nuevas expectativas que se hayan generado sobre la evolución futura de los flujos de caja para el accionista, es decir, a alteraciones de la posición competitiva de la empresa.

El signo del valor creado depende del sentido e intensidad relativa de las fuerzas externas e internas encontradas. Cuando las dos son favorables a la empresa se habrá creado valor. Si son de sentido contrario, se puede crear o destruir valor. Por último, si ambas son desfavorables, se habrá destruido valor.

Además de estas dos causas más estructurales existe una tercera más volátil que nace de sucesos o apreciaciones puntuales de menor consistencia. Por ejemplo, la aparición de un rumor no materializado, favorable a las expectativas de la empresa, puede incrementar transitoriamente su valor, y por tanto la evaluación, en el intervalo, del valor creado. Este valor que podemos denominar como especulativo, se desinflará cuando se disipe la causa que lo generó. Este fue el caso de una empresa canadiense que vio multiplicarse su cotización 151 veces cuando anunció que había descubierto una mina de oro en Indonesia. Posteriormente, la cotización se derrumbó al conocer el mercado que la noticia había sido falsa. Igualmente, el anuncio de que una empresa puede ser comprada por otra suele producir un aumento de la cotización de la empresa a adquirir como consecuencia del premio que se espera que satisfaga la empresa compradora.

Resulta de interés segregar la contribución de las dos fuentes principales de creación de valor: la externa y la interna. Para hacerlo, consideremos la situación al inicio y al final de un ejercicio de una empresa hipotética tal como recogen la primera y tercera columnas numéricas del cuadro 1. La columna intermedia, bajo la cabecera de "Virtual", se comenta más adelante.

Para este ejemplo, supondremos que en ambas situaciones las previsiones de la empresa son asociables al modelo de crecimiento constante. Ello permite calcular su valor teórico en cada momento según la fórmula 8 del capítulo 1. Esta hipótesis no obliga, por supuesto, a aceptar que las expectativas al principio del ejercicio analizado se hayan cumplido al final del mismo, sino que en ambos instantes se prevé un crecimiento futuro constante.

Durante el ejercicio la empresa ha obtenido un beneficio después de impuestos de 15,5 millones de euros, de los cuales ha repartido 10,8 millones como dividendos, por lo que el beneficio retenido ha sido de 4,7 millones de euros[1].

En los cálculos que siguen se considerará que el coeficiente Beta de la empresa permanece constante e igual a 1,2 y que la prima de riesgo del mercado es de 6 puntos.

---

[1] En realidad, el dividendo distribuido en un año corresponde a la distribución de beneficios del año anterior, salvo que se reparta un dividendo a cuenta durante el ejercicio.

Cuadro 1. CÁLCULO DEL VALOR TEÓRICO INICIAL Y FINAL
(importes en millones de euros)

	Situación		
	Inicial	Virtual	Final
Interés de los activos sin riesgo	7,50%	5,50%	5,50%
Crecimiento nominal esperado del sector	5,00%	4,50%	4,50%
Crecimiento nominal esperado de la empresa	5,10%	4,59%	4,70%
Coste de capital de la empresa	14,70%	12,70%	12,70%
Rentabilidad financiera esperada	15,00%	15,00%	15,50%
Fondos propios	100,00	100,00	104,70
Valor teórico (fórmula 8 del capítulo 1)	103,13	128,36	141,35
Incremento del valor teórico		25,23	12,99

Al comienzo del ejercicio el valor teórico de la empresa se elevaba a 103,13 millones de euros sobre la base de la situación y estimación que recoge la primera columna del cuadro1.

En efecto, a este importe se llega aplicando la fórmula del valor teórico correspondiente al modelo de crecimiento constante $VT = FP \cdot \dfrac{RF - c}{R - c}$ y según el siguiente cálculo:

$$VT_i = 100 \cdot \frac{0,150 - 0,051}{0,147 - 0,051} = 103,13$$

El coste de capital inicial de los fondos propios (R_i) del 14,70% se estima según el modelo de valoración de activos, es decir, por:

$$R_i = 0,075 + 1,2 \cdot 0,06$$

Al final del ejercicio la nueva valoración es de 141,35 millones según indica la tercera columna del cuadro 1. El cálculo se ha efectuado de manera similar al expuesto anteriormente, pero utilizando los nuevos parámetros aplicables a la situación al final del año, es decir:

$$VT_f = 104,7 \cdot \frac{0,155 - 0,047}{0,127 - 0,047} = 141,35$$

El nuevo coste final de capital (R_f) del 12,70% se calcula conforme al modelo de valoración de activos, pero utilizando los parámetros correspondientes a la situación final del ejercicio, esto es:

$$R_f = 0,055 + 1,2 \cdot 0,06 = 0,1270$$

Teniendo en cuenta que el dividendo repartido asciende a 10,8 millones de euros, el valor creado durante el año se eleva a 33,86 millones, según el siguiente desglose:

+ Incremento del valor teórico (141,35 – 103,13)	38,22
+ Dividendo repartido	10,80
– Coste de capital de los fondos propios (0,147 x 103,13)	–15,16
Valor creado durante el ejercicio	33,86

Pero como entre un momento y otro han cambiado los parámetros internos y externos que respaldan la valoración, para aislar el efecto de los segundos el cuadro 1 añade una columna intermedia denominada "Virtual", que calcula el valor que se hubiese estimado de los fondos propios al inicio del ejercicio si se hubiesen aplicado los valores finales de dichos parámetros exógenos.

De este modo, el valor teórico virtual habría sido de 128,36 millones de euros. Para calcularlo se han utilizado:

- Un tipo de interés de los activos sin riesgo del 5,5%, igual al existente al final del ejercicio y del que se desprende un coste de capital de los fondos propios del 12,70%. Esta reducción sobre el calculado previamente del 14,70% obedece al efecto simultáneo de las variaciones de la inflación y del tipo de interés real que se hayan producido y considerando que el coeficiente Beta y la prima de riesgo del mercado no han cambiado, lo cual puede ser razonable por tratarse ambos de parámetros estructurales.

- Como el crecimiento esperado del sector, en términos nominales, habrá variado por cambios en la inflación y en sus expectativas de crecimiento reales, el crecimiento de la empresa, no asociado a la mejora de su posición competitiva, se ha calculado, simplificando, mediante una proporción (5,1 · 4,5 / 5,0) que da un valor del 4,59%. Este cálculo estima cuál hubiese sido el crecimiento esperado de la empresa si hubiese mantenido su posición relativa en el sector.

La influencia de estos cambios en los parámetros externos explica un aumento del valor teórico, y por tanto del valor creado, de 25,23 millones de euros. En consecuencia, el resto es el valor creado por la gestión, que en este caso sólo representa un 25% del total y que se explica por el tránsito de la columna "Virtual" a la de final del ejercicio del cuadro 1, donde sólo se alteran los parámetros que obedecen a causas internas: mejora de las expectativas de crecimiento de la empresa con relación al sector (mejora de la posición competitiva) y de su rentabilidad financiera esperada.

Por último, cabe señalar que la variación del valor teórico entre la situación inicial y final podría afectar al índice de endeudamiento de mercado y por tanto a la Beta de la empresa y a su coste de capital de los fondos propios, pero se ha omitido este efecto para simplificar la exposición.

El análisis expuesto se podría realizar cambiando uno a uno cada uno de los parámetros que intervienen en los cálculos e incluso añadiendo otros, como la inflación esperada o el tipo de interés real, para aislar el impacto de cada uno de ellos sobre el valor creado. Ello exigiría añadir nuevas columnas virtuales cuyos parámetros serían iguales a los de la anterior excepto en el parámetro que se modifica en cada tránsito.

2. LA TRIPLE DIMENSIÓN DE LA ESTRATEGIA

El núcleo de creación de valor para el accionista nace de la formulación e implantación de la estrategia, en su triple dimensión de corporativa, competitiva y funcional.

A. Estrategia corporativa

La estrategia corporativa persigue identificar las actividades en las que se desea participar basándose en sus expectativas de rentabilidad a largo plazo. El potencial de rentabilidad de un sector se explica por la situación actual y la evolución previsible de sus parámetros estructurales, es decir, de aquellos que definen la intensidad de la competencia en el mismo.

La formulación más aceptada de estos parámetros es la sostenida por el modelo elaborado por Porter y que los establece sobre la base de cinco fuerzas cuyas relaciones con la capacidad de crear valor para el accionista son las siguientes:

- Cuanto menor sea la amenaza derivada de los productos sustitutivos, mayor será la capacidad de las empresas del sector para crear valor para sus accionistas. La existencia o previsión de productos sustitutivos condiciona, por ejemplo, los precios de venta del sector y las expectativas de crecimiento de la empresa.

- Cuando los proveedores ostentan un poder relativo elevado, mayor será su capacidad para apropiarse del valor creado por el sector. Una de las razones de la elevada rentabilidad obtenida por las empresas farmacéuticas obedece al poder que mantienen sobre sus proveedores, quienes las suministran productos genéricos no diferenciados y, por tanto, a precios muy favorables en relación con el precio de venta del producto final, que sí es diferenciado.

- Igualmente sucede con los clientes: su mayor poder reduce el valor creado por el sector. Este es el caso de las grandes cadenas de distribución, capaces de imponer condiciones ventajosas de precios y de plazo de pago a sus suministradores.

- El valor creado por el sector se ve limitado, también, por la posible entrada de nuevos competidores. La necesidad de mantener un precio de venta disuasivo o barreras de entrada recortan la capacidad de crear valor del sector, aunque preservan el ya creado.

- Por último, la intensidad de la competencia actual en un sector acota el valor creado por sus empresas. En sectores muy competitivos se reduce la rentabilidad media de las empresas que compiten en él y, por tanto, el valor creado para sus accionistas. Lógicamente, no se trata sólo de evaluar la competencia actual, sino también de anticipar cuál puede ser su evolución basándose en el comportamiento previsto de sus partícipes.

En este sentido, si bien el análisis del pasado y de la situación actual ayuda a escudriñar el futuro, el análisis de la capacidad de un sector para crear valor descansa, primordialmente, en sus expectativas, es decir, en evaluar cómo pueden evolucionar los cinco parámetros estructurales reseñados.

En empresas con varias actividades la estrategia corporativa aporta nuevas dimensiones de creación de valor, en cuanto que existen funciones que añaden ese potencial. Así, por ejemplo, se pueden centralizar determinadas funciones compartidas por las diferentes actividades con capacidad para generar economías de escala o compartir recursos entre actividades. Igualmente, es posible trasvasar fondos generados por una actividad a otras más atractivas, posibilita una gestión más eficaz de la estructura de financiación y permite una gestión fiscal más eficiente.

Un aspecto a dilucidar por la estrategia corporativa consiste en determinar, de entre la panoplia de sus actividades, cuál o cuáles conforman su negocio fundamental, es decir, aquel que sustenta, de forma más importante, su desarrollo futuro. Este negocio básico ha de cumplir las siguientes condiciones:

- Acumular una parte principal de la actividad de la empresa.

- Pertenecer a un sector atractivo con capacidad de crecimiento.

- Ostentar en él una posición competitiva relevante y una cuota de mercado significativa.

- Contar con capacidades internas y recursos suficientes para alimentar su desarrollo.

- Ofrecer oportunidades de crecimiento en actividades y mercados relacionados.

La identificación de este negocio básico permite concentrar en él recursos y orientar las estrategias de crecimiento y exige una gestión por parte de la dirección más rigurosa que el resto. Frente a planteamientos anteriores basados en la diversificación en actividades no relacionadas, se asiste en la actualidad a un progresivo énfasis de las empresas en centrarse en sus negocios básicos. Así, por ejemplo, la estrategia de reestructuración puesta en marcha por ATT a finales de 1997 contempló limitarse al negocio de las telecomunicaciones. Para ello, ha vendido actividades periféricas, como sus divisiones de telecomunicación *(Lucent Technologies)*, de sistemas de información (NCR) y de tarjetas de crédito, mientras que ha adquirido una operadora de tráfico local.

B. Estrategia competitiva

La estrategia competitiva, segunda dimensión de la estrategia, aborda cómo alcanzar una posición de ventaja sostenible en un determinado sector. Se ha de formular, por lo tanto, para todas las actividades o negocios que desarrolla una empresa. La definición de una estrategia competitiva, una vez analizado el atractivo del sector, consiste en decidir cómo la empresa gestionará los parámetros estructurales relevantes de modo que se genere una posición de ventaja sobre los competidores. Las estrategias de éxito serán aquellas con capacidad para crear más valor para el accionista, es decir, conseguir diferenciales crecientes entre la rentabilidad del accionista y el coste de capital de los fondos propios.

La posición competitiva de la empresa se explica por el comportamiento de sus factores clave de éxito. Estos son aquellos parámetros críticos, reducidos en número, que han de comportarse de manera sobresaliente. Con que alguno de ellos se degrade se puede esperar una caída, a mayor o menor plazo, de su posición competitiva y de sus resultados financieros.

Las características de los factores clave se recogen en el siguiente cuadro. Las fuentes que permiten determinarlos son las siguientes:

– Requisitos de éxito, específicos del sector en que se opera.

– Exigencias nacidas de la estrategia de la empresa.

– Factores clave de los competidores.

– Factores asociados al entorno, en cuanto recogen oportunidades a explotar y amenazas a neutralizar.

– Factores derivados de las fortalezas y debilidades internas de la empresa.

– Aportación del personal de la compañía y, en particular, de sus áreas operativas.

ATRIBUTOS DE LOS FACTORES CLAVE

• **Han de ser controlables por la dirección de la empresa**
• **Son parámetros relacionados con las características del negocio**
• **Son de naturaleza operativa**
• **Definen opciones estratégicas**
• **Son permanentes**
• **Evolucionan lentamente**
• **Influyen sobre los resultados económico financieros**

La consecución de los factores clave exige disponer de capacidades internas de gestión, comerciales, de innovación y productivas. Las capacidades de la empresa son aquellos conocimientos y habilidades susceptibles de ser gestionados internamente y que se componen de competencias distribuidas transversalmente por la organización, que se complementan y apalancan entre sí. De entre todas las capacidades de la empresa es necesario espigar aquellas más importantes. Las características que convierten a una capacidad en clave para el éxito son las siguientes:

- Influyen significativamente sobre los factores clave de éxito y la posición competitiva de la empresa.

- Representan habilidades únicas y diferenciadas de las de los competidores.

- Contribuyen directamente a mejorar y diferenciar los atributos del producto, creando valor para el cliente.

- Son difícilmente imitables por la competencia y se pueden proteger mediante barreras de acceso.

- Ofrecen un potencial de desarrollo y mejora.

- Se refieren a conocimientos de vanguardia e innovadores.

- Tienen un espectro amplio de aplicación.

Además, los factores clave se alcanzan mediante la realización de procesos, entendidos como conjuntos de actividades que en su interacción y secuencia permiten obtener un producto o servicio para un cliente interno o externo. Los procesos requieren de la participación de diferentes funciones de la empresa y perfilan su organización en términos transversales, en contraposición a la verticalidad de la estructura por funciones. Igualmente, exigen de coordinación horizontal frente a la coordinación jerárquica de las estructuras más tradicionales.

C. Estrategia funcional

La tercera dimensión de la estrategia es la denominada funcional. Ella pretende impulsar la contribución de las diferentes especialidades de la organización a la consecución de sus factores clave de éxito. Esta contribución se materializa en su participación en la generación y sostenimiento de las capacidades de la empresa y en sus procesos.

En este sentido, es importante contrastar las capacidades funcionales propias con las de los competidores, es decir, analizar la posición relativa. Además, dicho contraste deberá realizarse, también, con las capacidades de otras empresas aunque no pertenezcan al mismo sector de actividad, en cuanto que se puede aprender de ellas para mejorar la situación interna. Una última evaluación exige analizar la evolución temporal de las capacidades funcionales a fin de evaluar su progreso.

En empresas con varias divisiones, es importante realizar la comparación de las capacidades funcionales de cada una de ellas, con el propósito de transferir conocimientos en el seno de la propia organización.

La identificación de las capacidades funcionales a desarrollar internamente o a adquirir en el exterior exige, por tanto:

- Analizar los requisitos demandados a las diferentes funciones por la estrategia de la empresa. En concreto, se debe revisar cómo cada función ha de contribuir a alcanzar los factores clave de éxito, a reforzar las capacidades globales de la empresa y a aportar valor a los procesos de negocio más críticos.

- Analizar el estado del arte de cada capacidad en el mercado al objeto de identificar oportunidades y amenazas actuales y emergentes a las que hacer frente.

- Evaluar la situación interna a fin de localizar puntos fuertes a potenciar y puntos débiles a corregir.

Una vez identificadas las capacidades funcionales requeridas se formularán planes y programas para desarrollarlas y reforzarlas de modo que cada función contribuya a crear y sostener la ventaja competitiva de la empresa.

3. CREACIÓN DE VALOR PARA EL CLIENTE

La creación de valor para el accionista depende de la capacidad de la empresa para crear valor para sus clientes, preservando la rentabilidad de la empresa. Estudios empíricos sugieren, en contextos no monopolísticos, una cierta correlación entre la cotización en Bolsa de una empresa y el índice de satisfacción de sus clientes, puesto que éste repercute sobre el beneficio de la empresa. Un índice elevado indica una tasa mayor de fidelidad de los clientes, lo que mejora los resultados en cuanto que es más económico mantener a un cliente fiel que atraer a uno nuevo. Además, un cliente fiel se constituye en prescriptor de los productos y servicios de la empresa, impulsando sus ventas.

Un estudio realizado concluye que aquella empresa capaz de incrementar el índice de satisfacción de sus clientes en un 1% durante cinco años, verá aumentar su rentabilidad económica en más de un 11% durante el siguiente quinquenio[2].

---

[2] *Fortune,* 16 de febrero de 1998, pág. 87.

También, parece que la satisfacción del cliente depende del sector de actividad. Así, la alimentación, los productos electrónicos de consumo y los automóviles ofrecen índices medios superiores a los bancos, las aerolíneas y los restaurantes de comida rápida.

El valor que la empresa ofrece a sus clientes es la diferencia entre el atractivo que para ellos presenta el producto y el precio que deben satisfacer para adquirirlo. El atractivo del producto, que se construye en base a la valoración que hace el mercado de sus atributos, determina el precio máximo que el cliente está dispuesto a satisfacer. Si este precio potencial supera al precio real de venta de la empresa, diremos que ésta crea valor para sus clientes, en cuanto que el diferencial entre el beneficio que aporta su uso y el coste de su adquisición es positivo.

El valor para el cliente se incrementa mejorando los atributos del producto y, por tanto, el beneficio de su uso o reduciendo sus costes de fabricación y distribución y, en consecuencia, el precio de venta factible.

Lógicamente, cuanto mayor sea la intensidad de la competencia mayor será dicho diferencial y, por tanto, el valor creado para el cliente, en detrimento del valor creado para el accionista. La competencia induce a ofertar precios inferiores y a mejorar los atributos del producto. Las empresas con posición hegemónica aplican precios de venta superiores y se ven menos presionadas para mejorar los atributos del producto, acortando el valor para el cliente y aumentando el de sus accionistas, al menos a corto plazo.

Los atributos del producto, que se refieren a las características que son valoradas por el mercado y que crean satisfacción y fidelidad, pueden ser de naturaleza física, de servicio o intangibles. Los físicos comprenden características intrínsecas al producto tales como, tamaño, diseño, peso o prestaciones. Los atributos de servicio, cada vez más relevantes, son aquellos que complementan al producto, como es el caso de las garantías, el servicio posventa, la fiabilidad y condiciones de entrega o el plazo de pago. La importancia de estos últimos atributos crece al disminuir la diferenciación de los atributos físicos de los productos. Por último, existen atributos intangibles del producto que atraen al cliente y que nacen de la capacidad de la empresa para otorgarle reputación y seguridad. Incluyen aspectos relacionados más con la empresa que con el propio producto, como son la imagen de marca, la solvencia de la empresa y su reputación en el mercado.

En este planteamiento, el precio de venta, aunque se considera habitualmente como otro atributo, más bien se configura como el importe que debe satisfacer el cliente por adquirir los genuinos atributos del producto. Incluso el precio de venta del producto ha de relacionarse con el coste de uso del cliente que excede al propio precio de compra. Así, por ejemplo, del coste de utilizar un ordenador personal durante cinco años, sólo un 20% corresponde al coste de adquisición del mismo; el resto son conceptos tales como mantenimiento y suministros.

Tanto el precio de venta como el atractivo del producto son conceptos relativos en cuanto que han de ponerse en relación con los de la competencia. Este contraste aflora dos fuentes de ventaja competitiva para la empresa. Una nace de su capacidad para ofrecer un mayor atractivo del producto que sus competidores, lo que le permitirá repercutir un precio más elevado. En la medida en que el diferencial de precio supere a los costes incrementales provocados por un mayor atractivo del producto, la empresa obtendrá una ventaja competitiva, pues podrá ganar cuota de mercado o ceder a sus clientes parte de su margen potencial.

Pero además la empresa podrá gozar de una ventaja adicional si es capaz de reducir sus costes por debajo de los de sus competidores. Ello permitirá traspasar parte de esta ventaja a sus clientes, incrementando su valor percibido.

La figura 1 muestra cómo se alcanza la ventaja competitiva del producto en términos unitarios. Para ello enfrenta la posición del producto de la empresa en relación a su competencia. La diferenciación del producto de la empresa sobre el básico de sus competidores, que implica un coste de diferenciación, eleva el precio potencial que el mercado está dispuesto a pagar sobre el estándar del mercado.

La ventaja nacida de la diferenciación, obtenida como diferencia entre el mayor precio potencial y el coste de diferenciación, permitirá a la empresa lograr un mayor margen, ceder parte de éste para incrementar el valor creado para el cliente y aumentar su cuota de mercado.

La ventaja de coste se calcula por diferencia entre el coste del producto básico de la competencia y el de la empresa. La existencia de esta ventaja permitirá también alcanzar los tres efectos anteriores.

La suma de ambas ventajas da lugar a la ventaja competitiva del producto de la empresa.

Figura 1. LA CONSTRUCCIÓN DE LA VENTAJA COMPETITIVA

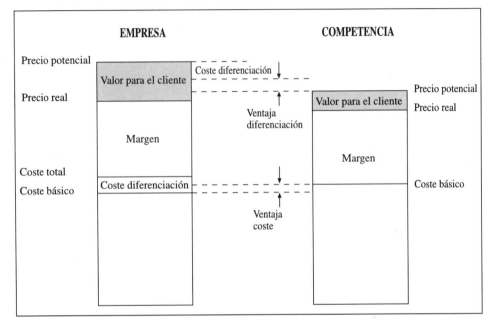

Teniendo en cuenta las siguientes igualdades:

- Ventaja diferenciación = precio potencial empresa – precio potencial competencia – coste diferenciación empresa.

- Ventaja coste = coste básico competencia – coste básico empresa.

- Diferencia margen = precio venta empresa – coste básico empresa – coste diferenciación empresa – (precio venta competencia – coste básico competencia).

- Diferencia valor = precio potencial empresa – precio venta empresa – (precio potencial competencia – precio venta competencia).

Se deduce que la ventaja competitiva de la empresa, medida por unidad de producto, es igual a la suma del mayor margen que puede obtener y del incremento de valor que ofrece al cliente por encima de los competidores.

- Ventaja competitiva = diferencia margen + diferencia valor del cliente.

Es decir, la ventaja competitiva unitaria se reparte entre la propia empresa, materializada en el mayor margen unitario que retenga, y sus clientes, concretada en el mayor valor que obtengan. Cuanto más alta sea la porción cedida mayor será el atractivo del producto, lo que se traducirá en una cuota de mercado más elevada pero en un menor margen, aflorando la permanente dialéctica entre margen y rotación.

Por ello, no sólo hay que tener en cuenta la ventaja competitiva unitaria, sino también el volumen de ventas alcanzado. En consecuencia, la posición del producto viene dada por la multiplicación de su ventaja unitaria y su volumen, originando este último un efecto de apalancamiento de la ventaja unitaria.

Las tres variables comentadas se relacionan entre sí en cuanto que:

– Un mayor atractivo del producto permite aplicar un precio más elevado y aumentar el volumen.

– Unos costes inferiores abren la posibilidad de transferir valor a los clientes reduciendo el precio de venta y ganando volumen.

– Un mayor volumen reduce los costes, debido, principalmente, a la ventaja competitiva que surge de las economías de escala y del efecto de la experiencia. Además, el tamaño genera recursos de todo tipo para invertir en mejora del atractivo del producto.

Gestionar el valor para el cliente exige, por tanto, identificar los atributos que él considera relevantes. Esta información se obtiene mediante técnicas de investigación comercial, realizando encuestas de opinión entre los clientes para determinar los atributos que determinan su decisión de compra, la importancia relativa de cada uno de ellos en dicha decisión, así como el precio que están dispuestos a abonar por los mismos. Todo ello, además, en su contraste con los productos de la competencia.

Aquellos atributos más valorados serán objeto primordial de la gestión mediante el refuerzo de las capacidades y procesos que permiten alcanzarlos.

Con esta información es posible visualizar el posicionamiento del producto en el mercado, enfrentando sus dos dimensiones de atractivo para el cliente y de precio de venta, según muestra el punto E de la figura 2. El análisis de la posición de la empresa cobra todo su significado cuando se incluye también la situación de los productos de sus competidores.

Los productos competitivos se situarán en la recta trazada en la figura, denominada de valor equivalente, en cuanto que sus puntos reflejan situaciones de mercado válidas y estables. A un mayor precio incorporan un atractivo mayor, por lo que pueden ser opciones aceptadas o incluso equivalentes para el mercado.

Los productos, como el A, situados a la derecha de dicha recta, ofrecen el mismo atractivo que uno situado sobre la recta de equivalencia (como el producto E) pero a un precio más elevado, por lo que serán opciones dominadas. En este caso, para no perder cuota de mercado, será preciso reducir su precio o incrementar su atractivo.

Por el contrario, los situados a la izquierda, como el B, ostentan una posición de dominación, pues al mismo precio ofrecen más atractivo y son candidatos a ganar cuota de mercado salvo que se alteren sus dimensiones de precio o atractivo.

El análisis de la figura 2 desvela dos áreas adicionales de interés. En primer lugar, cabe reconocer que la recta de valor equivalente sólo es válida para un determinado segmento, acotado por dos extremos definidos por el mercado.

Figura 2. POSICIONAMIENTO DEL PRODUCTO

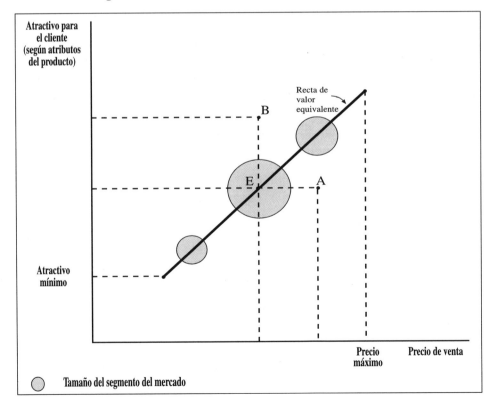

El primero nace de que, probablemente, el mercado fije un precio máximo a pagar por el producto. Superado éste, aunque pueda obedecer a una mejora del atractivo del producto, se anulará la demanda, pues el mercado no estará dispuesto a pagar un premio por los eventuales atributos que se añadan. El otro extremo lo marca un nivel mínimo de atributos exigidos por el mercado. Si no se alcanza este atractivo básico, el producto pierde su funcionalidad y es rechazado.

El segundo aspecto de interés introduce el concepto de segmentación del mercado. La línea de valor equivalente se puede trocear para reconocer que cada tramo responde a distintos segmentos del mercado, entendiendo por segmento aquel conjunto de clientes que incorporan preferencias análogas en cuanto a la combinación precio-atractivo del producto. A este respecto, el posicionamiento del producto de la empresa exige valorar el tamaño del mercado en el que se sitúa, a fin de evitar colocarse en posiciones que carezcan de demanda significativa. La figura 2 representa tres segmentos del mercado cuyo tamaño respectivo viene dado por el área del círculo asociado.

Razonablemente, la empresa tenderá a situarse en aquellas posiciones que presenten las siguientes características:

- Sean accesibles por la disponibilidad de capacidades internas y recursos para alcanzarlas.

- Presenten la menor competencia posible, es decir, sean diferenciales.

- Respondan a atributos difícilmente imitables por la competencia de modo que la posición sea sostenible.

- Ofrezcan una demanda creciente y proporcionada al tamaño de la empresa a fin de poder alcanzar una cuota de mercado competitiva.

La gestión del posicionamiento del producto ha de contemplarse, necesariamente, como un proceso dinámico. No sólo influyen sobre la situación las actuaciones de la empresa, en cuanto a atributos de su producto y su política de precios, sino también lo hacen:

- Variaciones en las preferencias del mercado respecto a la combinación atributos-precio.

- Actuaciones de la competencia cuando alteran su posicionamiento, bien por iniciativa propia o como respuesta a acciones iniciadas por la empresa.

4. IDENTIFICANDO LOS PROCESOS CLAVE

Un proceso consiste en la realización de un conjunto de actividades encadenadas que, mediante la aplicación de unas capacidades específicas, consume unos recursos a fin de generar un producto o servicio para un cliente interno o externo. Es precisamente mediante los procesos como la empresa crea valor para su cliente final y, por tanto, para sus accionistas.

Un importante fabricante de automóviles identifica los siguientes procesos clave de negocio: desarrollo de producto, producción, gestión de pedidos, distribución y servicio posventa.

Como la gestión no puede ser ecuménica y pretende que todos los procesos se ejecuten de manera excelente, es importante identificar, en cada contexto empresarial, aquellos que más contribuyen a crear valor para el cliente y el accionista. Aislar los procesos críticos es útil para:

- Identificar formas de ejecutarlos que refuercen la posición competitiva de la empresa y que sean difícilmente imitables o superados por la competencia.

- Definir prioridades en la asignación de recursos.

- Orientar la estructura de la organización a dichos procesos definiendo responsabilidades sobre su ejecución.

- Aplicar un mayor rigor en su planificación, gestión y control.

- Retener la gestión interna de dichos procesos frente a la posibilidad de subcontratar otros menos importantes.

La relevancia de un proceso se determina, además de por los costes que absorbe, por su capacidad para influir sobre los factores clave de éxito de la empresa y sobre los atributos del producto[3]. La primera influencia responde a una valoración interna de los procesos y los liga directamente con su capacidad para crear valor para el accionista. El segundo contraste aborda la valoración externa de los procesos, que se realiza desde la perspectiva del mercado de productos físicos o servicios, y contempla su capacidad para crear valor para el cliente.

Aceptando ambos criterios de evaluación, se presenta una metodología, basada en un enfoque cuantitativo, que ayuda al analista a identificar los procesos clave. Este método exige aislar y valorar los atributos apre-

---

[3] R. Kaplan y D. Norton: *Cuadro de mando integral*. Ediciones Gestión 2.000. 1996, pág. 40.

ciados por los clientes, identificar los factores clave de la empresa y valorar en términos cuantitativos relaciones cualitativas. Se ha de entender como una sistemática que ayuda a la formulación de una propuesta de procesos clave pero que nunca puede sustituir al buen sentido y al planteamiento estratégico de quien realiza el análisis. Para bien o para mal la estrategia no se obtiene a partir de soluciones matemáticas.

Por su naturaleza de instrumento para la reflexión sistemática, los pasos que se describen a continuación se realizarán iterativamente, contrastando los resultados provisionales con los responsables y expertos de la empresa hasta consensuar una propuesta satisfactoria.

Consideremos una empresa de bienes de consumo duraderos que vende a dos canales de distribución, cuya importancia relativa viene fijada por su contribución al margen. El canal mayorista genera el 65% del margen bruto obtenido por la empresa, antes de gastos de estructura, y el minorista produce el 35% restante, siendo bastante estable este reparto, según atestiguan los datos históricos disponibles.

Aunque la notoriedad y reputación de la marca es un reclamo para el cliente final, quien valora fuertemente el precio de venta, ambos canales son prescriptores decisivos de los productos de la empresa y, por estar en contacto directo con el mercado final, conocen sus preferencias, por lo que su opinión sobre los atributos que ha de ofrecer el producto es significativa.

Realizada una investigación de mercado, mediante una encuesta a una muestra representativa de clientes, se ha identificado que la importancia relativa de los atributos del producto es la que figura en el cuadro 2. Para ello, se ha pedido a los clientes participantes que señalen los atributos que más influyen en su decisión de compra y que, según la importancia que otorguen a cada uno, los valoren de menor importancia (0) a mayor (3). Tabulada la encuesta se han obtenido los resultados que indica el mencionado cuadro, que recoge la puntuación media por atributo y canal.

Cuadro 2. IMPORTANCIA RELATIVA DE LOS ATRIBUTOS

Atributos del producto	Mayorista	Minorista
Precio de venta	3	1
Fiabilidad de suministro	1	3
Condiciones de pago	1	2
Calidad	3	2
Servicio posventa	2	2

En base a dicho cuadro 2, el 3 calcula la importancia relativa de cada atributo según la percibe el mercado. Para ello se pondera la puntuación de cada atributo, otorgada por cada canal, en base a la participación de cada uno en el margen bruto de la empresa.

Cuadro 3. ÍNDICE DE RELEVANCIA DE LOS ATRIBUTOS

	Mayorista	Minorista	Suma horizontal	Relevancia del atributo
Factor de ponderación	65%	35%	100%	
Precio de venta	1,95	0,35	2,30	23,0%
Fiabilidad de suministro	0,65	1,05	1,70	17,0%
Condiciones de pago	0,65	0,70	1,35	13,5%
Calidad	1,95	0,70	2,65	26,5%
Servicio posventa	1,30	0,70	2,00	20,0%
Total vertical			10,00	100,0%

Así por ejemplo, el valor ponderado de 1,95 para el precio de venta del canal mayorista se obtiene como producto de 0,65 x 3. Al sumar horizontalmente las ponderaciones de ambos canales resulta una puntuación de 2,3. El conjunto de todos los atributos arroja, en este ejemplo, una suma de 10,0, por lo que el índice de relevancia del atributo precio se calcula como cociente entre su puntuación (2,3) y la suma de las puntuaciones de todos los atributos (10,0). El índice de relevancia para ese atributo es pues del 23,0%, según recoge la última columna del cuadro 3. El cálculo realizado destaca a la calidad como atributo más importante y a las condiciones de pago como el de menor relevancia.

Se trata, a continuación, de valorar cómo contribuye cada proceso de gestión a alcanzar los mencionados atributos. Para ello, se valora dicha contribución también de 0 a 3. Si la ejecución del proceso influye fuertemente sobre el atributo, se valora con un 3. Si la influencia es mínima se otorga un 0.

Supongamos que los procesos de negocio más significativos de la empresa son los que figuran en la primera columna del cuadro 4 y que las puntuaciones proceso-atributo son los que aparecen en la matriz de dicho cuadro. Para calibrar la importancia de cada proceso deberá incorporarse el índice de relevancia como factor de ponderación de cada atributo, de modo que serán más críticos aquellos procesos que más repercutan en alcanzar los atributos más importantes.

Cuadro 4. RELEVANCIA EXTERNA DE LOS PROCESOS

	Precio	Fiabilidad de Suministro	Condiciones de Pago	Calidad	Servicio Postventa	Suma Horizontal	Relevancia externa proceso
Peso del atributo Proceso	23,0%	17,0%	13,5%	26,5%	20,0%		
Compras	1	1	1	2	0	1,06	8,9%
Diseño de producto	3	0	0	3	2	1,88	15,7%
Programación de la producción	1	2	0	1	0	0,83	7,0%
Producción	2	2	0	2	0	1,33	11,1%
Mantenimiento	1	1	0	2	0	0,93	7,8%
Control de calidad	1	2	0	3	2	1,76	14,7%
Acción comercial	1	2	2	0	2	1,24	10,4%
Gestión de pedidos	0	3	3	0	2	1,32	11,0%
Atención a clientes	0	2	1	2	3	1,60	13,4%
Total vertical						11,97	100,0%

El método de ponderación es similar al realizado en el cuadro 3. De este modo la puntuación absoluta de cada proceso se obtiene multiplicando la puntuación de su contribución a cada atributo por el peso de éste y sumando horizontalmente. Dividiendo la puntuación de cada proceso por la suma de las puntuaciones de todos ellos (11,97) se alcanza el índice de relevancia externa de cada proceso. En nuestro ejemplo, el diseño del producto y control de calidad aparecen como los dos más importantes desde la perspectiva del cliente.

Por último, el cuadro 5 valora cada proceso en su capacidad para influir sobre la consecución de los factores clave de éxito identificados para la empresa. En este ejemplo supongamos que los factores clave seleccionados son:

– Reputación en el mercado.

– Red de distribución.

– Costes reducidos.

– Innovación y desarrollo de productos.

– Fidelidad del cliente final.

En este caso se considera que todos los factores clave son de igual importancia, por lo que todos ponderan lo mismo, a razón de un 20%.

Cuadro 5. ÍNDICE DE RELEVANCIA INTERNA DE CADA PROCESO

	Factores clave de éxito					Suma Horizontal	Relevancia Interna
	Reputación	Distribución	Costes	Innovación	Fidelidad		
Compras	1	0	3	2	1	1,4	10,6%
Diseño del producto	3	0	3	3	2	2,2	16,7%
Programación de la producción	2	0	3	0	1	1,2	9,1%
Producción	3	0	3	1	2	1,8	13,6%
Mantenimiento	0	0	2	0	2	0,8	6,1%
Control de calidad	3	0	3	1	3	2,0	15,2%
Acción comercial	2	3	0	1	2	1,6	12,1%
Gestión de pedidos	2	2	0	0	2	1,2	9,1%
Atención a clientes	2	1	0	0	2	1,0	7,6%
Total vertical						13,2	100,0%

Del análisis de valoración interna se deduce que los procesos más importantes son, también, los de diseño de producto y control de calidad.

Como hay nueve procesos, la relevancia media es del 11,1%, porcentaje que sirve para trazar la frontera entre los procesos más y menos relevantes, tanto desde la perspectiva interna como externa.

Obtenidos los resultados de la evaluación interna y externa, después de sucesivas iteraciones del modelo, es posible enfrentarlos y situar los procesos en una gráfica como la de la figura 3. En ella se diferencian cuatro cuadrantes que presentan las siguientes características:

CUADRANTE

A: SUPERIOR DERECHO

Incluye los procesos clave del negocio, en cuanto que son decisivos para alcanzar los factores clave de éxito de la empresa y los atributos del producto. Deben ser gestionados internamente, preservando el control de los mismos y con el máximo rigor, pues constituyen la base de la posición competitiva de la empresa. Su diseño debe orientarse a alcanzar ventajas competitivas sostenibles. En nuestro ejemplo estos procesos son diseño del producto y control de calidad.

B: SUPERIOR IZQUIERDO

Son críticos para conseguir los factores clave de éxito de la empresa, aunque ofrecen una menor relevancia en su valoración externa. En

Figura 3. CARTOGRAMA DE PROCESOS

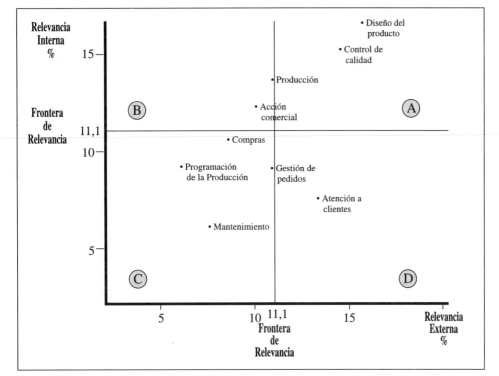

nuestro ejemplo, sólo la acción comercial y producción se sitúan en este espacio.

C: INFERIOR IZQUIERDO

Los procesos aquí incluidos son menos relevantes en sus dos valoraciones (interna y externa). Deberán gestionarse bajo criterios de productividad y son susceptibles de ser subcontratados sin que ello suponga ceder control sobre el núcleo del negocio. En nuestro ejemplo destacan en este cuadrante los procesos de mantenimiento y programación de la producción.

En este espacio suelen situarse los denominados procesos de apoyo, es decir, aquellos que aportan la infraestructura necesaria para soportar los procesos genuinos del negocio.

D: INFERIOR DERECHO

En principio este cuadrante es un conjunto vacío en cuanto que no es razonable que un proceso sea relevante para el mercado sin que lo sea también para la empresa. En nuestro ejemplo, aparece la atención a clientes como actividad importante desde la evaluación externa y menos relevante internamente.

Identificados los procesos clave concentrarán las prioridades de organización y gestión a fin de potenciar las ventajas que deben generar. Para ello, es preciso establecer objetivos para los mismos e indicadores que permitan controlar su comportamiento. El cuadro 6 presenta una batería de índices genéricos a estos efectos, a concretar en cada situación.

Para cumplimentarlo es preciso identificar la naturaleza de la transacción del proceso, es decir, el parámetro que lo inicia, que indica las veces que se realiza y que explica el comportamiento de los costes en que incurre. Lógicamente, la transacción se relaciona estrechamente con la finalidad del proceso y con el resultado que se espera de él.

Cuadro 6. PARÁMETROS DE LOS PROCESOS

Índice de medida	Explicación
Satisfacción del cliente	Mide el grado de cumplimiento de las especificaciones del producto o servicio según las formula el cliente externo o interno del proceso.
Capacidad disponible	Expresa el número de transacciones que como máximo pueden ejecutarse durante un determinado período.
Ocupación	Mide, en porcentaje, la utilización de la capacidad disponible.
Coste total	Calcula el total de costes incurridos por la realización del proceso a partir de la valoración monetaria de los recursos de todo tipo consumidos.
Coste unitario	Se obtiene dividiendo el coste total del proceso por el número de transacciones realizadas.
Calidad	Relaciona el número de transacciones realizadas incorrectamente con el número total de transacciones ejecutadas.
Plazo de realización	Expresa el número de transacciones realizadas en el plazo prefijado.
Duración del proceso	Mide el plazo medio de ejecución de cada transacción.
Flexibilidad	Estima la capacidad de ajustar el proceso, ante la aparición de un cambio, a un coste razonable.
Complejidad	Trata de estimar el grado de dificultad existente en la ejecución de un proceso.
Riesgo	Mide las pérdidas posibles que se pueden originar ante un fallo en la realización del proceso.

Capítulo 6

Los generadores de valor

1. GENERADORES ECONÓMICO-FINANCIEROS

La creación de valor en la empresa se relaciona con la evolución de su precio relativo y los parámetros de los que depende según la fórmula 1 del capítulo 2: rentabilidad financiera, tasa prevista de crecimiento y coste de capital de los fondos propios. Para obtener un nivel más detallado de los generadores financieros de valor cabe sustituir la rentabilidad financiera por la expresión siguiente, que se demuestra en el anexo 1:

$$RF = (RE + e \cdot (RE-i)) \cdot (1-t) \tag{1}$$

Con ello, el precio relativo, en un escenario de crecimiento constante, que viene dado por:

$$Pr = \frac{RF - c}{R - c}$$

se expresa por:

$$Pr = \frac{(RE + e \cdot (RE - i)) \cdot (1 - t) - c}{R - c} \tag{2}$$

donde:

RE = rentabilidad económica (beneficio económico / activo neto)
e = ratio de endeudamiento (deuda/fondos propios)
i = coste medio del endeudamiento (gastos financieros/ deuda)
t = tipo impositivo (impuestos/beneficio antes de impuestos)
c = tasa de crecimiento prevista
R = coste de capital de los fondos propios o rentabilidad esperada por los accionistas

La gestión del valor exige gobernar adecuadamente los seis generadores financieros anteriores, de modo que se incremente el precio relativo, y según se revisan uno a uno a continuación:

• **Rentabilidad económica**

La rentabilidad económica, que depende del atractivo del sector y de la posición competitiva de la empresa, se descompone en el producto del margen y la rotación. Estos dos parámetros se explican, a su vez, por los generadores básicos que recoge el cuadro 1.

Cuadro 1. GENERADORES ECONÓMICOS DE VALOR

Margen	Rotación
Coste de materiales /ventas	Período medio de cobro
Coste de mano de obra/ventas	Rotación de existencias de materiales
Costes indirectos fabricación/ventas	Rotación de productos en curso
Gastos comerciales/ventas	Rotación de productos terminados
Gastos generales/ventas	Rotación del activo fijo
	Período medio de pago a proveedores

Sin embargo, los generadores de dicho cuadro son en realidad indicadores de resultados, es decir, informan sobre el nivel alcanzado pero no explican por qué se ha conseguido. Para ello, es preciso recurrir a los generadores operativos del negocio, según se describen en el epígrafe siguiente, cuyo comportamiento debe explicar el de los indicadores económicos de resultados.

• **Crecimiento**

Para que el crecimiento influya positivamente sobre el valor o el precio relativo es preciso que la rentabilidad financiera supere al coste de capital de los fondos propios, según se deduce de la fórmula:

$$Pr = \frac{RF - c}{R - c}$$

En efecto, si aceptamos una situación en la que ello se cumple, con RF = 16% y R = 14%, al pasar de un crecimiento esperado del 4% al 5% el precio relativo se incrementa de 1,20 a 1,22. Por el contrario, si RF = 12%, la misma variación de la tasa de crecimiento reduce el precio relativo de 0,80 a 0,78.

Cuando el crecimiento crea valor se hace necesario identificar los generadores de crecimiento según cual sea la estrategia de la empresa. En estrategias de coste el crecimiento exige acciones que permitan reducir el precio de venta de los productos o servicios, tales como:

– Ganar cuota de mercado para inducir economías de escala en compras, producción comercialización y funciones de estructura.

– Favorecer la reducción de costes mediante la gestión de la experiencia que nace de la actividad acumulada.

– Utilizar la capacidad instalada al máximo posible al objeto de diluir los costes fijos.

– Mejorar los procesos clave de la empresa para reducir costes y plazos, incrementar la calidad y eliminar las actividades sin valor que no sean imprescindibles.

– Provocar sinergias en la utilización de recursos, tendentes a reducir costes.

– Estandarizar los productos y reducir el número de componentes.

– Impulsar estrategias de integración vertical si permiten reducir los costes por encima de los generados por el incremento de la inversión necesaria.

Por el contrario, en estrategias de diferenciación, el crecimiento se favorece con medidas como las siguientes:

– Añadir atributos al producto que permitan aplicar un precio superior.

– Segmentar el mercado para identificar las propuestas de valor a realizar a cada grupo de clientes.

– Ofrecer variedad de productos para atender a los segmentos seleccionados del mercado.

– Innovar nuevos productos que permitan cubrir nuevos segmentos.

– Implantar procesos de fabricación y distribución flexibles para atender a la variedad de la demanda.

- **Endeudamiento**

Para que el endeudamiento incremente el valor de la empresa es preciso que su rentabilidad económica supere al coste medio de la deuda. De este modo, según indica la fórmula 2, el precio relativo será mayor. Si así sucede, la gestión de este generador exige identificar una proporción de deuda que permita mejorar la rentabilidad financiera de la empresa sin aumentar, significativamente, el riesgo derivado del servicio a la deuda.

- **Coste de la deuda**

Se trata de, una vez formulado el índice de endeudamiento, contratar y gestionar los instrumentos de deuda con el menor coste para la empresa, sin menoscabo de mantener abierta la necesaria flexibilidad para ajustarse a las condiciones cambiantes que surjan.

- **Tipo impositivo**

Persigue realizar una gestión fiscal que, en el marco de la legislación al respecto, consiga reducir la carga fiscal sin generar contingencias significativas.

- **Coste de capital de los fondos propios**

El coste de capital de los fondos propios se estima añadiendo al tipo de interés sin riesgo a largo plazo una prima ajustada al riesgo de la inversión de los accionistas según lo expuesto en el capítulo 4. Por ello, se trata de reducir el riesgo operativo y financiero del negocio al objeto de que la prima de riesgo de los accionistas se reduzca. Ello exige medidas para acotar la variabilidad del beneficio nacida de la oscilación de las ventas y del servicio de la deuda.

Junto a los generadores anteriores, cabe recordar la importancia que el mercado otorga al beneficio trimestral a la hora de fijar la cotización de una acción y, por tanto, el valor creado en un período.

A pesar de algunas opiniones en contrario, el beneficio por acción a corto plazo sí parece tener mucha influencia, en la práctica, sobre la cotización de las empresas. Un ejemplo, entre otros muchos, lo ofreció el comportamiento bursátil de ORACLE, principal fabricante de software para bases de datos. Cuando anunció, en diciembre de 1997, un beneficio por acción trimestral inferior en un 17% sobre las expectativas del mercado su cotización cayó un 30%[1]. En un día perdió unos diez mil millones de dólares del valor creado hasta la fecha. Ello explica el esfuerzo de muchas compañías en mejorar continuamente su beneficio por acción.

Para calibrar la importancia relativa de cada uno de los generadores descritos en su capacidad para aumentar el valor de la empresa, se puede realizar un análisis de sensibilidad utilizando la fórmula 2. Para ello, se parte de la situación de referencia de la empresa, utilizando los valores reales de cada variable. A continuación se varía una a una y en la misma proporción cada variable y se calcula su repercusión sobre el precio relativo. De este modo, es factible jerarquizar las prioridades de actuación de la empresa con el fin de aumentar la creación de valor en cada contexto.

2. GENERADORES OPERATIVOS

La creación de valor para el accionista exige gestionar los generadores operativos, es decir, aquellos parámetros controlables por la empresa, relacionados con la naturaleza del negocio y que influyen significativamente sobre el valor de la empresa, en cuanto que determinan el comportamiento de los generadores económico-financieros.

La relación de generadores operativos de valor es muy amplia y específica de cada sector y de la estrategia y situación de cada empresa. Algunos ejemplos son:

- La marca es un potente generador de valor cuando se gestiona correctamente. Por ejemplo, la credibilidad de Microsoft o Sony hace que cada vez que lanzan un nuevo producto sea aceptado de inmediato por el mercado. Pero la inadecuada utilización de la marca también puede destruir valor. En este sentido una conocida empresa de alimentación utiliza una marca distinta para sus productos dirigidos a animales domésticos, a fin de preservar la utilizada en productos para el consumo humano.

- La adopción por las empresas petroleras de la tecnología sísmica 3-D para la prospección de nuevos yacimientos, basada en generar

---

[1] *Cinco Días.* 12-12-1997.

por escáner representaciones tridimensionales del subsuelo a partir de explosiones controladas, ha reducido los costes de exploración, ha permitido acceder a mayores profundidades, posibilita estimar más adecuadamente el tamaño de las reservas y, sobre todo, ha casi duplicado la tasa de éxito.

– En el caso de las empresas papeleras los costes de fabricación se han reducido al sustituir como materia prima la madera por el papel reciclado. Algo similar ha sucedido en los fabricantes de vidrio al aumentar el reciclado de este material.

– La gestión del tiempo ofrece oportunidades de creación de valor, como es el caso de la empresa Matsushita, que consiguió reducir de 360 horas a 2 el plazo para fabricar una lavadora[2].

– La mejor utilización de la red de ventas puede convertirse en un potente generador operativo. Así, una empresa española de productos derivados del papel, con varias decenas de miles de clientes de venta directa, ha introducido en su oferta productos de otras empresas que no son competitivos con los suyos.

– En ocasiones, la reducción de los gastos de estructura contribuye a generar valor. Este fue el caso de un gran fabricante de automóviles que redujo su personal de la oficina corporativa a menos de una quinta parte, sin afectar, aparentemente, a su desarrollo.

La innovación tecnológica, entendida en un sentido amplio, es un generador operativo primordial. Así, cuando IBM anunció el futuro lanzamiento de un chip en el que el cobre sustituirá a la tradicional combinación de silicio y aluminio, sus acciones subieron de inmediato, reconociendo la previsible reducción de costes, las mayores prestaciones, el menor tamaño y peso y el menor calentamiento del chip que se derivará de la innovación[3]. El mismo efecto se produce sobre la cotización de una empresa farmacéutica cuando anuncia el descubrimiento de un nuevo fármaco.

La capacidad utilizada es también un generador de valor importante. En aquellas empresas en que los costes fijos suponen un elevado porcentaje de los totales, el coste unitario es muy sensible a la capacidad utilizada de la planta.

---

[2] Montgomery y Porter: *Strategy.* Harvard Bussiness School Press, 1991, pág. 53.
[3] *El Mundo.* 23-09-1997, pág. 24.

De hecho, el incremento del coste unitario para una determinada capacidad utilizada (CU) en relación con el coste unitario a plena capacidad viene dado por la expresión[4]:

$$Icu_x = Ec_m \cdot \left(\frac{1 - CU}{CU} \right)$$

donde:

Icu$_x$ = incremento porcentual del coste unitario a la capacidad CU en relación al coste previsto a capacidad máxima

Ec$_m$ = estructura de costes a capacidad máxima (costes fijos/costes totales en porcentaje)

CU = capacidad realmente utilizada expresada en tanto por uno y en relación a la máxima.

Una empresa con una estructura de costes del 70% a capacidad máxima que esté operando a una capacidad del 80%, soporta un incremento del coste unitario en relación al de capacidad máxima del 17,5%, calculado por:

$$Icu_x = 70 \cdot \left(\frac{1 - 0,80}{0,80} \right) = 17,50\%$$

Se comprende la presión a que se verá sometida esta empresa para intentar aumentar la capacidad utilizada, lo que a su vez exigirá ganar cuota de mercado. La reducción de costes y el aumento de las ventas le permitiría lograr aumentos sustanciales de su rentabilidad. Si el mercado experimenta crecimientos notables, este aumento de la producción y de las ventas es más factible de alcanzar que en sectores maduros donde, probablemente, sus competidores se enfrentarán a exigencias similares. En este último caso la mejora de la cuota de la empresa se alcanzará sólo a costa de una reducción de las ventas de sus competidores y por ello será más difícil y costosa de obtener.

No fue este el caso de Honda en su entrada en el mercado de EE.UU.

---

[4] Juan Pérez-Carballo: *Estrategia y políticas financieras.* ESIC Editorial, 1997, pág. 105.

de motos en 1959. Partiendo de cero, en 1966 ya alcanzó una cuota de mercado de más del 60%, gracias a que se aprovechó de la demanda latente en el segmento de baja cilindrada, sin que ello fuese obstáculo para que las ventas de sus competidores locales crecieran a tasas anuales importantes.

Un ejemplo más detallado de la identificación de los generadores operativos lo ofrecen las compañías de transporte aéreo de pasajeros. La capacidad de producción en este sector se mide por los asientos-kilómetro ofertados al año (AKO) y la producción por el número de pasajeros-kilómetro transportados realmente (PKT). Un AKO representa la capacidad de poder transportar un kilómetro a un pasajero. Un PKT expresa que efectivamente se le ha transportado un kilómetro[5].

Si una empresa tiene una oferta anual de 1.500 millones de AKO y ha transportado 1.050 millones de PKT, ha alcanzado una ocupación del 70%.

Como criterio de rentabilidad se utiliza el beneficio por AKO y este índice se puede descomponer de la siguiente forma:

$$\frac{\text{Beneficio total}}{\text{AKO}} = \frac{\text{Ingresos}}{\text{PKT}} \cdot \frac{\text{PKT}}{\text{AKO}} - \frac{\text{Costes}}{\text{AKO}}$$

Como aumentar el beneficio por AKO supone crear valor para el accionista, la descomposición anterior indica que se debe actuar sobre los siguientes parámetros de gestión:

- Aumentar los ingresos por PKT, índice denominado como rendimiento tarifario.
- Mejorar el índice de ocupación (PKT/AKO).
- Reducir los costes por AKO.

Cada uno de estos parámetros puede ser gestionado mediante generadores operativos de valor como los recogidos en el cuadro 2:

---

[5] Carlos Rodríguez Fernández: *Procesos que crean valor*. Enero 1998 (pendiente de publicación).

**Cuadro 2. RELACIÓN ENTRE GENERADORES FINANCIEROS
Y OPERATIVOS DE VALOR**

Parámetro de gestión	Generador operativo
Ingresos por PKT	Atributos del servicio Distancia de las etapas de vuelo Peso de los segmentos del mercado Tarifas por segmento Política respecto a vuelos charter
Ocupación	Gestión del sistema de reservas Promociones a los canales de venta Fidelización de clientes Atractivo de los atributos del servicio Precios competitivos Ofertas especiales Selección de destinos Programación y frecuencia de vuelos Alianzas con otras empresas para completar rutas
Coste por AKO	Distancia de las etapas de vuelo Subcontratación del mantenimiento Capacidad de los aviones Consumo de combustible de la flota Compra o leasing de la flota Política respecto a vuelos charter Costes del personal Productividad del personal Gastos de estructura Informatización de procesos

Si bien, como muestra el ejemplo presentado de las compañías de transporte aéreo de pasajeros, es posible trazar una relación causal entre los generadores operativos de valor y los financieros, en general es complicado llegar a formular relaciones funcionales entre ellos. La utilización de modelos de regresión puede ayudar a determinar esas relaciones, pero ello exige disponer de suficientes datos históricos.

Una empresa de distribución de productos de consumo que opera con una amplia red de tiendas tipo gran almacén, utiliza la siguiente secuencia lógica para estimar sus ventas.

satisfacción del personal	$\longrightarrow$	satisfacción del cliente	$\longrightarrow$	cifra de ventas de la tienda

Para cuantificar esta relación, definió y midió, con periodicidad trimestral, los índices cuantitativos de satisfacción del personal y de los clientes. Incorporando las ventas por trimestre y procesando todos los datos en un modelo econométrico estableció cómo la mejora del índice de satisfacción de la plantilla de un trimestre influye en el índice de satisfacción del cliente del trimestre siguiente. Igualmente, determinó la relación funcional entre este último índice y las ventas del siguiente trimestre. Desde entonces, pone mayor esfuerzo en gestionar y controlar su generador clave relacionado con la satisfacción del personal.

Los generadores operativos de valor dependen del sector de actividad en el que opera la empresa y de su estrategia y se gestionan por medio de los procesos clave del negocio. Estos procesos son aquellos que:

- permiten atender excelentemente los atributos del producto o servicio demandados por el mercado y

- se vinculan más estrechamente con los objetivos financieros de la empresa y con sus factores clave de éxito.

Para el ejemplo anterior, es lógico suponer que la satisfacción de la plantilla redundará en una mayor productividad de la empresa y de la satisfacción de su cliente, haciendo su experiencia de compra más grata, lo que le estimulará a repetirla y recomendarla, expansionado las ventas. La mejora interna de los procesos reducirá los costes de la empresa y permitirá una mejor utilización de los activos. Ambos hechos aumentarán los márgenes y la rotación haciendo que mejore la rentabilidad de la empresa y su crecimiento y, por tanto, su valor.

La gran ventaja de los generadores operativos de valor es que aproximan al personal no directivo de la empresa al objetivo de creación de valor. Los generadores económico-financieros, por su naturaleza de parámetros de síntesis, vinculan más a la alta dirección pero son menos útiles para rangos de menor responsabilidad. Ahí es donde ofrecen su contribución los generadores operativos, en cuanto que desvelan las palancas intrínsecas del negocio en su funcionamiento más cotidiano, que si son asumidas por el conjunto de la organización, son capaces de movilizar las potencialidades existentes para, en su síntesis, alimentar los generadores económico-financieros.

Las empresas que cotizan en Bolsa deberán, como parte de su gestión del valor, relacionarse con el mercado de modo que éste esté informado sobre sus expectativas favorables y las incorpore a su cotización. No hacerlo puede conducir a una infravaloración de la acción que, advertida por potenciales compradores, permitan su adquisición a bajo precio. Se trata, por tanto, de ser sensible a la voz del mercado y entender los mensajes que envía sobre cómo se perciben la situación y expectativas de la empresa. A este respecto es creciente la atención que prestan las grandes empresas a mantener reuniones con analistas de todo tipo y a difundir sus logros, aunque preservando la confidencialidad de sus estrategias.

En general, los generadores de valor afectan a más de un área de la empresa, por lo que deben ser gestionados con el fin de impulsar que sean compartidos.

Por la variedad de generadores de valor que conviven en cualquier organización, la gestión del valor corresponde al conjunto de áreas de la misma, sin que se pueda circunscribir en exclusiva, como se hace en ocasiones, a su área financiera, aunque sea ésta la que, en última instancia, lo calcula, controla y utiliza como criterio para la evaluación financiera de las decisiones empresariales. Aunque también es cierto que las técnicas y criterios que se utilizan para ello se encuentran indebidamente secuestrados por dicha área funcional y sea conveniente su comprensión, extensión y uso a otras áreas de la empresa con responsabilidad, si cabe mayor, en el proceso de creación de valor.

La figura 1, que resume la exposición realizada, muestra los determinantes del valor de la empresa.

3. LA CADENA DE VALOR

La creación de valor para el accionista, en última instancia, exige crearlo para el cliente. Para ello, la empresa debe generar ventajas competitivas sostenibles de coste o diferenciación en relación con sus competidores. Para facilitar la identificación de estas ventajas es útil desagregar la empresa en las actividades que realiza, pues cada una de ellas ofrece oportunidades de reducir costes o diferenciar el producto. Esto es lo que pretende el análisis de la cadena de valor en cuanto que revisa, en detalle, las actividades de la empresa y la relación entre ellas y con proveedores y clientes.

En concreto, la evaluación de la cadena de valor comprende:

- Identificar las actividades que desarrolla la empresa.
- Imputar a cada una sus ingresos, costes y activos.

Figura 1. DETERMINANTES DEL VALOR DE LA EMPRESA

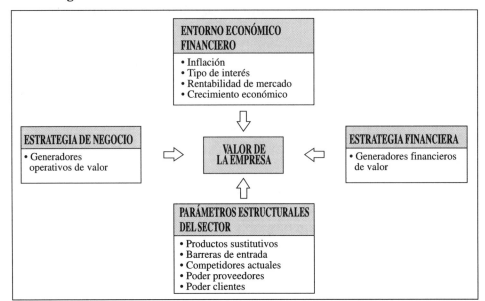

– Evaluar la capacidad de crear valor de cada actividad. Una actividad crea valor cuando el beneficio que genera para el cliente externo o interno supera al coste en que incurre la empresa para ejecutarla.

– Analizar las relaciones entre actividades a fin de identificar ayudas mutuas entre ellas.

– Valorar las ventajas potenciales de la coordinación de la cadena de valor de la empresa con las de sus clientes y proveedores.

– Integrar las cadenas de valor de distintos negocios de la empresa al objeto de reforzar las ventajas de diferenciación o costes de cada uno.

La cadena de valor contempla dos tipos de actividades. Las primarias son aquellas relacionadas directamente con la transformación de los materiales en un producto final, la distribución de éste y la relación con los clientes. Estas actividades son las siguientes:

• Gestión de materiales: proporciona los materiales a producción.

• Producción: transforma los materiales en producto final.

• Distribución: entrega el producto al cliente.

• Marketing y ventas: estimula al mercado a comprar el producto.

- Servicio al cliente: mantiene la relación con el cliente después de la venta.

Las actividades de apoyo, cuya ejecución tiene lugar de forma distribuida en la empresa, son las que soportan la realización de las actividades primarias e incluyen las siguientes:

- Desarrollo tecnológico de productos y procesos.

- Gestión de recursos humanos.

- Sistemas de información.

- Gestión financiera.

Las actividades que debe incluir el análisis de la cadena de valor son aquellas que contribuyen a la diferenciación, representan una parte importante del coste total y su comportamiento económico es diferencial, es decir, que se rigen por pautas de coste distintas.

El coste del producto se alimenta del coste en que se incurre al realizar muchas actividades diferentes, por lo que la cadena de valor permite explorar posibilidades de obtener economías mediante las siguientes acciones:

- Cuantificar la contribución al coste total de cada actividad y valorar la entidad relativa de cada una de ellas al objeto de localizar aquellas con más potencial de reducción de costes.

- Identificar los generadores de costes que rigen el comportamiento de cada actividad con el fin de conocer sobre qué palancas se puede actuar para reducir los costes.

- Medir la productividad de cada actividad expresada como relación entre su producción y los recursos que consume.

- Comparar los costes de la actividad con los incurridos por otros competidores para identificar alternativas a la forma de ejecutarla.

- Establecer las relaciones entre los costes de las distintas actividades a fin de buscar economías por coordinación, en cuanto que los costes de una actividad pueden depender de cómo se ejecuten otras.

- Vincular los costes de las actividades de la empresa con los de sus clientes y proveedores al objeto de identificar configuraciones más económicas de la cadena integrada de valor.

- Identificar aquellas actividades que pueden ser ejecutadas más económicamente por suministradores externos, aprovechando, además, sus posibles capacidades. La creciente contratación externa de los sistemas de proceso de datos realizada por importantes compañías es un ejemplo de esta actuación.

El análisis de la cadena de valor también permite decidir cómo configurarla para conseguir diferenciar el producto de modo que satisfaga las exigencias del cliente. Para ello es preciso:

- Comprender la contribución de cada actividad a la diferenciación para entender cómo se crea valor para el cliente.

- Relacionar la cadena de valor de la empresa con la de sus clientes a fin de identificar los atributos relevantes del producto.

- Aislar los generadores de diferenciación de cada actividad, es decir, las palancas capaces de influir sobre la diferenciación del producto.

- Seleccionar los generadores de diferenciación más importantes, teniendo en cuenta los atributos demandados por el cliente, las capacidades diferenciales de la empresa y la dificultad de los competidores para imitarlas.

Desde la perspectiva de la creación de valor es pues preciso identificar los generadores que explican la capacidad de cada actividad para reducir costes y mejorar la diferenciación. El cuadro 3 presenta algunos de ellos de naturaleza genérica y referidos a las actividades primarias.

Por último, además de permitir analizar la capacidad de las actividades para crear valor, la cadena de valor es un instrumento útil para:

- Diagnosticar la posición competitiva de la empresa mediante la comparación con las de otros competidores e identificando el fundamento de su eventual ventaja competitiva.

- Determinar sus factores clave de éxito y aislar las fuentes para reducir costes y generar diferenciación.

- Definir las capacidades y procesos clave para ejecutar las actividades que crean valor.

Cuadro 3. GENERADORES OPERATIVOS

Actividad	Generadores de diferenciación	Generadores de reducción de costes
Gestión de materiales	Colaboración con proveedores Calidad de los materiales Fiabilidad del suministro Exclusividad de suministro	Colaboración con proveedores Concentración de compras Calidad de los materiales Lote económico de compras Estandarización de componentes
Producción	Diseño del producto Producción flexible Producción a medida Protección mediante patentes Cumplimiento de plazos Calidad del producto	Economía de escala Economía de alcance Curva de experiencia Capacidad utilizada Producción sin defectos Localización de instalaciones Productividad Integración vertical Subcontratación
Distribución	Apoyo al canal Entrega a tiempo Fiabilidad de la entrega Atender pedidos urgentes	Reducción de inventarios Costes de entrega
Marketing y ventas	Gestión de pedidos Notoriedad y reputación Condiciones crediticias Gama de productos ofrecidos Sistema de información Nuevos productos	Productividad red de ventas Cobertura geográfica Rentabilidad por cliente Productividad publicidad Cuota de mercado Análisis de riesgos Fidelidad del cliente
Servicio al cliente	Garantías Servicio posventa Disponibilidad de repuestos Servicios complementarios Formación técnica Atención de reclamaciones	Facturación del servicio Solución a primera demanda Productividad del servicio

4. CREACIÓN DE VALOR Y OPERACIONES DE CAPITAL

Un generador de valor para el accionista lo constituye la realización de operaciones que afectan al capital de la empresa, es decir, a su composición según se distribuya entre las distintas fuentes de financiación. Entre otras posibles actuaciones se destacan: el incremento de la participación de la deuda y la recompra y desdoblamiento de acciones, según se describen a continuación.

A. *Incremento de la participación de la deuda*

La operación más frecuente se refiere a modificar la proporción entre deuda, en cualquiera de sus modalidades, y fondos propios. La participación de deuda en el capital de la empresa crea valor por dos mecanismos principales.

El primero se refiere a su influencia sobre la actitud de la dirección, en cuanto que una empresa más endeudada transmite una imagen de limitaciones financieras e impone una disciplina en el gasto. La existencia de deuda, con la servidumbre de sus gastos financieros y la exigencia de ser amortizada, propicia un comportamiento gerencial centrado en la generación de fondos y tendente a utilizar más eficientemente la financiación disponible. La presión de tener que servir a la deuda obliga a analizar con más rigor las inversiones a acometer, a fin de asegurar que generarán unos fondos capaces de atender a los intereses y a la amortización del principal. Las restricciones financieras que introduce la deuda también fomentan una mentalidad de ahorro, en contraposición a otra de despilfarro.

Igualmente, la necesidad de reducir los desembolsos generados por la deuda impulsará más intensamente que si existe un exceso de financiación a desinvertir en actividades no rentables, a fin de liberar fondos para ser aplicados en inversiones de mayor rendimiento.

Pero la forma más directa por la que el endeudamiento crea valor nace de su menor coste respecto al de los fondos propios. La deuda es más económica, principalmente, por el ahorro fiscal que provocan los intereses y por el menor riesgo que asumen los prestamistas. Un riesgo menor implica una menor exigencia de rentabilidad esperada de los prestamistas en relación a los accionistas. Si se sustituyen fondos propios, la fuente más cara, por deuda, la más barata, el coste medio del capital se reducirá y por tanto aumentará el valor actual de los flujos operativos futuros de la empresa.

Supongamos una empresa que analiza la conveniencia de pasar de una estructura de financiación inicial sin deuda a otra objetivo, más endeudada, en los términos que recoge el cuadro 4. La cuenta de resultados resumida aparece en el mencionado cuadro.

Consideremos que se trata de una situación estable en la que no se prevé crecimiento y en la cual la inversión de mantenimiento y reposición coincide con la dotación anual a amortizaciones. En este escenario el flujo operativo de caja coincide con el beneficio después de impuestos y el flujo de caja para el accionista con el beneficio neto. Igualmente se supone que se distribuye todo el dividendo factible, es decir, la totalidad del flujo de caja para el accionista o, en este ejemplo, el beneficio neto.

En la situación de partida la financiación se compone sólo de fondos propios por importe de 40 millones de euros, a valor contable, y representado por un millón de acciones. El valor contable de la acción es, en consecuencia, de 40 euros.

Cuadro 4. EFECTO SOBRE EL VALOR DE UN MAYOR ENDEUDAMIENTO
(millones de euros)

	Situación inicial	Situación objetivo	Diferencia
1. Beneficio económico	9,00	9,00	0,00
2. Intereses (i = 10%)	0,00	2,00	2,00
3. Beneficio antes de impuestos	9,00	7,00	–2,00
4. Impuestos (t = 35%)	3,15	2,45	–0,70
5. Beneficio neto	5,85	4,55	–1,30
6. Deuda	0,00	20,00	20,00
7. Fondos propios contables	40,00		

En primer lugar, se calcula el valor de mercado de los fondos propios en la situación inicial. Si la Beta del activo neto de la empresa (financiado sólo con fondos propios), calculada a partir de datos estadísticos del sector, es de 1,2, la prima de riesgo del mercado es del 6% y el tipo de interés sin riesgo del 5,9%, la rentabilidad exigida por el mercado sobre el activo neto, supuesto que sólo se financia con fondos propios, es del 13,100% calculada por:

$$Ran = 0,059 + 1,2 \cdot 0,06$$

El valor teórico del activo neto sin deuda (VTansd) se calcula según una renta perpetua y constante donde la renta es el beneficio económico esperado después de impuestos y la tasa de descuento es el coste medio de capital que en este caso, al no haber deuda, coincide con la rentabilidad esperada sobre el activo neto sin deuda. La tasa para descontar el flujo operativo de caja es, ahora, la rentabilidad esperada del activo neto que sólo incorpora el riesgo económico del negocio, pues de momento no existe riesgo financiero. Así pues,

$$VTansd = \frac{BE \cdot (1-t)}{Ran}$$

y, en la situación de partida del ejemplo, resulta:

$$\text{Valor activo neto sin deuda} = \frac{9,00 \cdot (1 - 0,35)}{0,131} = 44,66 \text{ millones}$$

Este importe estima también el valor teórico de los fondos propios, en la situación inicial, pues con un endeudamiento nulo su valor coincide con el del activo neto. El precio teórico de la acción será, por tanto, de 44,66 euros.

Pasemos ahora a analizar la nueva situación en la que se prevé comprar acciones por valor de 20 millones sustituyéndolas por deuda. Con un precio teórico de 44,66 euros se podrán adquirir 447.863 acciones, lo que representa un 44,8% del total del capital social.

En la situación objetivo se produce un ahorro fiscal de 0,70 millones de euros al año según el cuadro 4 y en relación a la situación inicial. Si el importe de la deuda (D) permanece constante, con independencia de que se vaya renovando, el valor actual del ahorro fiscal corresponde al de una deuda perpetua, es decir:

$$\text{Valor ahorro fiscal} = \frac{t \cdot i \cdot D}{i} = t \cdot D$$

donde i es el tipo de interés antes de impuestos sobre la deuda. Este tipo es el vigente en el mercado en el momento de realizar la operación y, razonablemente, igual al nominal al que se contrate la deuda.

En nuestro caso este valor actual, que es de 7 millones de euros, incrementa el valor del activo neto de la situación objetivo en relación al calculado en ausencia de deuda. El valor teórico del activo neto con deuda

(VTan) será igual al calculado previamente sin deuda, más el valor actual del ahorro fiscal, es decir de 51,66 millones, es decir:

$$VTan = VTansd + t \cdot D$$

Se puede anticipar que restando del valor del activo neto obtenido (51,66) el valor de la deuda (20) se obtiene un valor de los fondos propios de 31,66, lo que supone un endeudamiento de mercado del 0,6318.

Pero el valor del activo neto con deuda, en las hipótesis de este ejemplo, se calcula, también, por:

$$VTan = \frac{BE \cdot (1-t)}{CCm}$$

cumpliéndose que:

$$\frac{BE \cdot (1-t)}{CCm} = \frac{BE \cdot (1-t)}{Ran} = t \cdot D$$

De esta expresión se deduce que:

$$CCm = \frac{Ran \cdot BE \cdot (1-t)}{\left(BE \cdot (1-t) + Ran \cdot t \cdot D\right)}$$

y sustituyendo en la ecuación anterior los valores conocidos para el ejemplo, resulta un coste medio de capital en la situación objetivo del 11,325%, obtenido al resolver:

$$CCm = \frac{0,131 \cdot 9,00 \cdot (1-0,65)}{\left(9,00 \cdot (1-0,35) + 0,131 \cdot 0,35 \cdot 20,00\right)}$$

Calculando el valor del activo neto para la situación objetivo del ejemplo mediante el valor actual del beneficio económico después de impuestos y usando como tasa de descuento el coste medio de capital, se comprueba el valor ya calculado como suma del valor del activo neto sin deuda más el valor del ahorro fiscal, es decir:

$$VTan = \frac{9,00 \cdot (1-0,35)}{0,11325} = 51,66 \ \ millones$$

Puesto que la relación entre el coste medio del capital para un índice de endeudamiento em y la rentabilidad esperada del activo neto sin deuda (Ran) es[6]:

$$CCm = Ran \cdot \left(1 - \frac{t \cdot em}{1 + em}\right)$$

despejando em y sustituyendo los valores para el ejemplo se comprueba el índice de endeudamiento de mercado en la situación de partida de 0,6318, calculado ahora por:

$$em = \frac{Ran - CCm}{CCm - Ran \cdot (1-t)} = \frac{0,131 - 0,11325}{0,11325 - 0,131 \cdot (1 - 0,35)}$$

Como el índice de endeudamiento es el cociente entre la deuda (D) y el valor teórico de los fondos propios (VT), resulta, en la situación objetivo, un valor de los fondos propios de 31,66 millones obtenido de:

$$VT = \frac{20,00}{0,6318}$$

importe que coincide con el calculado previamente.

En este caso, el valor de mercado de la deuda coincide con su valor contable por ser de nueva contratación y, en consecuencia, el tipo nominal al que se emite ha de coincidir, razonablemente, con el de mercado. A partir de la fórmula del coste medio de capital[7] se puede calcular el coste de capital de los fondos propios (R) mediante la expresión:

$$R = CCm \cdot (1 + em) - id \cdot em$$

donde id es el tipo de interés después de impuestos. Como en este ejemplo este interés es del 6,5% resulta, un coste de capital de los fondos propios del 14,373% calculado por:

$$R = 0,11325 \cdot (1 + 0,6318) - 0,065 \cdot 0,6318$$

Se comprueba cómo el valor teórico de los fondos propios coincide

---

[6] Ver fórmula 7 del capítulo 4.
[7] Ver fórmula 6 del capítulo 4.

también con el valor actual de una renta perpetua del beneficio neto capitalizada al coste de capital de los fondos propios.

$$VT = \frac{BN}{R} = \frac{4,55}{0,14373} = 31,66 \text{ millones}$$

Puesto que el número de acciones ahora es de 552.137, el precio teórico por acción se habrá elevado a 57,34 euros, lo que supone una revalorización, debida al mayor endeudamiento del 28,4%.

La prima de riesgo financiero incorporada al coste de capital de los fondos propios sobre la rentabilidad esperada del activo neto sin deuda, que es, según los cálculos anteriores, del 1,273%, se calcula también por la ecuación[8]:

$$PRF = em \cdot (Ran \cdot (1-t) - i) = 0,6318 \cdot (0,131 \cdot (1-0,35) - 0,065) = 1,273\%$$

La exposición realizada muestra los mecanismos por los que la deuda crea valor para el accionista, siendo éste igual al valor actual del ahorro de impuestos que se genera y según el siguiente cálculo:

	Millones de euros
Valor teórico final de los fondos propios	31,66
+ Importe de la recompra de acciones	20,00
− Valor teórico inicial de los fondos propios	−44,66
Valor creado	7,00

Este valor se obtiene, también, multiplicando el número de acciones que permanecen (552.137) por el incremento de su valor unitario (12,68 euros).

B. *Recompra de acciones*

Una segunda operación de capital que puede incrementar el valor de los fondos propios consiste en la recompra de acciones por la propia empresa. Esta operación se puede realizar mediante el pago en efectivo, reduciendo la tesorería disponible o por medio de un mayor endeudamiento, según el desarrollo de las páginas anteriores. Su efecto inmediato

[8] Ver fórmula 8 del capítulo 4.

es que se incrementa el beneficio por acción, lo cual provoca, en general, una subida de la cotización.

Las razones que fundamentan una operación de esta naturaleza pueden resumirse en las siguientes:

- Cambiar el índice de endeudamiento de la empresa, propiciando una mayor participación de la deuda con la consiguiente repercusión sobre el valor de la acción. En este caso la decisión tiene el carácter de financiera en cuanto que afecta a la estructura de financiación.

- Distribuir a los accionistas tesorería excedente en situaciones en que la empresa carece de proyectos de inversión rentables. Una vez adquiridas, las acciones son amortizadas por la empresa mediante una reducción del capital social.

  Esta operación es una forma alternativa a distribuir un dividendo extraordianrio con la posible ventaja para los accionistas del trato fiscal más favorable que tienen las plusvalías frente a los dividendos. En este caso la operación se asocia con una de retribución a los accionistas.

- En ocasiones, las acciones recompradas pueden ser utilizadas para respaldar un programa de cesión de opciones al personal de la empresa o para abonar la compra de una participación en otra empresa.

- Por último, la recompra de acciones es aconsejable para empresas que cotizan en Bolsa, cuando la dirección considera que la cotización está infravalorada.

La recompra de acciones por una empresa envía dos mensajes principales al mercado. El primero es que se carece de proyectos de inversión para financiar que ofrezcan un rendimiento superior al de la propia recompra de acciones. En este sentido es recomendable que los accionistas decidan sus propias inversiones alternativas a que la empresa retenga unos fondos que no puede utilizar rentablemente. El segundo es que la empresa dispone de información que le permite concluir que la cotización está infravalorada. En ambos casos se crea valor para el accionista que incluso se reforzará si la adquisición supone utilizar la ventaja de un mayor endeudamiento. Por ello es habitual que la cotización de las acciones de una empresa se incremente cuando anuncia su propósito de recomprar acciones.

En realidad, la recompra de acciones cuando la cotización parece infravalorada crea valor para el accionista que permanece y no para el que decide vender. Por ello, quizás sea más coherente referirse a la creación de valor para la acción, que no cambia, que para el accionista, que es mutable. Una opción similar a la recompra de acciones, que goza también de ventajas fiscales frente al reparto de dividendos, consiste en reducir el nominal de la acción, entregando esta reducción en efectivo al accionista.

C. *Desdoblamiento de acciones*

Esta operación consiste en reducir el valor nominal de las acciones de manera tal que se incrementa el número de acciones en circulación. Por cada acción antigua se entrega un número equivalente de acciones nuevas de menor nominal de modo que el capital social no varíe.

Las razones que subyacen detrás de una operación de este tipo pueden agruparse en las dos siguientes:

– Reducir el precio de mercado por acción de modo que se haga más accesible a inversores individuales y se mejore la liquidez de los títulos. Esta operación ha sido realizada por numerosas empresas de artículos de consumo para facilitar que sus clientes se hagan accionistas y, por tanto, más fieles a la marca. Puleva o Pascual Hermanos son algunas de las empresas que han reducido su nominal fuertemente, siendo un caso extremo Telepizza, que lo redujo a cinco pesetas, unos tres céntimos de euro.

– Propiciar un incremento de los dividendos, en cuanto que el dividendo no se reduzca en la misma proporción que el nominal accionarial.

5. REMUNERACIÓN POR EL VALOR CREADO

En años recientes se observa una persistente tendencia a relacionar la remuneración de los máximos gestores de la empresa con el valor creado durante el ejercicio. Con ello se pretende estimular al gestor a comportarse como propietario de la empresa y, en consecuencia, a dar prioridad a la creación de valor: cuanto más ganen los accionistas mayor será su recompensa. Esta puede concretarse en efectivo, pero también es frecuente que se plasme en opciones para adquirir acciones a precio reducido, o incluso a percibir gratis paquetes de acciones.

En una memoria reciente de una empresa de semiconductores se regulaba este mecanismo de opciones en los siguientes términos:

"En todos los planes (de opciones), el precio de compra de la opción es igual al valor de mercado del día de la concesión. Las opciones expiran antes de los diez años desde la concesión y se ejercen, en general, después de cinco años".

Incluso algunas empresas, como es el caso de una gran empresa informática, llegan a ofrecer descuentos importantes sobre la cotización del día.

Si la cotización sube con posterioridad a haber fijado el precio de la opción, el beneficiario podrá ejecutarla obteniendo una plusvalía. En épocas de subida general de la Bolsa la plusvalía está casi garantizada.

Estas prácticas han generado inmensas fortunas para algunos directivos que han tenido éxito en base a los criterios prefijados. Una de las máximas compensaciones en acciones, valorada en 81 millones de dólares, la recibió el máximo responsable de Coca-Cola en 1992. Este tipo de remuneraciones son con frecuencia criticadas por excesivas. Otros, sin embargo, las defienden si responden a un aumento real del valor de la acción. En el caso de Coca-Cola los defensores de la compensación estimaron que la gestión del beneficiario de tan generosa remuneración había creado, en diez años, un valor enorme para los accionistas.

Un sistema de compensación basado en la creación de valor ha de tratar de anular la asimetría según la cual si se crea valor se retribuye, pero si se destruye no se penaliza. Para ello, algunas empresas no liquidan toda la retribución correspondiente al valor creado en un año, sino que reservan una parte de modo que permita compensar resultados adversos de períodos posteriores.

Un aspecto clave en estas prácticas consiste en aislar, del valor creado, lo que puede corresponder a la incidencia del entorno según se expresó en el epígrafe 1 del capítulo anterior. Como se indicó, el valor de la empresa depende de la tasa de descuento que se utilice para actualizar los flujos de caja del accionista. Cuando el tipo de interés de mercado disminuye el valor de los activos, tiende a crecer automáticamente. Este aumento del valor no debería considerarse a efectos de cálculo del valor creado y lo mismo debería hacerse cuando las condiciones del entorno económico provocan una subida de los intereses de mercado que empujan hacia abajo el valor de los activos y reducen el valor creado.

Como complemento al método de cálculo expuesto en el epígrafe citado anteriormente, se presenta el siguiente ejemplo. Supongamos una empresa, en crecimiento constante, que no reparte dividendos y que calcula el coste de capital de sus fondos propios añadiendo una prima de riesgo de 8 puntos al tipo de interés sin riesgo vigente en cada momento.

Al inicio del ejercicio el valor teórico de los fondos propios era de 1.510 millones de euros calculado con un coste de capital del 15,8%. Si al término del ejercicio el tipo de interés sin riesgo ha bajado dos puntos, la tasa de descuento que permite calcular el valor teórico será del 13,8%. Para aislar el incremento del valor creado por la gestión se pueden realizar los cálculos que muestra el cuadro 5, que estima el valor creado para ambos escenarios del coste de capital.

Cuadro 5. VALOR CREADO POR LA GESTIÓN

	Coste de capital de los fondos propios	
	13,8%	15,8%
1. Flujo de caja previsto para el accionista	250	250
2. Crecimiento previsto	3%	3%
3. Coste de capital	13,8%	15,8%
4. Valor teórico al final de año (1/(3–2))	2.315	1.953
5. Valor teórico inicial	1.510	1.510
6. Coste del valor teórico inicial (3 · 5)	208	239
7. Valor creado (4–5–6)	597	204
– Por variación del tipo de interés (597–204)		393
– Por gestión (597–393)		204

Según este cuadro, del total de valor creado de 597 millones de euros, sólo 204 millones serían imputables a la gestión.

Para empresas que cotizan en Bolsa se puede utilizar la evolución de su cotización y del índice bursátil (o del de su sector) para aislar el efecto de la evolución general no asociable a la gestión de la empresa individual.

Supongamos que la cotización de una empresa ha pasado de 30,00 euros a principios de ejercicio a 43,00 euros y que el índice general de la Bolsa ha subido un 30%. Es de suponer que la cotización de la empresa en estudio se ha visto favorecida por la subida general del mercado. Para aislar esta parte de la variación se puede proceder como sigue.

Si la empresa del ejemplo tiene un coeficiente Beta de 1,2, omitiendo el posible efecto diferencial del dividendo, resulta que el comportamiento de su cotización tiende a fluctuar un 20% más de lo que lo haga el mercado. Por ello, el 30% de subida del índice general debe corresponderse con una subida de la cotización de la empresa del 36% (30 · 1,2). Aplicando esta subida estimada a la cotización inicial de la empresa se obtiene que debería haberse incrementado por el arrastre del mercado hasta 40,80 euros. Luego la parte imputable a los gestores de la empresa podría estimarse en 2,20 euros calculados por:

	Euros por acción
Cotización final	43,00
– Cotización inicial	–30,00
– Efecto mercado (36% de 30,00)	–10,80
Incremento de la cotización por gestión	2,20

Este cálculo supone que el dividendo distribuido coincide con el previsto a principios de año. El mismo procedimiento se aplicaría en caso de una caída del mercado bursátil.

En definitiva, se trata de vincular la remuneración de los directivos de la empresa al valor creado por sus actuaciones, evitando otorgar una retribución por mejoras de origen exógeno u omitirla por causas también de origen externo.

El frenesí de los gestores por vincular su remuneración a la creación de valor, en períodos de subida generalizada de la Bolsa, puede provocar la reacción de los accionistas cuando la consideran excesiva y perjudicial para sus intereses. Parece que este enfrentamiento está incrementando los honorarios de los abogados de EE.UU. que se dedican a la defensa del accionista.

Un ejemplo de estas distorsiones lo ofreció una conocida empresa del sector informático. A su presidente ejecutivo se le concedieron opciones de compra de acciones con el objetivo de motivarle a mejorar la difícil situación por la que atravesaba la empresa y a crear valor para los accionistas. Pero después de un largo período sin progreso, el presidente fue despedido por el Consejo. El mercado lo celebró mejorando fuertemente la cotización de las acciones. Fue entonces cuando el presidente, ya despedido, ejecutó las opciones, cosechando una enorme fortuna.

Otro fue el caso del presidente ejecutivo de una gran empresa de comunicaciones, que fue reemplazado pocos meses después. Antes, consiguió una gratificación extraordinaria importante cuando despidió a 40.000 empleados. Una revista económica le dio el apelativo de "asesino corporativo"[9].

---

[9] *Fortune,* 29 de abril de 1996, pág. 62.

Anexo 1

FÓRMULA DE LA RENTABILIDAD FINANCIERA

Como el beneficio neto (BN) es igual al beneficio económico (BE) menos los gastos financieros y menos los impuestos obtenidos de aplicar la tasa impositiva t a la diferencia anterior, resulta:

$$BN = (BE - i \cdot D) \cdot (1 - t)$$

Donde los gastos financieros se obtienen como producto del coste medio de la deuda (i) y el saldo de ésta (D). Dividiendo por los fondos propios (FP) ambos términos y multiplicando y dividiendo el beneficio económico por el activo neto (AN), resulta:

$$\frac{BN}{FP} = \left(\frac{BE}{AN} \cdot \frac{AN}{FP} - i \cdot \frac{D}{FP} \right) \cdot (1 - t)$$

y recordando que la rentabilidad financiera, la económica y el índice de endeudamiento se calculan por los cocientes BN/FP, BE/AN y D/FP, respectivamente, se concluye que:

$$RF = (RE \cdot (1 + e) - i \cdot e) \cdot (1 - t) \qquad \text{o} \qquad RF = (RE + e \cdot (RE - i)) \cdot (1 - t)$$

Capítulo 7

Cómo calcular el valor de la empresa

1. PLANTEAMIENTO DE LA VALORACIÓN

El valor de una empresa trata de estimar el precio que un posible comprador podría ofrecer por adquirirla o el precio por el que sus propietarios estarían dispuestos a venderla, sin que ninguna de las partes esté obligada a realizar la transacción y suponiendo que ambas disponen de la información relevante para formular una valoración. Lógicamente, estos dos valores no tienen por qué coincidir, pues además de la diferente apreciación que cada uno realice de la empresa, su valoración puede estar influida por otros aspectos, tales como relaciones emocionales o grado de urgencia por realizar la operación.

Distintos compradores pueden ofrecer precios diferentes a partir de interés que ofrezca su adquisición a cada uno de ellos. Así, por ejemplo, en 1997 se ofertaron precios muy distintos para la adquisición de la empresa MCI, segunda compañía telefónica de larga distancia en EE.UU. La primera oferta, lanzada por British Telecom, fue casi duplicada por la de WorldCom. Esta, a su vez, que sería abonada en acciones, fue casi igualada por la oferta de GTE con el aliciente para los accionistas de MCI de que cobrarían en efectivo. Al final, WorldCom elevó su oferta en un 20%, con lo cual convenció, definitivamente, a los accionistas de MCI a vender sus acciones. La razón que pareció justificar este aumento del precio obedece a la complementariedad de las líneas de ambas empresas, capaces unas de transmitir voz y otras de transmitir datos.

También hay que diferenciar entre el valor de las acciones de una empresa en función de que se tome una participación minoritaria en ella o se adquiera una posición de control. En este último caso, el comprador adquiere la capacidad para influir y, previsiblemente, mejorar su rendimiento. Además, el que controla una empresa decide la política de dividendos, la composición y remuneración del Consejo y de los directivos e incluso con qué empresas realizar sus transacciones comerciales. Por ello, quien compra un paquete amplio de control, debe pagar un precio mayor por acción que quien compra unas pocas acciones. Así el precio ofrecido en una oferta pública de adquisición de acciones debe superar significativamente a la cotización bursátil vigente, para animar a un número suficiente de accionistas a vender. La prima mínima para alcanzar esta posición dominante es, con frecuencia, superior en un 25% a la cotización de la empresa adquirida.

Por ello, la cotización de una empresa en Bolsa se refiere al precio de la acción, pero negociada en un número limitado. Quien trate de comprar un paquete que le otorgue el control, lo que no precisa adquirir el 50% cuando las acciones están muy distribuidas, hará subir el precio por la demanda que genera su actuación.

En empresas en las que la proporción de acciones que se mueve en Bolsa es muy reducida, con escasas operaciones de compraventa, la cotización puede ser poco representativa de su valor e incluso puede verse influida por la realización de determinadas transacciones.

Pero el cálculo del valor de la empresa es también importante a efectos de poder gestionarlo. Desde la perspectiva de los accionistas el principal objetivo de la empresa consiste en maximizar el valor de su inversión en la misma. Según esto, el éxito de la empresa se fundamenta en que sea capaz, año a año, de alcanzar una rentabilidad para sus accionistas mayor que sus expectativas de rendimiento. Dicha rentabilidad se compone de los dividendos percibidos y del eventual aumento del valor de mercado (o teórico) de sus fondos propios.

Para aplicar esta gestión del valor es necesario disponer de un método para calcularlo que permita medir su progresión e identificar los parámetros de los que depende. En este sentido, cabe referirse a distintos objetos de valor, según se considere el de los activos, el de los fondos propios o algún otro concepto de interés en una situación concreta. Por ejemplo, el valor de los activos menos la financiación espontánea aportada por proveedores y acreedores, es decir, el activo neto.

Este tipo de análisis es también útil para decidir entre estrategias alternativas en cuanto que el objetivo de la estrategia consiste en incrementar el valor de la empresa. A este tema se dedica el capítulo siguiente.

2. MÉTODOS DE VALORACIÓN

Existen muchos métodos para estimar el valor de los fondos propios de la empresa que difieren en su enfoque y propósito. El más elemental es el valor contable, que se obtiene restando del activo real de la empresa (inmovilizado neto más activo circulante menos activo ficticio) todo su exigible, sea oneroso o no. De este modo se calcula el valor del patrimonio de sus accionistas, según lo estima la contabilidad. En general, la cifra así obtenida tiene poco que ver con el valor de mercado de la empresa, pues se basa en el pasado, omitiendo sus expectativas, favorables o desfavorables, que son parte fundamental de su valor. La contabilidad ignora el potencial de resultados que en cada circunstancia late en la empresa.

Mientras el contable no reconoce el beneficio hasta que se produce, el mercado lo incorpora al valor de la empresa en cuanto conoce que se puede producir. Además, por los criterios que aplica la contabilidad, basados en precios de adquisición históricos, los valores contables suelen diferir bastante de los valores de mercado de los activos. Para solventar estos inconvenientes se han arbitrado procedimientos para valorar los activos a precios de reposición y para estimar el valor de las expectativas.

Así, el denominado valor sustancial o de uso de la empresa, que supone la continuación de ésta, coincide con su valor contable excepto en que los activos se valoran a su valor de reposición teniendo en cuenta su estado. El valor sustancial estima pues el importe necesario para reponer la empresa en su actual estado de uso.

El valor de liquidación de la empresa se refiere al importe residual que quedaría si se vendiesen todos sus activos, se cancelasen todas sus deudas y se abonasen los propios gastos de liquidación de la actividad. Este método resulta de interés, lógicamente, cuando lo que se contempla es la disolución de la empresa o para que sus propietarios ponderen el interés de una eventual oferta de un comprador, de modo que no se acepte un precio inferior al valor de liquidación. Esto le sucedió a una empresa que recibió una oferta pública de adquisición de acciones (OPA) con un premio del 57% sobre su cotización en Bolsa, lo que aseguró el éxito de la oferta[1]. Una vez adquirida, la empresa fue liquidada, alcanzando un valor

---

[1] *Los métodos americanos de valoración de empresas.* G. Riebold. Biblioteca financiera del Banco Occidental. 1977, pág. 125.

de liquidación de un 55% superior al precio pagado en la OPA. Los accionistas que vendieron en la OPA dejaron de ganar un 55% por desconocer el precio de liquidación de la empresa. La minoría de accionistas fieles, que rechazaron la OPA, ganaron un 142% sobre la última cotización.

Si la empresa cotiza en Bolsa, el valor de su patrimonio viene dado por su capitalización bursátil obtenida como producto de la cotización y del número de acciones en circulación. Pero teniendo en cuenta el reducido número de empresas que cotizan en el mercado español, este método no es, en general, aplicable. En ocasiones se toma como referencia el PER (relación entre la cotización y el beneficio después de impuestos) de empresas similares que sí coticen, para aplicarlo a la empresa objeto de valoración. Este método, sin embargo, es poco recomendable, pues sólo considera el beneficio del año sin tener en cuenta su evolución previsible y tampoco incorpora, dado que no hay dos empresas iguales, las diferencias entre la empresa en estudio y las de referencia. Problemas similares plantea utilizar como referente la relación entre el valor de mercado y el contable, el denominado precio relativo. La utilización de estos métodos en España ha podido ser la causa de algunas salidas a Bolsa a unos precios reducidos, que el mercado corrigió al alza rápidamente, con el beneficio de los primeros compradores y el quebranto de los accionistas vendedores. En realidad, ni el PER ni el precio relativo son la causa del valor, sino la consecuencia del mismo.

Por ello, habitualmente, es preciso recurrir al cálculo del valor teórico de mercado de la empresa, equivalente al valor actual neto de las rentas que se estima que proporcionará a su propietario. Este método se basa en el criterio general de que un activo físico, intangible o financiero, vale lo que es capaz de generar: el importe que se puede pagar por él coincide con el valor actual de su flujo previsto de caja. La dificultad de aplicar el criterio del valor actual reside en estimar, razonablemente, las rentas futuras que se espera que genere el activo en evaluación. Dichas estimaciones dependen de las hipótesis que se formulen sobre el comportamiento futuro de numerosos parámetros internos y externos de la empresa. La calidad de dichas previsiones determina la fiabilidad del valor obtenido.

Por supuesto que si la empresa dispone de activos que teniendo un valor de mercado no generan renta, su importe debe añadirse al del valor actual de las rentas futuras. Esto exige realizar una valoración específica de dichos activos.

En este sentido, el denominado fondo de comercio, que resume el valor de todas las capacidades de la empresa que le permiten obtener un rendimiento por encima del normal, viene dado por la diferencia entre el mencionado valor teórico de mercado y el valor sustancial.

Para empresas que cotizan, la comparación de su capitalización con su valor teórico de mercado permite identificar situaciones en que la empresa esté infravalorada o, por el contrario, que se encuentre sobre-valorada. En el primer caso, podrá ser objetivo de un posible compra-dor avisado que adquirirá, progresivamente, acciones en Bolsa o pro-moverá una OPA para hacerse con el control de la empresa por un precio inferior al valor que estima. En el segundo caso existe el riesgo de que el mercado perciba la sobrevaloración y provoque un ajuste súbito de su cotización a la baja, con el consiguiente quebranto para sus accionistas.

El valor de los fondos propios se puede estimar directamente, calcu-lando el valor actual neto del flujo de caja para el accionista y utilizando como tasa de descuento sus expectativas de rendimiento. Alternativa-mente, podemos obtenerlo deduciendo del valor teórico de su activo neto (activo total menos financiación espontánea), calculado como el valor actual del flujo operativo de caja, el valor de mercado de la deuda o exi-gible oneroso. Ambos métodos, correctamente aplicados, deben arrojar el mismo importe, como se muestra posteriormente y según indica la figura 1. Es recomendable utilizar los dos métodos a fin de comprobar que las hipótesis y los cálculos son coherentes y correctos.

En resumen, para estimar el valor de mercado de un activo físico o financiero, es preciso identificar las rentas futuras que se estima que gene-rará. Así, el movimiento de fondos asociado al activo neto de la empresa corresponde a las rentas que genera su explotación, sin incluir ningún con-cepto financiero. Precisamente, este flujo operativo es el disponible para atender las exigencias de remuneración de los aportadores de capital, en forma de fondos propios o deuda, como se demostró en el capítulo 3.

Los valores de los fondos propios y de la deuda se obtienen actuali-zando el movimiento de fondos respectivo. En cada caso, la tasa de des-cuento a aplicar es específica y se relaciona con la rentabilidad exigida por cada inversor en función del nivel de riesgo que asume.

Desde la perspectiva de la creación de valor, no se trata sólo de esti-mar el valor de un activo físico o financiero, sino también de gestionarlo. Para ello, es preciso identificar las causas que influyen sobre él, en los tér-minos expuestos en los capítulos 5 y 6.

**Figura 1. DOS MÉTODOS DE CÁLCULO DEL VALOR TEÓRICO
DE LOS FONDOS PROPIOS**

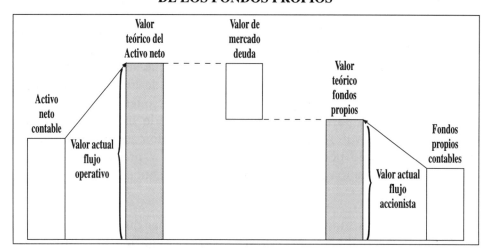

A fin de ilustrar la metodología a aplicar para la valoración de empresas, el cuadro 1 muestra las previsiones actuales de una empresa, ya introducida en capítulos anteriores, a la que denominamos ALENDA. Los datos del año actual ofrecen la mejor estimación para el cierre del ejercicio en curso. El cuadro recoge los datos reales (año actual) o previstos (años 1 a 3) para cada ejercicio. Las líneas 9 a 11 corresponden a importes referidos al final de cada período.

En la exposición que sigue se utilizan tres decimales, a fin de comprobar la igualdad de los resultados al aplicar los dos métodos descritos en la figura 1. En ocasiones, puede aparecer alguna discrepancia en los decimales originada por el inevitable redondeo en la presentación de las cifras.

ALENDA ofrece un escenario de crecimiento constante del 4% al año de todas las partidas involucradas, similar al previsto para el conjunto de su mercado. Su política de endeudamiento, en términos contables, se concreta en una relación entre deuda y fondos propios de 0,7 que espera mantener constante. La política de dividendos viene definida por una tasa de reparto del 73,157%, que permite la suficiente retención de beneficios para financiar las nuevas inversiones. Para ello, se prevé incrementar progresivamente la deuda en proporción al aumento de los fondos propios de modo que se mantenga constante el ratio de endeudamiento contable.

La línea 12 del cuadro 1 recoge la rentabilidad financiera de cada año, que asciende al 14,902%, calculada como cociente entre el beneficio neto y los fondos propios iniciales (columna anterior). Si estas dos partidas crecen al 4%, la rentabilidad financiera prevista permanecerá constante. En este escenario de crecimiento constante, la relación entre la tasa de crecimiento (c), la tasa factible de reparto de dividendos (td) y la rentabilidad financiera (RF) viene dada por[2]:

$$c = RF \cdot (1 - td)$$

siendo la tasa de reparto de dividendos el complementario a la unidad de la tasa de retención de beneficios (b). En el caso de ALENDA se cumple que el crecimiento factible es del 4% según muestra la siguiente igualdad:

$$0,040 = 0,14902 \cdot (1 - 0,73157)$$

Cuadro 1. PREVISIONES ACTUALES DE "ALENDA"

Crecimiento c = 4%	Real actual	Previsiones		
		Año 1	Año 2	Año 3
1. Ventas	1.000,000	1.040,000	1.081,600	1.124,864
2. Costes operativos (73%)	730,000	759,200	789,568	821,151
3. Amortización (3%)	30,000	31,200	32,448	33,746
4. Beneficio económico	240,000	249,600	259,584	269,967
5. Intereses (10%)	59,389	61,765	64,235	66,805
6. Impuestos (30%)	54,183	56,351	58,605	60,949
7. Beneficio neto	126,427	131,485	136,744	142,214
8. Dividendos (tasa 73,157%)	92,491	96,191	100,038	104,040
9. Fondos propios	882,353	917,647	954,353	992,527
10. Deuda (endeudamiento 0,7)	617,647	642,353	668,047	694,769
11. Capital=Activo neto (9+10)	1.500,000	1.560,000	1.622,400	1.687,296
12. Rentabilidad financiera (7/9)	14,902%	14,902%	14,902%	14,902%

3. VALOR DE LOS FONDOS PROPIOS

El flujo de caja para el accionista (FCA) representa la corriente de fondos disponible para remunerar a los propietarios y que resta después de haber atendido todas las obligaciones con los suministradores de bienes, servicios y capitales ajenos, calculándose a partir de:

---

[2] Esta fórmula se demostró en el epígrafe 6 del capítulo 1.

+ beneficio neto (BN)

+ dotación anual a amortizaciones (A)

− inversiones en inmovilizado y capital circulante (IN)

+ incremento neto de la deuda (ΔD)

Se cumple por tanto que:

$$FCA = BN + A - IN + \Delta D \tag{1}$$

Las inversiones incluyen todas las que se prevé realizar en inmovilizado (nuevo y de mantenimiento) y en capital circulante operativo. El incremento neto de la deuda se obtiene restando de la nueva deuda contratada el importe de la amortizada durante el período o lo que es equivalente, por diferencia entre los saldos final e inicial de la deuda de la empresa. En la fórmula 1 se suma el incremento de la deuda, pues es una entrada de fondos que contribuye a financiar las inversiones y, en consecuencia, aumenta el flujo de caja para el accionista.

Este cálculo muestra que el flujo de caja para el accionista se compone de aquella parte del beneficio que no se precisa reinvertir en el negocio y que, por tanto, queda libre a disposición de los propietarios. En efecto, la parte de las inversiones que deben ser financiadas con fondos propios se obtiene por diferencia entre el importe total de las inversiones y la suma de la amortización y el aumento de la deuda.

La fórmula 1 incluye como entrada el incremento del saldo de la deuda. Ello podría hacer pensar que aumentando el endeudamiento por encima de las necesidades de financiación derivadas del crecimiento de la actividad se podría incrementar dicho flujo y, en consecuencia, el valor teórico de los fondos propios. Pero, como veremos a continuación, más bien sucedería lo contrario.

Un endeudamiento por encima del necesario se traduce en un incremento del excedente de caja. Si éste se invierte al mismo tipo que el coste de la deuda, los mayores gastos financieros compensarán los ingresos financieros de la colocación de tesorería, no alterándose el beneficio después de impuestos. Igualmente, el incremento del flujo de caja para el accionista, inducido por la mayor entrada de deuda, se compensa por la inversión financiera que supone la salida de fondos para ser colocados. Luego el flujo de caja para el accionista permanecerá constante, con independencia de que se contrate más deuda que la precisa siempre y cuando se cumpla la hipótesis de igualdad entre el coste de la deuda y el rendimiento de la tesorería excedentaria.

Pero es más habitual que un endeudamiento superior al necesario reduzca el valor teórico en cuanto que el rendimiento de los excesos de tesorería suele ser inferior al coste de la deuda. Ello hará que los ingresos de las inversiones tesoreras sean menores que el coste de la deuda que las financia, reduciéndose el beneficio neto y, por tanto, el flujo de caja para el accionista. Si el exceso de deuda se invirtiese en actividades de negocio en lugar de en activos financieros, con un rendimiento razonablemente superior a su coste, dicho superávit sí incrementaría el valor de la empresa, pero dejaría de ser excedentario.

El cuadro 2 muestra el flujo de caja para el accionista de ALENDA previsto para el final de cada uno de los tres próximos años, obtenido aplicando los datos del cuadro 1 a la fórmula 1.

Cuadro 2. MOVIMIENTO DE FONDOS PARA EL ACCIONISTA

	Año 1	Año 2	Año 3
1. Beneficio neto	131,485	136,744	142,214
2. Amortización	31,200	32,448	33,746
3. Inversión	−91,200	−94,848	−98,642
4. Nueva deuda neta	24,706	25,694	26,722
5. Flujo de caja para el accionista	96,191	100,038	104,040
6. Valor residual			1.082,013
7. Movimiento de fondos VAN al 14% = 961,906	96,191	100,038	1.186,053

El flujo de caja calculado en la línea 5 equivale pues a los fondos que pueden repartirse como dividendos al final de cada año con el excedente generado en el año. Si se distribuyen todos, el flujo de caja para el accionista coincide con el dividendo repartido, que es el caso del ejemplo que se comenta. Esto se comprueba al cotejar el cuadro 1 (línea 8) con el 2 (línea 5). Pero ello no ha de ser siempre así. Si los dividendos son inferiores, la diferencia con el flujo de caja del accionista se acumulará en la tesorería de la empresa y su valor deberá ser añadido al valor actual de la corriente de dividendos, obteniéndose idéntico resultado. Por ello, es mejor descontar directamente el flujo de caja para el accionista, como hace el cuadro 2, en cuanto que el dividendo no representa siempre la totalidad de la retribución para el accionista.

Revisemos los resultados de la previsión para el año 1. La inversión del año es igual a la suma del incremento del activo neto (60,000) más la amortización anual (31,200) y asciende a 91,200. Como el incremento de la deuda se cifra, a partir del cuadro 1, en 24,706 millones (642,353-617,647), resulta un flujo de caja para el accionista de 96,191, que coincide con el dividendo repartido. Si el dividendo fuese inferior a esa cifra, la diferencia se acumularía en la tesorería de ALENDA. Si fuese superior, habría que captar financiación adicional a la prevista o reducir el saldo de tesorería excedente. En el caso extremo de que no se repartiesen dividendos, el flujo de caja para el accionista no variaría y se acumularía en su totalidad como exceso de tesorería de la empresa.

Las previsiones del cuadro 1 se cortan en el año tercero, pues el crecimiento estable anticipado para ALENDA permite sustituir los flujos de caja posteriores, que en este ejemplo crecen a una tasa anual constante del 4%, por el valor residual (VR) equivalente al valor actual de una renta perpetua creciente y pospagable, que viene dado por:

$$VR = \frac{FCA \cdot (1+c)}{R-c}$$

donde FCA es el flujo de caja del año tercero, c la tasa anual de crecimiento y R la rentabilidad esperada por los accionistas o coste de capital de los fondos propios de la empresa. Como veremos más adelante, al tratarse de un escenario de crecimiento constante desde el origen, el valor de la empresa podría calcularse por la fórmula de una renta perpetua.

Si aceptamos un valor de R del 14,0% para ALENDA, según se calculó en el epígrafe 4 del capítulo 5, y conocidos los valores para los otros dos parámetros (FCA = 104,040 y c = 0,040), se obtiene un valor residual de 1.082,013. Este valor está referido al final del año 3, pues para calcularlo se ha tomado como primera renta la prevista para finales del 4.

Con ello, el movimiento de fondos previsto para el accionista aparece en el cuadro 2 (línea 7) y su valor actual resulta ser de 961,906. Este importe estima el valor teórico de mercado de los fondos propios de ALENDA, que representa un 9,016% más que su valor contable de 882,353, según aparece en la línea 9 del cuadro 1. Ambos importes están referidos al término del año actual o, lo que es igual, al origen del año 1, primero del horizonte planificado, pues los flujos se consideran recibidos al final de cada año.

El valor teórico de los fondos propios se calcula, pues, como suma del valor actual del flujo de caja para el accionista, proyectado hasta un horizonte de cálculo (en este ejemplo hasta el año 3), más el valor actual del valor residual que resume los flujos posteriores a dicho horizonte.

Dada la hipótesis de crecimiento constante y estable, el valor teórico de los fondos propios podría calcularse, directamente, a partir de la fórmula de una renta perpetua y creciente en base a la siguiente expresión:

$$VT = \frac{96,191}{0,14 - 0,04} = 961,906$$

4. LA DINÁMICA DE LA CREACIÓN DE VALOR

El cociente entre el valor teórico y el contable, denominado precio relativo, en crecimiento constante se calcula también por la fórmula[3]:

$$Pr = \frac{RF - c}{R - c}$$

donde RF es la rentabilidad financiera prevista o relación entre el beneficio neto y los fondos propios iniciales. Según el cuadro 1, esta rentabilidad es, para ALENDA, del 14,902%, por lo que sustituyendo valores se ratifica que el valor teórico excede al contable en un 9,016%, según se calculó previamente.

$$Pr = (0,14902 - 0,040)/ (0,140 - 0,040) = 1,09016$$

La diferencia entre el valor teórico y el contable (el denominado valor añadido de mercado) ofrece una estimación grosera del valor creado (o destruido) desde el origen de la empresa hasta el momento del cálculo. En nuestro ejemplo, el valor creado según esta estimación asciende a 79,553

---

[3] Ver el epígrafe 2 del capítulo 2.

(961,906–882,353). Pero es una estimación imprecisa, pues no considera los eventuales dividendos repartidos ni el valor actualizado de los fondos propios contables, desembolsados por los accionistas, según se expuso en el capítulo 2.

El valor de los fondos propios obtenido en el epígrafe anterior se halla también sumando al valor contable el valor actual de la corriente de valor económico añadido (VEA) para el accionista que se prevea obtener en cada uno de los años futuros[4]. El valor económico añadido para el accionista se calcula restando del beneficio neto el coste de los fondos propios contables, según indica el cuadro 3 . Este enfoque postula que el excedente obtenido por la gestión de la empresa es la diferencia entre los ingresos y todos los costes, incluido el de los fondos propios omitido al calcular el beneficio contable. La corriente de valor económico añadido para el accionista prevista para ALENDA aparece en el cuadro 3. Las proyecciones se interrumpen en el tercer año, pues las posteriores, que crecerán a un 4%, pueden sustituirse por su valor actualizado de 89,486 calculado a partir de la fórmula de una renta perpetua de renta inicial 8,604 · 1,040, con una tasa de crecimiento del 4% y a una tasa de descuento del 14%.

Cuadro 3. VALOR ECONÓMICO AÑADIDO PARA EL ACCIONISTA

	Año 1	Año 2	Año 3
1. Fondos propios iniciales	882,353	917,647	954,353
2. Coste fondos propios (14%de 1)	123,529	128,471	133,609
3. Beneficio neto	131,485	136,744	142,214
4. Valor económico añadido (3–2)	7,955	8,273	8,604
5. Valor residual			89,486
6. Movimiento del valor añadido VAN al 14% = 79,553	7,955	8,273	98,091

El valor teórico (961,906), al final del año actual, se obtiene sumando al valor contable de los fondos propios (882,353) el valor actual de la corriente de valor económico añadido que generará la empresa (79,553). El valor teórico recoge pues el valor contable más el valor actual de la corriente futura prevista del valor económico añadido.

---

[4] Esta igualdad se demostró en el anexo 1 del capítulo 2.

El valor actual de los valores económicos añadidos futuros se obtiene también, dado el escenario de crecimiento constante en el que nos mantenemos, calculando el valor actual desde la renta del año 1, es decir, por:

$$VEAva = \frac{7,955}{0,140 - 0,040} = 79,553$$

La figura 2 muestra cómo se desglosa el valor teórico entre el valor contable y el valor actual del flujo previsto del valor económico añadido.

**Figura 2. COMPOSICIÓN DEL VALOR TEÓRICO
DE LOS FONDOS PROPIOS**

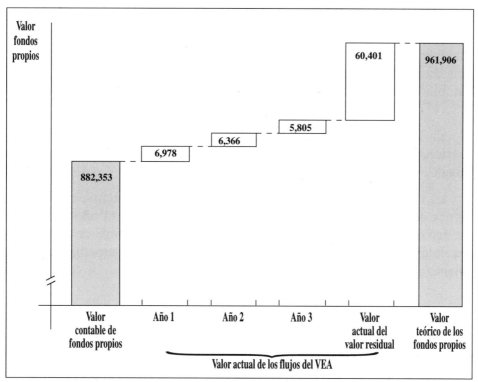

El valor añadido de mercado recoge el valor creado por la empresa desde su nacimiento, pero sin incluir los dividendos actualizados que se hayan podido repartir, ni la actualización de los fondos propios desembolsados por los accionistas. La incidencia de estas omisiones es en general muy importante, por lo que dicho importe es poco representativo del valor creado hasta la fecha de la valoración. Además, quizás interese más el valor creado en el año recién terminado o el que se prevea crear en el próximo que el valor acumulado creado en el pasado. Una empresa puede haber creado valor anteriormente pero ahora puede estar destru-yéndolo, lo que podría inducir a sus accionistas a intentar vender su par-ticipación.

Por esta misma razón, el valor económico añadido para el accionista en un año no mide el valor creado, pues incluso puede ser negativo en ese año y, sin embargo, haberse creado valor por la mejora de los valores eco-nómicos añadidos futuros por encima de las previsiones anteriores. Si el valor de los fondos propios refleja adecuadamente las previsiones futuras, cuando se cumplen éstas la empresa no crea valor en los próximos años; se limita a ofrecer una rentabilidad a sus accionistas igual a su rentabili-dad exigida o coste de capital de los fondos propios.

El valor se creó cuando se gestaron las expectativas y en la medida en que mejoraran a las anteriores. Igualmente, el valor se crea o se destruye cuando los resultados reales no coinciden con los previstos, bien porque cambie la estimación de los flujos de caja para el accionista o porque lo haga el coste de capital de los fondos propios.

En las empresas que cotizan en Bolsa los desajustes entre el valor teórico y la cotización son una fuente continua de variación del valor creado.

El valor que se creará en los sucesivos años si se cumplen las previ-siones del cuadro 1, será nulo. En efecto, transcurrido el año 1 el valor teórico de los fondos propios de ALENDA, referido al final de dicho año, ascenderá a 1.000,382 calculado mediante una renta perpetua de creci-miento constante, es decir, por:

$$VT_1 = \frac{100,038}{0,140 - 0,040} = 1.000,382$$

donde el numerador recoge el flujo de caja previsto para el año 2. El valor de los fondos propios se incrementa pues en 38,476 sobre el valor a prin-cipios de dicho año (961,906). El valor que se estima crear se compone, según el cuadro 4, del aumento del valor teórico más los dividendos pre-vistos durante el año 1 menos el coste de oportunidad, al 14%, de sus accionistas por mantener durante un año su inversión inicial según su valor teórico.

Cuadro 4. VALOR CREADO EN CRECIMIENTO CONSTANTE

Valor teórico al final del año 1	1.000,382
− Valor teórico al inicio del año 1	−961,906
= Incremento del valor teórico	38,476
+ Flujo de caja accionista (línea 5 del cuadro 2)	96,191
− Coste de capital sobre valor teórico inicial	−134,667
= Valor creado durante el año 1	0,000

El valor que se prevé crear durante el año 1 es nulo porque el valor teórico al principio de dicho año se ha calculado de modo que el rendimiento de los accionistas sea del 14,0%. Sólo se creará o destruirá valor si se producen desviaciones entre los resultados reales y los previstos, bien por acciones de la empresa o de sus competidores o por sucesos del entorno. Esto confirma que el valor económico añadido en absoluto estima el valor creado en el año.

La rentabilidad de los accionistas coincide con sus expectativas si se acepta que el valor de su inversión en la empresa al inicio del año 1 asciende a 961,906, equivalente a su valor teórico en ese momento. La renta que esperan obtener se compone de la apreciación prevista del valor de la empresa y del flujo de caja previsto, es decir:

Incremento del valor teórico	38,476
Flujo de caja accionista	96,191
Total	134,667

Dividiendo esta renta prevista entre el valor teórico inicial (961,906) se obtiene el mencionado rendimiento del 14,0%. La empresa se limitará a satisfacer la rentabilidad exigida por el accionista si se cumplen sus previsiones, pero no creará valor adicional.

Para empresas que cotizan en Bolsa este resultado se explica porque el mercado tiende a ajustar la cotización de modo que el rendimiento esperado por los accionistas se iguale a su coste de capital. Si fuese superior el primero, la cotización tenderá a bajar por existir inversores interesados en obtener el diferencial positivo. Si fuese menor el rendimiento que el coste de capital de los fondos propios, habría inversores que venderían sus acciones por no satisfacer sus expectativas de rentabilidad, arrastrando el exceso de oferta de acciones a la cotización hacia abajo. Esto en la práctica sí se ve distorsionado por las discrepancias que pueda haber entre cotización y valor teórico y por las diferentes apreciaciones de los inversores respecto a la evolución futura de la empresa e, incluso, por sus diferentes expectativas de rentabilidad.

Para empresas que no cotizan, materializar el valor teórico mediante la venta de la participación societaria, es menos factible. De todas formas, la acumulación de valor, aunque sea implícita, es un proceso real, que se debería explicitar en una eventual venta futura de la empresa.

5. VALOR ECONÓMICO AÑADIDO A PRECIO DE MERCADO

Si bien es habitual calcular el valor económico añadido utilizando como valor de la inversión de los accionistas los fondos propios contables, una alternativa es calcularlo a partir del valor teórico de los mismos, pues éste mide más correctamente su inversión. A principio de año los accionistas tienen la opción de vender su participación y esta operación debería hacerse al valor teórico o de mercado y no al contable.

Esta opción tampoco mide adecuadamente el valor creado, pues se basa sólo en los resultados del ejercicio y omite la repercusión sobre los resultados futuros de acciones adoptadas en el ejercicio.

La primera línea del cuadro 5 ofrece el valor teórico al inicio de cada uno de los años contemplados y obtenido como valor actual de los flujos de caja para el accionista previstos. Así, el valor teórico al inicio del año 2 se obtiene actualizando a dicho momento los dos movimientos posteriores que recoge el cuadro 2 (100,038 y 1.186,053), resultando un valor teórico de 1.000,382. Lógicamente, el valor teórico al final del año 3 es igual al valor residual de 1.082,013 calculado en el cuadro 2.

Sumando las líneas 2 y 3 del cuadro 5 se obtiene la renta anual del accionista. Si de ella se deduce el coste de los fondos propios a su valor teórico, se determina el valor económico añadido a valores de mercado que en todos los casos es nulo.

Así pues, si se cumplen las previsiones de flujo de caja para el accionista, el valor creado en años futuros será nulo, lo que indica que el valor se creó al formular las previsiones de la empresa. En los años posteriores, la rentabilidad del accionista coincidirá con sus exigencias de rentabilidad, es decir con el coste de capital de los fondos propios de la empresa. El valor teórico incorpora, pues, una determinada estimación de resultados futuros medidos por el flujo de caja del accionista o por el valor económico añadido.

Cuadro 5. VALOR ECONÓMICO AÑADIDO A PRECIO TEÓRICO

	Año 0	Año 1	Año 2	Año 3
1. Valor teórico final	961,906	1.000,382	1.040,397	1.082,013
2. Flujo de caja para el accionista		96,191	100,038	104,040
3. Incremento del valor teórico		38,476	40,015	41,616
4. Renta del accionista (2 + 3)		134,667	140,053	145,656
5. Coste fondos propios (14% · 1)		−134,667	−140,053	−145,656
6. Valor económico añadido (4–5)		0,000	0,000	0,000

Por tanto, el valor se crea o destruye en función de la valoración de las expectativas de la empresa y para que haya creación de valor es preciso alterar éstas favorablemente de modo que se refleje en el valor teórico o la cotización. Ello no hace sino reconocer que la gestión estratégica es la búsqueda permanente de nuevas actuaciones que permitan mejorar los parámetros últimos (rentabilidad, tasa de crecimiento y coste de capital) que determinan el valor de los fondos propios. Al análisis de estos efectos se dedica un capítulo posterior, en el que se formula un cambio de la estrategia de ALENDA.

6. VALOR DE LA DEUDA

El valor de mercado de la deuda se obtiene descontando su flujo de fondos, después de impuestos, al tipo de interés de mercado, también después de impuestos, para operaciones similares de riesgo y plazo. Este interés de mercado coincide con las expectativas de rendimiento que tengan fijadas los prestamistas para este tipo de operaciones. Si en el caso de ALENDA suponemos que el tipo nominal de la deuda coincide con el vigente en el mercado, el valor de mercado de la deuda coincide con su valor contable de 617,647 que indica el cuadro 1. Si no fuese así, el flujo futuro de la deuda actual debería descontarse al interés de mercado.

En cuanto al valor actual de la nueva deuda que se contrate es nulo, puesto que, razonablemente, su tipo de interés ha de coincidir con el de mercado.

Cuanto más a corto sea el vencimiento de la deuda y mayor proporción se negocie en términos de interés variable, mayor será el ajuste entre el valor de mercado de la deuda y su valor contable.

7. VALOR DEL ACTIVO NETO

La suma de los valores de los fondos propios y de la deuda estima el valor de mercado del activo neto de la empresa y en el caso de ALENDA esta suma resulta de 1.579,553 (961,906 más 617,647). A esta cifra se llega también calculando el valor actual de la corriente de fondos generada por el activo neto. Esta corriente, que es el flujo operativo de caja, no incluye ningún componente relacionado con la financiación y se compone de la suma del beneficio económico (BE) más la amortización (A), menos la inversión neta (IN) y los impuestos operativos. Estos se han de calcular, como el beneficio económico, sin considerar la financiación, para lo cual se debe aplicar el tipo impositivo (t) sobre la totalidad del beneficio económico.

Por tanto, el flujo operativo de caja (FOC) se calcula por la expresión:

$$FOC = BE \cdot (1-t) + A - IN \qquad (2)$$

Este flujo de caja, que recoge el cuadro 6 para ALENDA y obtenido a partir del cuadro 1, representa los fondos disponibles para cubrir el servicio de la financiación de la empresa, aportada por accionistas y prestamistas, una vez atendidos todos los compromisos requeridos por las operaciones, pero sin incluir los flujos financieros.

Cuadro 6. VALOR TEÓRICO DE MERCADO DEL ACTIVO NETO

	Año 1	Año 2	Año 3
1. Beneficio económico	249,600	259,584	269,967
2. Amortización	31,200	32,448	33,746
3. Inversiones	−91,200	−94,848	−98,642
4. Impuestos operativos(30% de 1)	−74,880	− 77,875	− 80,990
5. Flujo operativo de caja	114,720	119,309	124,081
6. Valor residual			1.776,782
7. Movimiento operativo de fondos	114,720	119,309	1.900,863
VAN al 11,263% = 1.579,553			

La tasa de descuento para actualizar el flujo operativo de fondos es el coste medio de capital después de impuestos, según se calculó en el epígrafe 9 del capítulo 4 y que reproduce el cuadro 7 . La participación de cada fuente se determina en base a sus respectivos valores de mercado y no a los contables, puesto que los inversores fijan sus expectativas de rendimiento en base al valor de mercado de su inversión. En cuanto al coste de la deuda del 7% se deduce restando del tipo de interés del 10% el ahorro fiscal del 30% que provoca. Como el coste de los fondos propios (14%) y de la deuda (7%) se mantienen constantes en este escenario y no se altera la proporción entre deuda y fondos propios a valor de mercado, el coste medio de capital será también constante en los años sucesivos.

Cuadro 7. COSTE DE CAPITAL DE ALENDA

	Valor teórico	Peso	Coste	Contribución
Fondos propios	961,906	0,609	14,0%	8,526
Deuda	617,647	0,391	7,0%	2,737
	1.579,553	1,000		11,263

El ratio de endeudamiento a valores de mercado es de 0,642 (617,647/961,906), siendo inferior al calculado a partir de las magnitudes contables (0,70), ya que el valor teórico de los fondos propios supera al contable, mientras que en el caso de la deuda se consideran coincidentes.

Aunque el cálculo del coste de capital a efectos de valoración exige utilizar valores de mercado, la política de financiación suele establecerse en base al ratio contable de endeudamiento, pues es práctica habitual que los analistas externos y los acreedores actuales o potenciales de la empresa utilicen, para evaluar sus decisiones, las cifras contables.

Las previsiones del cuadro 6 se cortan, también ahora, en el año tercero, pues las posteriores pueden sustituirse por su valor residual al término de dicho año. Aplicando de nuevo la fórmula de una renta perpetua de crecimiento anual del 4%, resulta un valor residual de 1.776,782 obtenido a partir de:

$$VR = \frac{124,081 \cdot 1,040}{0,11263 - 0,040}$$

El valor teórico de mercado del activo neto de ALENDA (VTan) asciende pues a 1.579,553, obtenido al calcular el valor actual del movimiento operativo de fondos del cuadro 6 e idéntico al estimado por la suma de los valores de los fondos propios y de la deuda.

Como el escenario de crecimiento constante arranca desde el año 1, ahora también puede obtenerse el valor del activo neto aplicando la fórmula de una renta perpetua en los siguientes términos:

$$VTan = \frac{114,720}{0,11263 - 0,040} = 1.579,553$$

En un escenario previsional de crecimiento constante, el valor teórico del activo neto se calcula, directamente, por (ver anexo 1):

$$VTan = \frac{BE \cdot (1-t) \cdot \left(1 - \dfrac{c}{RE \cdot (1-t)}\right)}{CCm - c} \qquad (3)$$

Esta fórmula, además de ofrecer rápidamente una estimación del valor teórico del activo neto de la empresa, indica los parámetros que determinan dicho valor.

A continuación se indica el significado de cada parámetro que interviene en la fórmula y el valor esperado que toma para ALENDA en el ejercicio 1:

– BE:	beneficio económico previsto	249,600
– c:	tasa prevista de crecimiento	4,0%
– CCm:	coste medio de capital	11,263%
– RE:	rentabilidad económica prevista	16,640%
– t:	tasa impositiva de la empresa	0,300

La rentabilidad económica se calcula dividiendo el beneficio económico (249,600) entre el activo neto al principio de dicho año (1.500,000). Si se sustituyen estos valores en la fórmula 3, se obtiene un valor teórico del activo neto idéntico al calculado previamente.

8. FLUJO FINANCIERO DE LA EMPRESA

El flujo financiero de la empresa (FFC) expresa los fondos disponibles para atender las demandas de los suministradores de fondos y se compone de la suma del flujo de caja para el accionista (FCA) y los gastos financieros (INT) menos el aumento de la deuda (ΔD) y el ahorro fiscal (a la tasa t) que generan los intereses, es decir:

$$FFC = FCA + INT \cdot (1 - t) - \Delta D \qquad (4)$$

El flujo financiero es igual al flujo operativo de caja, como puede comprobarse sustituyendo en la fórmula 4 el valor de FCA según la fórmula 1 y cotejando el resultado con la 2. El cuadro 8 (línea 5) muestra la composición y evolución del flujo financiero de ALENDA, comprobándose que coincide con el flujo operativo (cuadro 6, línea 5).

Cuadro 8. FLUJO FINANCIERO DE CAJA

	Año 1	Año 2	Año 3
1. + Flujo de caja para el accionista	96,191	100,038	104,040
2. + Intereses	61,765	64,235	66,805
3. – Ahorro de impuestos(30% de 2)	–18,530	–19,270	–20,042
4. – Aumento de la deuda	–24,706	–25,694	–26,722
5. Flujo financiero de caja	114,720	119,309	124,081

9. DESGLOSE DEL VALOR DEL ACTIVO NETO

El flujo operativo de fondos comprende los asociados a los activos actuales de la empresa y a las nuevas inversiones que contemplen sus previsiones. De los primeros sólo se incluyen los fondos generados por los mismos. De las segundas se añade, además, los desembolsos exigidos para su ejecución. Por ello, cuando se calcula el valor actual del flujo operativo se obtiene el valor de los activos presentes más el valor actual neto de las inversiones futuras. Este valor actual neto forma parte del valor de los activos actuales en cuanto que son éstos los que posibilitan dichas inversiones. Por ello, y a fin de valorar la entidad del valor aportado por los planes de crecimiento de la empresa, es conveniente desglosar la participación de ambos componentes.

El valor del activo neto actual, sin incluir las nuevas inversiones previstas para apoyar el crecimiento, se puede estimar considerando que el flujo operativo previsto para el próximo ejercicio permanecerá constante en los sucesivos. Para conseguir esta estabilidad y mantener la actual actividad de la empresa será preciso realizar inversiones de mantenimiento y reposición. Si dichas inversiones se consideran iguales a la amortización anual, el flujo operativo generado por el activo neto actual es igual al beneficio económico previsto para el próximo ejercicio menos los impuestos operativos que devenga. Para el caso de ALENDA resulta:

Beneficio económico previsto	249,600
Impuestos operativos (30% del anterior)	−74,880
Flujo operativo de fondos	174,720

Como se supone que este flujo generado por el activo neto actual permanecerá constante, el valor actual de este movimiento será igual a una renta perpetua constante actualizada al coste medio de capital, es decir:

$$\text{Valor activo neto actual} = \frac{BE \cdot (1-t)}{CCm}$$

Para ALENDA resulta:

$$\text{Valor activo neto actual} = \frac{174,720}{0,11263} = 1.551,300$$

En cuanto al valor actual neto del nuevo activo en que la empresa prevé invertir y que se incluye en sus proyecciones, se puede obtener como el valor actualizado de toda la corriente de valor económico añadido que generen las nuevas inversiones de crecimiento de cada año.

La inversión de crecimiento se obtiene restando de la inversión total la destinada a mantenimiento y reposición que se ha supuesto igual a la amortización anual. Por tanto, se calcula como la inversión total menos la amortización anual. Para el año 1 la inversión de crecimiento es pues de 60. Si esta inversión, para el primer año, la denominamos INVc1 y se supone que genera una rentabilidad económica constante de RE, el valor actual neto de las inversiones futuras se estima, según demuestra el anexo 2, por:

$$\text{Valor actual neto inversiones futuras} = \frac{\text{INVc1} \cdot (\text{RE} \cdot (1-t) - \text{CCm})}{\text{CCm} \cdot (\text{CCm} - \text{c})}$$

El cálculo realizado, en congruencia con el modelo de crecimiento constante, supone que las nuevas inversiones se financian manteniendo constante el índice de endeudamiento de mercado y por tanto sin que varíe el coste medio de capital.

Para ALENDA resulta:

$$\text{Valor actual neto inversiones futuras} = \frac{60 \cdot (0,16640 \cdot 0,7 - 0,11263)}{0,11263 \cdot (0,11263 - 0,04)} = 28,253$$

La suma de los valores del activo neto actual (1.551,300) y del proyectado (28,253) coincide con el calculado en el epígrafe 7 anterior y asciende a 1.579,553.

En resumen, el valor actual de los activos netos de la empresa, los presentes y los proyectados, se puede calcular, alternativamente, por:

$$\text{VTan} = \frac{\text{BE} \cdot (1-t)}{\text{CCm}} + \frac{\text{INVc1} \cdot (\text{RE} \cdot (1-t) - \text{CCm})}{\text{CCm} \cdot (\text{CCm} - \text{c})}$$

que explicita los inductores que aumentan el valor del activo neto.

Para ALENDA el valor actual neto de los activos futuros supone sólo un 1,79% del activo neto. Este índice da una idea de cómo contribuyen los planes futuros al valor de la empresa. Cuanto más elevado resulte, mayor será la importancia del crecimiento en el valor presente de la empresa.

10. OTRA FORMA DE CALCULAR EL VALOR RESIDUAL

Los epígrafes anteriores calculan el valor residual de los fondos propios y del activo neto suponiendo que, una vez transcurrido el período planificado, los flujos de fondos crecen a una tasa constante. Una alternativa a este método consiste en suponer que a partir del período planificado la empresa se limita a ganar su coste de capital: el de los fondos propios o el medio de la empresa según se trate de obtener el valor actual del flujo de fondos para el accionista o el operativo, respectivamente.

La ventaja alcanzada por una empresa difícilmente se puede mantener indefinidamente. La entrada de nuevos competidores, la presión de productos sustitutivos y la reacción de los competidores actuales tienden a erosionar el rendimiento extraordinario, por encima del coste de capital, que genere la estrategia de una empresa.

Por ello, este diferencial tiende a desaparecer con el transcurso del tiempo, haciendo que, en un plazo futuro, más o menos próximo en función de la capacidad para mantener la ventaja adquirida, la empresa se limite a ganar su coste de capital.

Alcanzado ese punto, el valor residual de los flujos posteriores al horizonte planificado se calcula, en esta hipótesis, actualizando el flujo previsto para el siguiente periodo a una tasa igual al coste de capital. En efecto, cuando la rentabilidad coincide con el coste de capital se cumple que:

$$\text{Flujo de caja} = \text{Coste de capital} \cdot \text{Valor residual}$$

En consecuencia, el valor residual es igual al cociente entre el flujo previsto de caja y el coste de capital. Ello no exige suponer que el flujo de fondos anual permanecerá constante, sino que podrá variar, pero de modo que el rendimiento promedio anual fluctúe en torno al coste de capital.

Bajo esta hipótesis, por ejemplo, el valor residual de los flujos operativo y del accionista de ALENDA, al final del año 3, en comparación con los estimados previamente, serían los indicados en el cuadro 9. Lógicamente, los valores residuales calculados suponiendo que desaparece la ventaja son menores.

Cuadro 9. VALORES RESIDUALES EN HIPÓTESIS ALTERNATIVAS

Valor residual de los flujos	Hipótesis	
	Mantenimiento de la ventaja	Erosión de la ventaja
Operativo	$\dfrac{124,081 \cdot (1+0,04)}{0,11263 - 0,040} = 1.776,782$	$\dfrac{124,081}{0,11263} = 1.101,669$
Para el accionista	$\dfrac{104,040 \cdot (1+0,04)}{0,140 - 0,040} = 1.082,013$	$\dfrac{104,040}{0,140} = 743,143$

La elección entre una u otra opción de cálculo no es una cuestión financiera. La decisión debe basarse en consideraciones estratégicas respecto al comportamiento previsto de la ventaja competitiva, es decir, según se considere que ésta puede mantenerse indefinidamente o, por el contrario, que se agotará transcurrido un cierto periodo.

Anexo 1

VALOR TEÓRICO DEL ACTIVO NETO EN CRECIMIENTO CONSTANTE

El valor teórico del activo neto (VTan) es el valor actual del flujo operativo de caja (FOC). Si todas las magnitudes contables de la empresa crecen a una tasa constante c y siendo CCm el coste medio de capital, resulta:

$$VTan = \frac{FOC_1}{CCm - c}$$

siendo FOC_1 el flujo operativo de caja del primer año. Además,

$$FOC_1 = BE_1 \cdot (1 - t) + A_1 - IN_1$$

donde las siguientes variables se refieren a las previstas para el primer año:

BE_1 = Beneficio económico
A_1 = Amortización
IN_1 = Inversión en inmovilizado y capital circulante operativo

y

$$c = \frac{IN_1 - A_1}{AN_0} \quad y \quad RE = \frac{BE_1}{AN_0}$$

donde AN_0 es el activo neto actual y RE la rentabilidad económica. De estas dos ecuaciones se deduce que:

$$A_1 - IN_1 = -c \cdot \frac{BE_1}{RE}$$

y sustituyendo y simplificando en la ecuación anterior de FOC_1, se concluye que:

$$VTan = \frac{BE_1 \cdot (1 - t) \cdot \left(1 - \dfrac{c}{RE \cdot (1 - t)}\right)}{CCm - c}$$

Anexo 2

VALOR ACTUAL NETO DE LAS INVERSIONES FUTURAS

El valor económico añadido a valores de mercado de la inversión $INVc_1$ del primer año, a generar durante el segundo de la previsión, será:

$$VEA_1 = INVc_1 \cdot (RE \cdot (1-t) - CCm)$$

donde RE es la rentabilidad económica que produce, calculada como cociente entre el beneficio económico y el importe de la inversión. Para ALENDA esta rentabilidad es del 16,64%, según se desprende del cuadro 1.

Este valor económico añadido se mantendrá constante en años sucesivos, por lo que su valor actual, situado al final del año 1, será:

$$VEAva_1 = \frac{INVc_1 \cdot (RE \cdot (1-t) - CCm)}{CCm}$$

La inversión a realizar en el año 2, en el modelo de crecimiento constante en que nos movemos, será

$$INVc_2 = INVc_1 \cdot (1 + c)$$

y el valor actual al final del año 2, de todos los valores económicos añadidos que generará en el futuro, se obtiene por:

$$VEAva_2 = \frac{INVc_1 \cdot (1+c) \cdot (RE \cdot (1-t) - CCm)}{CCm}$$

Así pues, el flujo de valores actuales de los valores económicos añadidos de las inversiones de crecimiento de cada año forman una renta perpetua creciente de valor inicial.

$$VEAva_1 = \frac{INVc_1 \cdot (RE \cdot (1-t) - CCm)}{CCm}$$

y con una tasa de crecimiento c. Por tanto el valor actual de todo este flujo se calcula por:

$$\text{Valor actual de las inversiones futuras} = \frac{INVc_1 \cdot (RE \cdot (1-t) - CCm)}{CCm \cdot (CCm - c)}$$

Capítulo 8

Valor creado
por la estrategia

1. CRITERIO DE MEDIDA

Las técnicas de valoración desarrolladas en el capítulo anterior son también de aplicación para evaluar el atractivo económico de una nueva estrategia. La evaluación de todo plan culmina con su análisis financiero a fin de contrastar su:

– Capacidad para generar un rendimiento superior al del plan actual.

– Coherencia con el escenario financiero planificado por la empresa.

– Viabilidad en términos de financiación y reparto de dividendos.

A continuación se aborda sólo el primer punto, en cuanto que los otros dos forman parte del análisis financiero convencional que trasciende el objetivo de esta exposición. Si la nueva estrategia supera en rendimiento a la actual, su implantación añade valor para el accionista, incrementando su patrimonio. Este valor creado coincide con la diferencia entre los movimientos de fondos actualizados generados por la nueva estrategia y la anterior.

Antes de acometer un ejemplo más detallado, vamos a ilustrar el concepto de valor creado por una estrategia mediante un ejemplo sencillo. Supongamos que una empresa prevé un flujo de caja para el accionista para el próximo ejercicio de 100, que la tasa de crecimiento esperada es del 4% y que la rentabilidad exigida por sus accionistas asciende al 14%. En este escenario el valor teórico de sus fondos propios se eleva a 1.000, calculado según la expresión:

$$VT = \frac{100}{0{,}14 - 0{,}04}$$

Cuando transcurra un año, y si se cumplen las previsiones, el nuevo valor de los fondos propios será de 1040 (104/(0,14–0,04)). Este valor es congruente con el anterior si tenemos en cuenta que se posiciona un año después y que además omite el flujo de caja de 100 ya percibido y correspondiente al año anterior. Actualizando el nuevo valor de 1.040 y el flujo de caja de 100 un año se comprueba la mencionada equivalencia:

Nuevo valor actual de los fondos propios	=	912,28 (1.040/1,14)
Valor actual del flujo de 100	=	87,72 (100/1,14)
Total		1.000,00

El valor actual del valor teórico de los fondos propios se reduce, progresivamente, según transcurre el tiempo debido a los flujos de caja que se van generando y quedando atrás y suponiendo que la empresa cumpla sus previsiones iniciales. Pero todos los sucesivos valores se pueden poner en equivalencia, según se ha hecho anteriormente, y representan el mismo valor de la empresa, aunque con la disminución comentada por el transcurso del tiempo, siempre y cuando se cumplan las expectativas originales.

Supongamos ahora que, transcurrido un año, analiza implantar una nueva estrategia que consiste en abrir un nuevo canal de distribución cuya única consecuencia es que el crecimiento esperado del flujo de caja para el accionista ascenderá al 5%, con un efecto inmediato.

Como el nuevo flujo de caja para el accionista del ejercicio se prevé de 105, el nuevo valor de los fondos propios será de 1.166,67 calculado por:

$$VT = \frac{105}{0,14 - 0,05}$$

donde en el denominador se ha sustituido la anterior tasa del 4% por la nueva del 5%, que corresponde a las nuevas previsiones. El valor creado por la nueva estrategia se calcula por diferencia entre los valores antes y después del cambio de orientación referidos al mismo instante, de acuerdo con:

Valor con nueva estrategia	=	1.166,67
– Valor con estrategia actual	=	1.040,00
= Valor creado por la nueva estrategia		126,67

Cabe señalar cómo el valor se crea de súbito, en el momento en que varían las expectativas y se incorporan al nuevo valor de la empresa. La variación de éste sobre el anterior recoge todos los incrementos esperados del movimiento de caja para el accionista. Si la empresa cotiza en Bolsa, este nuevo valor se materializará sólo si la empresa transmite adecuadamente sus nuevos planes y el mercado comparte los resultados esperados y los incorpora a la cotización.

La entidad de una estrategia no se fundamenta en su capacidad para obtener resultados a corto plazo, susceptibles de disiparse con el transcurso del tiempo. Su auténtica contribución consiste en permitir mantener el valor creado y ser capaz de acrecentarlo con la incorporación de nuevas acciones.

En este sentido, la creación de valor por una nueva estrategia se asemeja al descubrimiento de un nuevo yacimiento de petróleo. El valor se crea cuando se produce el hallazgo y se incorpora al valor de mercado de la empresa cuando se difunde la noticia. En ese momento, la cuantificación monetaria de las reservas descubiertas menos los costes de extracción y distribución, expresados en términos de valor actual, determina el valor creado. Los años sucesivos de producción y comercialización del crudo, si se cumplen las expectativas iniciales, no añaden valor sino que, simplemente, lo materializan.

Bien es cierto que el volumen de las reservas reales, el precio de venta del producto y los costes de producción y distribución pueden diferir de los previstos cuando se produjo el éxito de exploración. Por estas causas el valor creado en los años posteriores puede ser superior o inferior al estimado al principio. La creación de valor tiene lugar, inicialmente, con el descubrimiento del yacimiento y, posteriormente, con la forma en que se gestione y desarrolle su explotación, siempre en relación con las previsiones originales.

De manera similar sucede con la formulación y comunicación al mercado de una nueva estrategia. En el origen se producirá una fluctuación, sobre la estimación vigente, del flujo de caja estimado para el accionista que determina la creación de valor. Posteriormente, la evolución de los parámetros del entorno con influencia sobre dicho flujo de fondos y la ejecución de la estrategia afectarán a la previsión del flujo de fondos para el accionista y, en consecuencia, al valor creado. A este respecto, una estrategia acertada que no va acompañada de una ejecución esmerada se limita a ser una buena idea, pero sin capacidad para crear valor para el accionista.

Por tanto, la creación de valor por la empresa exige el lanzamiento continuo de nuevas estrategias y, también, su adecuada implantación. En la analogía petrolera expuesta equivale a la necesidad de descubrir, periódicamente, nuevos yacimientos y a la mejora de su explotación, en el marco de unos parámetros del entorno más favorables.

Este modelo parece explicar la revalorización bursátil de Telefónica, S.A. en el primer trimestre de 1998. Mientras que el IBEX 35 se revalorizó en un 40%, las acciones de la mencionada empresa lo hicieron en un 55%, empujadas por las continuas noticias respecto a alianzas internacionales, entrada en nuevos negocios, planteamientos innovadores de comercialización y marketing, propuestas respecto a la distribución de dividendos y ampliación de capital y operaciones previstas de salida a Bolsa de empresas filiales. Cabe esperar que la ejecución de estos planes justifique la favorable acogida con que los valoró el mercado.

2. CÁLCULO DEL VALOR CREADO

Regresemos ahora al ejemplo de ALENDA introducido en el capítulo anterior y supongamos que, a principios del año 1, estudia la conveniencia de automatizar sus procesos de fabricación al objeto de reducir sus costes de producción, aumentar su capacidad fabril, reducir los plazos de entrega a clientes y mejorar la calidad de sus productos. Todo ello permitirá, además, una pequeña expansión de sus ventas.

El cuadro 1 recoge las nuevas previsiones operativas de ALENDA, una vez incorporados los efectos del plan en estudio y que modifican sus resultados desde el año 1. Un aspecto importante para evaluar el valor añadido por una nueva estrategia consiste en dilucidar durante qué plazo se mantendrán las ventajas que origina. En este caso, supondremos, según indica el cuadro 1, que las ventas crecerán a un 6% durante los tres próximos años; posteriormente, se anticipa que la reacción de los competidores hará que el crecimiento se sitúe en el 4% similar al previsto para el conjunto del mercado, salvo que la empresa acometa nuevas acciones estratégicas para sostener su ventaja, las cuales deberían ser objeto de una nueva evaluación.

Además, según se desprende del cuadro 1, el coste de ventas sobre las mismas se reducirá del 73% actual al 70% y la amortización se incrementará hasta un 4% de las ventas. Estos dos efectos sí se consideran permanentes en este ejemplo, no erosionables por la acción de la competencia. Si no fuese así, bastaría con realizar nuevas previsiones. Igualmente, se prevé que para financiar el incremento del activo neto del año 1 la empresa realizará una ampliación de capital de 78, aumentando simultáneamente su deuda a fin de que el ratio de endeudamiento contable se mantenga en el 0,7, según la política de financiación de la empresa. El precio de emisión de las acciones será aquel que corresponda con una rentabilidad esperada de los nuevos accionistas del 14%, equivalente al coste de capital de los fondos propios de la empresa. Por último, el cuadro 1 supone que se reparte todo el dividendo factible, es decir, el flujo de caja para el accionista.

Cuadro 1. PREVISIONES CON LA NUEVA ESTRATEGIA

	Real actual	Previsiones		
		Año 1	Año 2	Año 3
1. Ventas	1.000,000	1.060,000	1.123,600	1.191,016
2. Costes (70% de 1)	730,000	742,000	786,520	833,711
3. Amortización (4% de 1)	30,000	42,400	44,944	47,641
4. Beneficio económico	240,000	275,600	292,136	309,664
5. Intereses (al 10%)	59,389	61,765	70,000	72,800
6. Impuestos (al 30%)	54,183	64,151	66,641	71,059
7. Beneficio neto	126,428	149,685	155,495	165,805
8. Dividendos	92,491	110,038	115,495	124,205
9. Tasa reparto de dividendos	73,157%	73,513%	74,276%	74,910%
10. Fondos propios	882,353	1.000,000	1.040,000	1.081,600
11. Deuda	617,647	700,000	728,000	757,120
12. Capital = Activo neto	1.500,000	1.700,000	1.768,000	1.838,720
13. Endeudamiento contable	0,70	0,70	0,70	0,70

A partir de las estimaciones del cuadro 1 se puede repetir la metodología de cálculo introducida en el capítulo anterior. El cuadro 2 calcula el valor teórico de los fondos propios en el nuevo escenario, suponiendo que el flujo de caja para el accionista crecerá a partir del año 4 a razón del 4% anual, una vez diluido el efecto de la nueva estrategia por la previsible reacción de la competencia. Por ello, el valor residual al término del año tercero asciende a 1.291,731 calculado por:

$$VR = \frac{124,205 \cdot 1,040}{0,140 - 0,040}$$

Cuadro 2. **MOVIMIENTO DE FONDOS PARA EL ACCIONISTA CON LA NUEVA ESTRATEGIA**

	Año 1	Año 2	Año 3
1. Beneficio neto	149,685	155,495	165,805
2. Amortización	42,400	44,944	47,641
3. Inversión	−242,400	−112,944	−118,361
4. Nueva deuda neta	82,353	28,000	29,120
5. Flujo de caja para el accionista	32,038	115,495	124,205
6. Valor residual			1.291,731
7. Movimiento de fondos para el accionista	32,038	115,495	1.415,936
VAN al 14% = 1.072,689			

En relación con este cuadro, cabe señalar que la línea 5 indica que el flujo de caja para el accionista más el importe de la ampliación de capital prevista coincide con los dividendos previstos repartir para según el cuadro 1, pues se mantiene la hipótesis de repartir todo el dividendo factible.

Manteniendo la tasa de descuento del 14%, el nuevo valor de mercado de los fondos propios actuales asciende ahora a 1.072,689, con un incremento de 110,783 sobre la situación de referencia de 961,906 calculada en el capítulo anterior. La nueva estrategia añade pues un valor para los accionistas igual al incremento citado e incrementa el precio relativo de los fondos propios hasta 1,216.

En este caso, cuando el crecimiento ya no es constante, no se puede calcular el valor teórico de los fondos propios utilizando la fórmula de una renta perpetua desde el año 1, aunque ésta sí se aplica para estimar el valor residual de los flujos posteriores al año 3, cuando se supone que la empresa alcanzará el régimen de crecimiento constante.

3. VALOR DEL ACTIVO NETO EN LA NUEVA ESTRATEGIA

Si se acepta que el tipo nominal de la deuda de ALENDA coincide con el vigente en el mercado, su valor de mercado sigue siendo de 617,647. En consecuencia, el nuevo valor del activo neto actual, acrecentado por las mejores expectativas que añade la estrategia formulada, asciende a 1.690,336, obtenido como suma del valor de los fondos propios actuales y de la deuda.

Este importe también se obtiene a partir del flujo operativo de caja de ALENDA generado por la nueva estrategia. Para ello, es preciso calcular el valor actual del flujo operativo de caja de la empresa, según recoge el cuadro 3 y obtenido a partir de los datos del 1. En dicho cuadro 3 el valor residual se calcula a partir de una renta perpetua utilizando el coste medio de capital para el año 3 de 11,4133%, según se calcula éste posteriormente:

$$VR = \frac{146,045 \cdot 1,040}{0,114133 - 0,040} = 2.048,851$$

Cuadro 3. MOVIMIENTO OPERATIVO DE FONDOS CON LA NUEVA ESTRATEGIA

	Año 1	Año 2	Año 3
1. Beneficio económico	275,600	292,136	309,664
2. Amortización	42,400	44,944	47,641
3. Inversiones	−242,400	−112,944	−118,361
4. Impuestos operativos (30% de 1)	−82,680	−87,641	−92,899
5. Flujo operativo de caja	−7,080	136,495	146,045
6. Valor residual			2.048,851
7. Movimiento operativo de fondos	−7,080	136,495	2.194,896

La rotura del crecimiento estable que introduce la nueva estrategia hace que el ratio de endeudamiento a valores de mercado no permanezca constante, aunque sí lo haga el endeudamiento contable, según muestra el cuadro 1 (línea 13). Ello provoca que el coste medio de capital fluctúe según lo hace el mencionado ratio de endeudamiento, calculado a valores de mercado. Por ello, será preciso calcular el coste de capital de cada año, ponderando el coste de la deuda y el de los fondos propios según su participación respectiva y en términos de valor de mercado[1].

Manteniendo la hipótesis de que el tipo de interés de la deuda coincide con el tipo vigente en el mercado, para operaciones similares de riesgo y plazo, su valor de mercado viene dado por su valor contable.

---

[1] En la práctica, para evaluar las inversiones de una empresa, se suele utilizar un índice de endeudamiento de mercado constante y fijado en base a un objetivo en torno al cual oscilará el índice objetivo. De este modo no se discrimina la rentabilidad exigida a unas inversiones frente a otras por las variaciones del endeudamiento de mercado.

Luego el cuadro 1 ofrece el valor de la deuda en cada año, en unidades monetarias corrientes. Cabe señalar que el valor actual de la nueva deuda que se prevea contratar es cero, pues sus flujos asociados se actualizarán a su tipo de interés nominal que, razonablemente, coincidirá con el de mercado.

Para calcular el valor teórico de los fondos propios en cada año, es preciso, como siempre, determinar el valor actual neto del movimiento de fondos previsto para el accionista, a partir de dicho año. El cuadro 2 (línea 7) ofrece este movimiento de fondos de manera que, utilizando como tasa de descuento el coste de capital de los fondos propios del 14%, se obtiene el cuadro 4, donde los importes son en unidades monetarias corrientes de cada año y se refieren al final del mismo.

Cuadro 4. VALOR TEÓRICO DE LOS FONDOS PROPIOS
(al final de cada año y en términos corrientes)

	Actual	Año 1	Año 2	Año 3
Movimiento de fondos accionista		32,038	115,495	1.415,936
Valor fondos propios				
– Año actual	1.072,689			
– Año 1		1.190,828		
– Año 2			1.242,049	
– Año 3				1.291,731

El valor de los fondos propios al final del año actual ya se calculó anteriormente. El valor al término del año 1 se obtiene actualizando al 14% los dos movimientos de fondos posteriores (115,495 y 1.415,936). Para el año 2 basta actualizar un año el movimiento de fondos del año 3 que incluye el flujo de caja para el accionista de dicho año y el valor residual estimado para ese momento. En el caso del año 3 el valor de los fondos propios coincide, lógicamente, con el valor residual calculado en el cuadro 2 (línea 6).

Con los datos anteriores y recordando que el coste después de impuestos de la deuda es del 7%, el coste medio de capital al final de cada año se calcula en el cuadro 5. El importe de la deuda se obtiene directamente del cuadro 1 (línea 11). El cuadro 5 muestra cómo el coste medio de capital se hace constante en cuanto se alcanza el régimen de crecimiento constante, lo que sucede en el año 3.

Cuadro 5. COSTE MEDIO DE CAPITAL AL TÉRMINO DE CADA AÑO

	Actual	Año 1	Año 2	Año 3
Fondos propios[2]	1.072,689	1.190,828	1.242,049	1.291,731
Deuda	617,647	700,000	728,000	757,120
Endeudamiento de mercado	0,576	0,588	0,586	0,586
Coste de capital	11,4422%	11,4085%	11,4133%	11,4133%

En este ejemplo, las tasas anuales de coste obtenidas son muy similares, pero este comportamiento no tiene por qué ser el habitual. La estabilidad del coste medio de capital depende de las fluctuaciones de los costes de las fuentes que participan y de la evolución del ratio de endeudamiento calculado a valores de mercado. En nuevos proyectos, por ejemplo, es habitual que la proporción entre deuda y fondos propios fluctúe significativamente hasta que, superado el transitorio inicial, se alcance un ratio más estable en coherencia con los objetivos que formule la empresa a largo plazo. Igualmente, estas fluctuaciones suceden en empresas que cotizan en Bolsa cuando se producen fuertes oscilaciones de sus cotizaciones.

Ahora ya se puede calcular el valor actual del movimiento de fondos operativo de ALENDA aplicando al movimiento previsto de cada año el coste de capital al inicio de cada año, según la expresión:

$$\frac{-7,080}{1,114422} + \frac{136,495}{1,114422 \cdot 1,114085} + \frac{2.194,896}{1,114422 \cdot 1,114085 \cdot 1,114133}$$

y que resuelta da un valor de mercado del activo neto de 1.690,336, que coincide con el obtenido anteriormente como suma de los valores de la deuda y de los fondos propios:

	Valor teórico
Fondos propios	1.072,689
Deuda	617,647
Activo neto	1.690,336

[2] Para simplificar la exposición se ha mantenido constante en el 14% el coste de capital de los fondos propios a lo largo del trienio, despreciando la posible variación del riesgo financiero derivada de los diferentes índices de endeudamiento de mercado. Esto supone utilizar el coste de los fondos propios correspondiente al índice de endeudamiento fijado como objetivo.

4. EL VALOR DE LA ESTRATEGIA

El cuadro 6 resume el valor creado por la nueva estrategia como diferencia entre el valor teórico que se desprende de ella y el de partida, según se calculó en el capítulo anterior. El valor actual de la deuda no varía, pues su importe es fijo por las condiciones pactadas, que no cambian al modificarse la estrategia. Por ello, todo el aumento de valor del activo neto se traduce en valor creado para el accionista.

Cuadro 6. VALOR CREADO POR LA NUEVA ESTRATEGIA

	Valor teórico		
	Fondos propios	Deuda	Activo neto
Valor teórico nueva estrategia – Valor teórico actual	1.072,689 961,906	617,647 617,647	1.690,336 · 1.579,553
Valor creado por la estrategia	110,783	0,000	110,783

Obsérvese cómo la creación de valor se produce de golpe, en el momento en que se prevé acometer la nueva estrategia y con independencia de que los resultados se vayan generando en años sucesivos. Ello es así porque el valor teórico actualiza todas las rentas futuras estimadas. En este sentido, ambos valores teóricos, en la nueva estrategia y en la vigente, están referidos al final del año actual o al inicio del período planificado.

5. FLUJO FINANCIERO Y VALOR ECONÓMICO AÑADIDO

El cuadro 7 ofrece el flujo financiero de caja de ALENDA en el escenario de la nueva estrategia, que coincide con el operativo según aparece éste en el cuadro 3.

Cuadro 7. FLUJO FINANCIERO DE CAJA

	Año 1	Año 2	Año 3
1. + Flujo de caja para el accionista	32,038	115,495	124,205
2. + Intereses	61,765	70,000	72,800
3. – Ahorro de impuestos (30% de 2)	–18,529	–21,000	–21,840
4. – Aumento de la deuda	–82,353	– 28,000	–29,120
5. Flujo financiero de caja	–7,080	136,495	146,045

El cuadro 8, por su parte, permite estimar el valor teórico de los fondos propios, calculado como suma de su valor contable y del valor actual de la corriente futura del valor económico añadido para los accionistas. Según dicho cuadro, el valor actual del valor añadido futuro asciende a 190,336 y como el valor contable al final del año actual es de 882,353, se obtiene:

Valor contable	882,353
Valor añadido accionista actualizado	190,336
Valor teórico de los fondos propios	1.072,689

Cuadro 8. VALOR ECONÓMICO AÑADIDO PARA EL ACCIONISTA

	Año 1	Año 2	Año 3
1. Fondos propios contables iniciales	882,353	1.000,000	1.040,000
2. Beneficio neto	149,685	155,495	165,805
3. Coste de los fondos propios (14% de 1)	–123,529	–140,000	–145,600
4. Valor añadido (2–3)	26,155	15,495	20,205
5. Valor residual del valor económico añadido			210,131
6. Movimiento del valor económico añadido	26,155	15,495	230,336
VAN al 14% = 190,336			

6. REVISIÓN DEL CRITERIO DEL VALOR

El cálculo del valor de la empresa tiene tres aplicaciones principales:

1.º Estimar el valor de la empresa como base para la toma de decisiones relativas a: ampliación de capital, recompra de acciones, venta de la empresa o alguno de sus negocios, adquisición de otra empresa, salida a Bolsa o evaluación de la estructura de financiación. Además, cuando se cotiza en Bolsa, este análisis permite contrastar el ajuste de la cotización con el valor teórico.

2.º Determinar el valor de los distintos negocios que desarrolla la empresa a fin de determinar cuáles crean o destruyen valor. Sobre esa base se podrán adoptar decisiones de potenciación y asignación de recursos a las actividades atractivas o de desinversión por liquidación o venta de las menos atractivas. Este tema se aborda en el capítulo siguiente.

3.º Evaluar la conveniencia de estrategias alternativas a la actual, por diferencia entre el valor de la empresa con la nueva estrategia y la vigente. Esa diferencia estima el valor adicional que creará la nueva estrategia.

En los tres casos es preciso convertir los términos de la estrategia en un movimiento de fondos, cuyo valor actual estima el valor de la empresa en los distintos supuestos. Este proceso de conversión resulta especialmente difícil en cuanto que exige, en buena medida, valorar cuantitativamente el comportamiento de los generadores operativos de valor de la empresa y de su sector. En cualquier caso, es la problemática habitual asociada a las previsiones financieras.

Además, el resultado es muy sensible a los valores de los parámetros que intervienen en el cálculo: periodo de planificación, tasa de descuento, movimiento de fondos y valor residual. También cabe reconocer que el optimismo o pesimismo que aporten los evaluadores a las estimaciones ejercen una influencia significativa sobre los valores resultantes. Incluso éstos son relativamente manipulables en función de los intereses personales del proponente de la nueva estrategia.

Por último, siempre resulta difícil cuantificar el valor de opciones que crea la estrategia en estudio y cuyos últimos resultados son inciertos en el momento del cálculo. El valor de estas opciones raramente se incorpora al movimiento de fondos por la imprecisión que las acompaña, aunque incorporen un valor potencial elevado y que, en muchos casos, son la base para la decisión que se adopte.

A mediados de 1997 una empresa internacional de telecomunicaciones sorprendió al mercado por el precio que satisfizo por la adjudicación del sistema telefónico sin cables de una gran ciudad brasileña. La práctica del sector valora estos negocios en base a un precio por abonado potencial, resultando que la empresa pagó casi el triple del estándar vigente. Al elevado precio se une el riesgo de devaluación del real brasileño, incrementando el riesgo de la inversión y cuestionando seriamente su potencial de rentabilidad.

Sin embargo, la oportunidad de la decisión se matiza cuando se considera que ésta es la primera inversión de la empresa en Brasil, con el mayor mercado potencial de Latinoamérica, y que la posiciona favorablemente para competir en la, entonces, anunciada privatización de la compañía estatal de telefonía, con una facturación algo superior a la de Telefónica, S.A. Además, la presencia en Brasil constituye una plataforma valiosa para integrar redes de servicio de larga distancia, que agrupen a países del continente cuyos mercados telefónicos se espera que crezcan a unas tasas enormes.

Desde esta perspectiva el precio ofertado para asegurar la adjudicación comentada no puede juzgarse sólo por el atractivo del mercado directo al que se refiere, sino que ha de incluir las posibilidades del mercado más amplio al que facilita acceder en el futuro.

Las opciones abiertas por una estrategia son activos intangibles que, a menudo, representan una parte importante de su valor, pero que dificultan estimarlo. Estas opciones explican las elevadas cotizaciones que alcanzan determinadas empresas a las que el mercado asocia grandes expectativas de crecimiento. Así, por ejemplo, Yahoo, empresa líder del mercado de INTERNET, que opera como buscador en el sistema, cotizaba en el verano de 1997 a un PER de 120 y a sólo año y medio de su salida a Bolsa.

Por todo ello, es razonable cuestionarse en qué medida el criterio cuantitativo del valor es fiable para evaluar a la empresa o a su estrategia. La incertidumbre puede ser acotada mediante análisis de escenarios y comprendida por medio de análisis de sensibilidad. Igualmente, exige realizar pruebas para contrastar las hipótesis con comportamientos del pasado y con el de los competidores. Siempre es recomendable evitar el divorcio entre quienes formulan la estrategia y quienes hacen las previsiones financieras. Estas deben nacer y justificarse por los términos en que se formula la estrategia y deben ser coherentes con ella. Tampoco hay que olvidarse del efecto del entorno y de las posibles réplicas de los competidores, máxime teniendo en cuenta que imitar es más rápido, seguro y económico que innovar.

El análisis cuantitativo del valor debe seguir y complementar la evaluación cualitativa de la estrategia. Más que un rígido y formal ejercicio de cálculo, debe brindar un proceso lógico de revisión y comprensión de la estrategia y de contraste de hipótesis.

Otra crítica que se dirige contra el análisis del valor es que se centra sólo en el accionista mientras que la estrategia contempla, preferentemente, mercados, clientes, competidores y tecnologías. En este sentido, el contraste entre ambos análisis desvela conflictos entre unos colectivos y otros. En la intención de beneficiar al accionista es posible perjudicar a los clientes. Los defensores del criterio del valor aceptan estas posibles colisiones, pero sólo a corto plazo. A largo plazo, arguyen, no es sostenible un desajuste entre el grado de satisfacción de ambos colectivos; la insatisfacción del cliente provocará, en última instancia, la del accionista.

Un ejemplo, a este respecto, lo ofrece la evolución de Xerox, que hasta mediados de 1975 disfrutó de una situación privilegiada en el negocio de las fotocopiadoras. Sus políticas de alquilar las máquinas, cobrar por cada fotocopia y suministrar artículos complementarios reportaban altos rendimientos a sus accionistas, reforzados por los ingresos derivados de las frecuentes reparaciones de las fotocopiadoras instaladas a sus clientes, quienes para evitar quedarse sin servicio incluso contrataban máquinas de repuesto. El elevado rendimiento de los accionistas contrastaba con el descontento creciente de los clientes. Cuando surgieron otros fabricantes de fotocopiadoras (Canon, Minolta, IBM y Kodak, principalmente), que vendían las máquinas, de menor tamaño y con tasas inferiores de averías, ganaron rápidamente la aceptación del mercado. Ello provocó una crisis en Xerox que estuvo al borde de la quiebra. Entre 1970 y 1980, su cuota de mercado, en Estados Unidos, se redujo de más del 95% a menos de la mitad.

La adversa situación sólo fue remontada, con éxito, en los años 80, gracias a una nueva estrategia (y a un nuevo equipo directivo) que dio prioridad a la calidad del producto y a la satisfacción de los clientes. Además, la empresa encontró numerosas áreas donde reducir costes, degradadas por la euforia de los años anteriores. Las acciones que adoptó Xerox para su revitalización aparecen en el cuadro 9[3].

**Cuadro 9. LOS GENERADORES DE VALOR
EN LA RECUPERACIÓN DE XEROX**

Área	Acciones (generadores de valor)
Investigación y desarrollo	– Reducción de plazos y costes de desarrollo de productos.
Línea de productos	– Potenciación de fotocopiadoras pequeñas. – Estandarización y reducción del número de componentes.
Compras	– Reducción del número de proveedores – Mejora de la calidad de los componentes.
Producción	– Acortamiento de la duración de la producción. – Menores averías en las líneas de producción.
Personal	– Reducción de la plantilla.

---

[3] Adaptado de Pankaj Ghemawat: *Commitment*. The Free Press. 1991, pág. 101.

Como consecuencia del plan de mejora se recuperó cuota de mercado, se produjo un importante ahorro de costes y se incrementó la cotización bursátil. La rentabilidad de Xerox durante el periodo 1986-96 fue del 14,9% frente a una media del mercado del 14,1%.

También hay situaciones en que un exceso de fervor en favor del accionista puede perjudicar a los trabajadores. En general esto sucede en los procesos de reestructuración y liquidación de empresas. Gunter Grass se lamenta de que *"Cada vez que una empresa despide a trabajadores suben sus acciones. Es una situación perversa que se refleja en esta relación entre ganancia accionarial y desempleo"*[4].

En esta línea se señala: *"El más elemental sentido común nos indica que una empresa tiene mayor responsabilidad hacia un empleado que ha trabajado en ella más de treinta años que hacia la persona que acaba de adquirir un pequeño paquete de acciones con la expectativa de conseguir una plusvalía a corto plazo"*[5].

---

[4] *El País.* 26-10-97, pág. 9.

[5] Ballarín, Canals y Fernández: *Fusiones y adquisiciones de empresas.* Alianza Economía. 1994, pág. 118.

Capítulo 9

Los índices de rentabilidad

1. OPCIONES DE CÁLCULO

El valor de la empresa está estrechamente relacionado con el comportamiento esperado de su rentabilidad. Así, en condiciones de crecimiento constante, el valor teórico de los fondos propios se estima por la fórmula[1]:

$$VT = FP \cdot \frac{RF - c}{R - c}$$

y el del activo neto por la expresión[2]:

$$VTan = \frac{BE \cdot (1-t) \cdot \left(1 - \dfrac{c}{RE \cdot (1-t)} \right)}{CCm - c}$$

donde:

FP = Fondos propios.
RF = Rentabilidad financiera esperada (beneficio neto del próximo ejercicio dividido por fondos propios iniciales).
c   = Tasa de crecimiento esperada de los fondos propios.
R   = Coste de capital de los fondos propios de la empresa.
BE = Beneficio económico (antes de intereses e impuestos) previsto para el próximo ejercicio.
t   = Tasa impositiva (impuestos sobre beneficio antes de impuestos).
RE = Rentabilidad económica esperada (beneficio económico sobre activo neto).
CCm = Coste medio de capital.

---

[1] Fórmula 8 del capítulo 1.
[2] Fórmula 3 del capítulo 7.

Además, los ratios de rentabilidad proporcionan un indicador valioso para juzgar la bondad de estrategias alternativas, pero para ello es preciso interpretar correctamente la información que suministran. A continuación se revisan los diversos índices de rentabilidad, según se utilicen para los parámetros que intervienen en su cálculo, valores contables o de mercado y se consideren u omitan las expectativas de los inversores sobre el comportamiento de la empresa. También se diferencia entre rentabilidades esperadas y rentabilidades realmente obtenidas.

Para calcular los índices que se ofrecen seguidamente, se utilizan siempre los saldos iniciales de las variables fondo que intervienen en los mismos. Como ejemplo, utilizaremos los datos referidos a la empresa ALENDA, algunos de los cuales se incluyen en el cuadro 1, según se expusieron y calcularon en el capítulo 7.

Cuadro 1. PREVISIONES ACTUALES DE ALENDA

	Real actual	Previsiones		
		Año 1	Año 2	Año 3
Beneficio económico		249,600		
Intereses (al 10%)		61,765		
Impuestos (30%)		56,351		
Beneficio neto		131,485		
Fondos propios	882,353			
Deuda	617,647			
Movimiento de fondos accionista		96,191	100,038	1.186,053
Movimiento operativo de fondos		114,720	119,309	1.900,863
Valor teórico fondos propios	961,906			
Valor teórico activo neto	1.579,553			

Los dos ratios seleccionados, como más representativos del rendimiento de la empresa, son la rentabilidad financiera (RF) y la económica (RE). La primera es la relación entre el beneficio neto y el valor contable de los fondos propios, como estimación de la inversión de los accionistas. Es una forma rápida, aunque veremos que imprecisa, de valorar el rendimiento que obtienen los accionistas por su inversión.

La rentabilidad económica, como medida del rendimiento del activo neto de la empresa, se mide por el cociente entre el beneficio antes de intereses e impuestos y el activo neto, siendo éste la diferencia entre el activo total y aquella parte del mismo que se financia con pasivo espontáneo, sin coste explícito, aportado por proveedores y acreedores.

Algunos analistas estiman la rentabilidad económica dividiendo el beneficio antes de intereses e impuestos por el activo total, pero ésta no es una forma coherente de cálculo. En efecto, el coste de oportunidad del pasivo espontáneo está incluido en el coste de los suministros, pues si se pactase con el proveedor un pago al contado, por ejemplo, se reduciría el coste de la compra. Por ello, en el cálculo de la rentabilidad económica hay que restar del denominador (el activo neto) el pasivo espontáneo, pues su coste está deducido, implícitamente, del numerador (el beneficio antes de intereses e impuestos).

Como el activo neto coincide necesariamente con la suma de los fondos propios y la deuda, la rentabilidad económica mide la renta porcentual obtenida sobre los capitales con coste explícito que utiliza la empresa.

De acuerdo con lo enunciado previamente, ambos índices pueden calcularse utilizando valores contables y de mercado. Pero además conviene incorporar el efecto de las expectativas, pues no será igual de atractiva una empresa con una rentabilidad del 15% que se prevé que permanecerá constante, que otra también con el 15% en la actualidad, pero que se estima que evolucionará al alza.

La relación que liga a ambas rentabilidades, financiera (RF) y económica (RE), viene dada por la fórmula introducida en el capítulo 6:

$$RF = ((RE + e \cdot (RE - i)) \cdot (1 - t) \qquad (1)$$

donde:

   e = ratio de endeudamiento (deuda/fondos propios)
   i = coste medio de la deuda (antes de impuestos)
   t = tipo impositivo (impuestos/beneficio antes de impuestos)

Esta fórmula es válida con independencia de que se utilicen valores contables o de mercado o se incluyan o no las expectativas de la empresa, según comprobaremos en los siguientes epígrafes.

2. ÍNDICES CONTABLES

La utilización de los valores contables para las variables fondo es la técnica más habitual en el análisis financiero, por basarse en la información que suministran las Cuentas Anuales publicadas por las empresas. Sin embargo, con frecuencia no permiten analizar correctamente la situación. Sólo para empresas maduras y con crecimiento estabilizado los ratios así calculados son más representativos para juzgar su situación, aunque se deba cuestionar que la valoración contable de los fondos propios y de los activos refleje razonablemente la realidad.

Del cuadro 1 se deduce que las rentabilidades financiera (RF) y económica (RE) de ALENDA, para el año actual y en términos de valores contables, ascienden a:

$$RF = \frac{\text{Beneficio neto}}{\text{Fondos propios}} = \frac{131,485}{882,353} = 14,90\%$$

$$RE = \frac{\text{Beneficio económico}}{\text{Activo neto}} = \frac{249,600}{1.500,00} = 16,64\%$$

Obsérvese cómo ambos ratios relacionan, indebidamente, un numerador (beneficio) expresado en pesetas actuales, del año corriente, con un denominador (inversión) que suma importes correspondientes a años muy diferentes. Por ello, estos índices, que pueden ser útiles para evaluar la progresión de la empresa o compararla con la de otras similares, rara vez atinan a medir la rentabilidad real de los aportadores de fondos.

Una empresa, por ejemplo, que tenga un capital social muy reducido por haberse desembolsado hace mucho tiempo, puede ofrecer un rendimiento contable a sus accionistas muy elevado, no porque lo sea el beneficio sino por la reducida entidad relativa de los fondos propios contables. Si se actualizase dicho capital al presente, la rentabilidad financiera podría disminuir significativamente.

Esta rentabilidad financiera tiende pues a incrementarse, sobre todo en empresas maduras, debido al criterio contable de valoración de los fondos propios. Bien es cierto que, por el contrario, omite las expectativas, lo cual perjudica en especial la evaluación que se haga de empresas en fase embrionaria, con perspectivas de alto crecimiento y de mejora de la rentabilidad, o de empresas ya consolidadas pero que estén implantando nuevas estrategias con fuerza para mejorar su posición competitiva.

Por su parte, el ratio de endeudamiento a valores contables (e) resulta de 0,7 calculado por:

$$e = \frac{\text{Deuda}}{\text{Fondos propios}} = \frac{617,647}{882,353}$$

Los valores anteriores satisfacen la fórmula 1, teniendo en cuenta que, según el cuadro 1, el coste de la deuda de ALENDA es del 10% y su tipo impositivo del 0,3:

$$RF = (16,64 + 0,7 \cdot (16,64 - 10,00)) \cdot (1 - 0,30) = 14,90\%$$

3. ÍNDICES DE MERCADO

En esta alternativa de cálculo se sustituyen los valores contables de los fondos propios y del activo neto por sus valores de mercado como más representativos para estimar el valor del capital utilizado por la empresa. De este modo, se calcula la rentabilidad obtenida sobre el valor de mercado de los fondos propios y del activo neto, según cual sea el índice que se calcule.

Para el caso de ALENDA y utilizando los valores de mercado, que recoge el cuadro 1, se obtienen los siguientes importes para las rentabilidades financiera (RFm) y económica (REm):

$$RFm = \frac{131,485}{961,906} = 13,67\%$$

$$REm = \frac{249,600}{1.579,553} = 15,80\%$$

Cabe señalar que la rentabilidad financiera de mercado (RFm) coincide con el inverso del PER, siendo éste el índice bursátil que relaciona la cotización con el beneficio por acción. Cuando la rentabilidad financiera es reducida, indica que el beneficio neto anual es pequeño en relación al valor de mercado. En este caso, el valor incorpora unas mayores expectativas de crecimiento que habrán de compensar al accionista de su menor rentabilidad actual de mercado. Por el contrario, al crecer este rendimiento, el peso en el valor de las expectativas se reduce, indicando un menor crecimiento esperado.

En cuanto al ratio de endeudamiento (em) estimado a valores de mercado, resulta:

$$em = \frac{617,647}{961,906} = 0,642$$

Es sencillo demostrar que si los valores contable y de mercado de la deuda coinciden, la relación entre el endeudamiento de mercado (em) y el contable (e) se calcula por:

$$em = \frac{e}{Pr}$$

donde Pr es el precio relativo o cociente entre los valores teórico y contable de los fondos propios. Para ello, basta con dividir por los fondos propios el numerador y el denominador de la fórmula que calcula el endeudamiento de mercado.

Las rentabilidades ahora obtenidas se reducen en torno a un punto y el endeudamiento disminuye en algo más de medio punto, debido al incremento del valor de mercado de los fondos propios sobre su valor contable.

Se puede comprobar también que se cumple la fórmula 1:

$$RFm = (15,80 + 0,642 \cdot (15,80{-}10,00)) \cdot (1{-}0,30) = 13,67\%$$

Sin embargo, estos índices no incorporan todavía las expectativas que presenta la empresa y que constituyen una parte importante de la apreciación que haga el mercado de su rentabilidad esperada, y, en consecuencia, de su atractivo como inversión. Para contemplar estas expectativas se presenta a continuación una tercera modalidad de cálculo de los ratios anteriores.

4. ÍNDICES ESPERADOS POR EL MERCADO

En este caso, la rentabilidad esperada por los accionistas viene dada por el coste de capital de los fondos propios. El mercado, por el mecanismo del ajuste de la cotización, valorará los fondos propios de manera que la rentabilidad esperada por los inversores converja hacia su rentabilidad exigida o coste de capital. Si se anticipa un rendimiento superior, acudirán nuevos inversores, atraídos por la esperanza de una rentabilidad superior, lo que hará subir la cotización, arrastrando hacia abajo el rendimiento esperado hasta que se iguale al coste de capital de los fondos propios. Si se espera una rentabilidad menor que la del coste de los fondos propios (R), los accionistas actuales tenderán a desinvertir empujando, por el exceso de títulos ofertados, a la cotización hacia abajo. Al reducirse el precio subirá la rentabilidad esperada del accionista hasta sus exigencias de rendimiento (R).

Según este planteamiento, la rentabilidad financiera esperada (RFe) tiende a coincidir con el coste de capital de los fondos propios, realizándose el ajuste por medio de la cotización. En el caso de ALENDA la rentabilidad financiera esperada (RFe) tenderá a converger, por tanto, con el coste de capital R calculado del 14%.

Esta tasa es igual a la TIR del movimiento de fondos para el accionista según aparece en el cuadro 1 y se calcula por:

$$961,906 = \frac{96,191}{(1 + \text{TIR})} + \frac{100,038}{(1 + \text{TIR})^2} + \frac{1.186,053}{(1 + \text{TIR})^3}$$

La rentabilidad financiera esperada equivale al rendimiento que obtendría un accionista que adquiriese acciones de la empresa al valor teórico de sus fondos propios y que estimase obtener el movimiento de caja para el accionista que aparece en los numeradores de los cocientes del segundo término de la ecuación anterior.

En cuanto a la rentabilidad económica esperada (REe), refleja las expectativas de rendimiento que el mercado asocia al activo neto, financiado con la estructura de financiación actual. La empresa, en este caso, aparece como un proyecto de inversión cuyo rendimiento viene dado por la tasa interna de rentabilidad de su movimiento operativo previsto de fondos. Este, según el cuadro 1, es:

$$-1.579,553 \qquad 114,720 \qquad 119,309 \qquad 1.900,863$$

La TIR de este movimiento es del 11,263% y expresa que la rentabilidad económica esperada REe por el mercado coincide con la TIR del movimiento operativo futuro de la empresa. Esta tasa representa la rentabilidad que obtendría un inversor que adquiriese el activo neto de la empresa a un precio igual a su valor teórico y financiase la compra de acuerdo con la estructura financiera de ALENDA.

Obsérvese cómo la rentabilidad económica esperada iguala al coste de capital medio de la empresa calculado en el cuadro 2[3]. Esta coincidencia responde a que el coste de capital de la empresa es igual a la rentabilidad esperada del activo neto teniendo en cuenta una determinada estructura de financiación calculada a valores de mercado.

Cuadro 2. COSTE MEDIO DE CAPITAL DE ALENDA

Fuente	Valor teórico	Peso	Coste	Contribución
Fondos propios Deuda	961,906 617,647	0,609 0,391	14% 7%	8,526 2,737
	1.579,553	1,000		11,263%

Pero la TIR obtenida es después de impuestos, pues así se calculó el movimiento de fondos operativo. Por ello, para estimar la rentabilidad económica (antes de impuestos) es preciso hacer el ajuste por la deducción fiscal que minora el movimiento operativo de fondos, resultando:

$$REe = \frac{11,263}{(1-0,3)} = 16,09\%$$

A este resultado se llega también despejando y calculando la rentabilidad económica esperada a partir de la fórmula 1 y teniendo en cuenta que la rentabilidad financiera esperada es, en este caso, igual al 14%:

$$REe = \left(\frac{RFe}{1-t} + em \cdot i\right) \cdot \frac{1}{1+em} = \left(\frac{0,14}{1-0,30} + 0,642 \cdot 0,10\right) \cdot \frac{1}{1,642} = 16,09\%$$

Los ratios de rentabilidad así calculados explican por qué empresas con un rendimiento todavía bajo pero con expectativas de fuerte crecimiento constituyen el objetivo de inversores que valoran el futuro. Ellos toman su decisión de inversión en base a las rentabilidades esperadas y no a las contables o de mercado.

Para empresas estabilizadas, en las que sus magnitudes contables crecen a una tasa uniforme c, la relación entre la rentabilidad financiera de mercado (RFm) y la esperada (RFe) viene dada por (ver Anexo 1):

---

[3] Este coste ya se calculó en el epígrafe 9 del capítulo 4.

$$RFe = RFm + c \cdot (1 - 1/Pr) \qquad (2)$$

donde Pr es el precio relativo o cociente entre el valor teórico de los fondos propios y su valor contable.

Esta fórmula expresa que la rentabilidad financiera esperada es igual a la de mercado más un factor que depende del crecimiento previsto y del precio relativo. Si éste es mayor que la unidad y el crecimiento previsto es positivo, la rentabilidad esperada excede a la de mercado. Si es menor que uno y el crecimiento es positivo, sucede lo contrario.

Así para ALENDA resulta:

$$RFe = 13{,}67 + 4 \cdot (1 - 1/1{,}0902) = 14{,}00\%$$

5. RENTABILIDAD DEL ACCIONISTA

Otro índice relevante de análisis lo constituye la rentabilidad real obtenida por el accionista y que se calcula dividiendo la renta recibida por el valor teórico inicial de los fondos propios. Mientras que la rentabilidad esperada (R) se calcula a priori, la rentabilidad real del accionista se estima al final del año analizado. Por ello, la rentabilidad real del accionista (Ra) no tiene por qué coincidir, y de hecho raramente lo hace, con la esperada a comienzos de año. La razón es simple: los resultados y las expectativas generadas durante el año difieren de las anticipadas en su inicio.

El rendimiento que obtiene el accionista por su inversión en la empresa tiene dos componentes principales: el dividendo y la plusvalía nacida de un eventual incremento del valor teórico o de mercado de su participación. Además, puede obtener otras compensaciones, de las que prescindiremos en esta exposición, tales como: primas de asistencia a Juntas Generales, venta de derechos de suscripción preferente o, incluso, retribuciones por pertenecer al Consejo. También supondremos, a fin de simplificar la exposición, que no se producen ampliaciones de capital ni se recompran acciones.

Para calcular los dos componentes de la rentabilidad real del accionista representamos la evolución de una empresa en los términos de la figura 1, suponiendo que ha transcurrido el año 1 y que nos encontramos al comienzo del 2. Por tanto, las variables de la figura se refieren a valores reales.

Figura 1. EVOLUCIÓN ANUAL DE LA EMPRESA

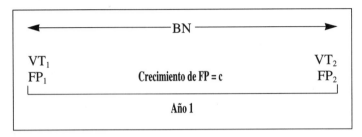

Donde:

VT = Valor teórico a principios del año 1 ó 2
FP = Fondos propios contables a principios del año 1 ó 2
BN = Beneficio neto del año
c   = Tasa de crecimiento de los fondos propios durante el año

La rentabilidad financiera (RF) del año 1 se calcula como cociente entre BN y FP_1.

De la figura anterior se deduce que:

$$FP_2 = (1 + c) \cdot FP_1$$

donde la tasa de crecimiento c expresa el aumento, en tanto por uno, de los fondos propios como consecuencia de la retención de beneficios. Puesto que esta tasa mide el crecimiento de la financiación por aumento de los fondos propios, estima también el aumento de las ventas siempre y cuando se satisfagan las dos siguientes condiciones:

- El ratio de endeudamiento (deuda sobre fondos propios) se mantenga constante.

- Exista una proporcionalidad entre el activo neto y las ventas.

La rentabilidad del accionista por dividendos (Rad) del año viene dada por:

$$Rad = \frac{DIV}{VT_1} \tag{2}$$

siendo DIV el dividendo repartido al final del año.

Según muestra el anexo 2, esta rentabilidad se obtiene, en general, por:

$$Rad = \frac{RF - c}{Pr_1} \qquad (3)$$

donde Pr_1 es la relación entre el valor teórico (VT) y el valor contable (FP) al principio del año. En el caso de que se prevea un crecimiento futuro constante e igual al real del ejercicio 1 de todas las magnitudes contables, se deduce que:

$$Rad = R - c \qquad (4)$$

puesto que, en este supuesto, se cumple que:

$$Pr_1 = \frac{RF - c}{R - c} \qquad (5)$$

donde R es el coste de capital de los fondos propios. En el escenario de crecimiento constante el precio relativo se mantiene al pasar del año 1 al 2, pues la rentabilidad financiera (RF) y la tasa de crecimiento (c) permanecen constantes a lo largo del tiempo. Por ello, según la fórmula 5, el precio relativo será constante.

La rentabilidad por plusvalía (Rap) viene dada por:

$$Rap = \frac{VT_2 - VT_1}{VT_1} \qquad (6)$$

y según demuestra también el anexo 2 se calcula, en general, por:

$$Rap = (1 + c) \cdot \frac{Pr_2}{Pr_1} - 1 \qquad (7)$$

En el caso de crecimiento constante, como el precio relativo no varía, se obtiene:

$$Rap = c \qquad (8)$$

que indica que en este escenario la rentabilidad por plusvalía coincide con la tasa de crecimiento real.

Así pues, la rentabilidad del accionista (Ra) se calcula sumando sus dos componentes (fórmulas 3 y 7), resultando, en general, que:

$$\text{Ra} = \frac{\text{RF} - c}{\text{Pr}_1} + (1 + c) \cdot \frac{\text{Pr}_2}{\text{Pr}_1} - 1 \tag{9}$$

En principio Ra será igual a R si la situación real al final del año 1 coincide con la que se preveía para dicho momento al principio del mencionado año. Si los resultados reales mejoran sobre los previstos entonces, Ra superará a R. Si por el contrario la situación se ha degradado, Ra será inferior a R.

Esto se confirma en el caso particular de que la empresa evolucione según un escenario previsto de crecimiento constante a una tasa c, pues según las fórmulas 4 y 8 se cumple que:

$$\text{Ra} = \text{R}$$

que expresa que la rentabilidad del accionista coincide con sus expectativas iniciales de rentabilidad, es decir, con el coste de los fondos propios. En este caso, cuando se cumplen las expectativas, no hay creación de valor.

Para empresas que cotizan en Bolsa esto no tiene por qué suceder así, aun cuando estén creciendo a una tasa constante c, en cuanto que el valor de mercado raramente coincide con el valor teórico, lo que implica que los precios relativos inicial y final no tienen que ser necesariamente iguales.

Conocida Ra, se puede calcular la rentabilidad económica real (REr), que mide la rentabilidad real del negocio, a partir de la fórmula 1. Para ello se utilizará el índice de endeudamiento de mercado.

6. ÍNDICE DE CREACIÓN DE VALOR

A principio de año la estimación del valor que se creará durante el año tenderá a cero, pues la cotización inicial se ajustará de modo que los accionistas esperen ganar sus expectativas de rentabilidad R. Posteriormente, cuando se conozca la rentabilidad real del accionista Ra, el valor creado durante el año se calcula por[4]:

$$\text{VC} = \text{VT}_1 \cdot (\text{Ra} - \text{R})$$

---

[4] Ver fórmula 4 del capítulo 1.

y expresándolo en tanto por uno sobre el valor teórico inicial resulta, con carácter general, que el índice de creación de valor se calcula por:

$$ICV = \frac{VC}{VT_1} = Ra - R$$

Es decir, el valor creado en relación al valor teórico inicial es igual a la rentabilidad real del accionista menos el coste de capital de los fondos propios.

Sustituyendo la rentabilidad del accionista por la expresión (9) se concluye que:

$$\frac{VC}{VT_1} = \frac{RF - c}{Pr_1} + (1+c) \cdot \frac{Pr_2}{Pr_1} - 1 - R \qquad (10)$$

Si durante el año 1 se confirman los resultados y las expectativas existentes al inicio del año, el valor creado será nulo. Esto se comprueba en el caso de crecimiento constante, pues al sustituirse Pr en la fórmula 10 por su valor según la fórmula 5 y haberse mantenido la igualdad de los precios relativos, resulta un índice nulo de valor creado.

De nuevo hay que hacer la salvedad para aquellas empresas que cotizan en Bolsa, debido a los desajustes que existen entre el valor teórico y la cotización bursátil.

La fórmula (10), de aplicación general, se puede expresar también como:

$$\frac{VC}{VT_1} = \frac{RF}{Pr_1} + \frac{Pr_2}{Pr_1} + c \cdot \left(\frac{Pr_2 - 1}{Pr_1} \right) - 1 - R \qquad (11)$$

que explica cómo se ha gestado el valor creado durante el ejercicio.

El índice de creación de valor habrá sido más elevado cuanto:

– Mayor haya sido la rentabilidad financiera.

– Menor haya sido el coste de capital de los fondos propios.

– Mayor haya sido la relación entre los precios relativo final e inicial.

El efecto del crecimiento depende del valor que tome el precio relativo final. Para que el aumento del crecimiento haya creado valor es preciso que el precio relativo final haya superado la unidad. Ello no implica que una empresa con precio relativo inferior a uno no pueda crear valor: lo hará si es capaz de mejorar sus generadores económico-financieros de valor.

Cuanto mayor sea el diferencial entre Pr_2 y Pr_1 mayor será la creación de valor. Para empresas que cotizan en Bolsa esto implica incrementar la cotización por encima de lo que crezcan los fondos propios. Para aquellas que no cotizan supone mejorar las expectativas del flujo de caja para el accionista y reducir el coste de capital de los fondos propios de modo que consiga aumentar su precio relativo.

Según la fórmula 5 la variación del precio relativo depende del comportamiento de: la rentabilidad financiera, la tasa de crecimiento de los fondos propios y el coste de capital de los fondos propios. Por ello, en última instancia, el valor creado depende de los tres parámetros anteriores. La figura 2 representa esta relación causal y muestra a su vez las variables que explican la evolución de los tres parámetros señalados.

Figura 2. GENERADORES ECONÓMICOS-FINANCIEROS DE CREACIÓN DE VALOR

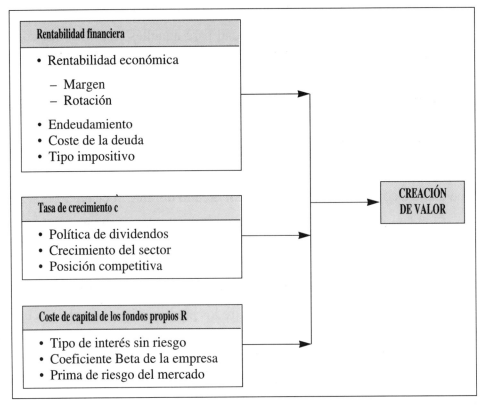

7. ATRACTIVO DEL SECTOR, POSICIÓN COMPETITIVA Y RENTABILIDAD

A fin de diferenciar entre la situación actual y las expectativas previsibles para un sector de actividad, se pueden utilizar los índices medios de la rentabilidad financiera y de la rentabilidad del accionista. El primer índice estima, contablemente, el rendimiento actual del sector y su valor depende de causas coyunturales así como del comportamiento de los parámetros estructurales del sector.

La rentabilidad del accionista ofrece información, más bien, sobre fluctuaciones de las expectativas según apreciaciones del mercado. Por ello, estima la rentabilidad financiera futura. Así, por ejemplo, un sector puede ofrecer una rentabilidad financiera reducida, pero si ofrece una rentabilidad del accionista elevada, nacida de la mejora de expectativas, se puede anticipar una mejora de su rentabilidad financiera futura. Sin embargo, el valor se habrá creado al producirse el cambio de las expectativas y no cuando la rentabilidad financiera se incremente, más adelante.

En resumen, mientras la rentabilidad financiera informa de la ejecución del sector a la fecha, la rentabilidad media del accionista recoge la estimación del mercado sobre la rentabildiad financiera futura. Ello implica que la creación de valor exige una rentabilidad del accionista elevada, pero no necesariamente una rentabilidad financiera alta. Incluso es compatible la creación de valor con una rentabilidad financiera negativa si la empresa ha mejorado sus resultados y sus expectativas.

La relación entre ambos índices configura las cuatro combinaciones que muestra el cuadro 3, referidas al promedio de un sector de actividad.

Cuadro 3. RELACIÓN ENTRE RENTABILIDAD ACTUAL Y FUTURA

		Rentabilidad del accionista	
		Baja	Alta
Rentabilidad financiera	Baja	Negocio poco rentable y con peores expectativas. Se destruye valor	Negocio poco rentable pero con mejores expectativas. Se crea valor.
	Alta	Negocio rentable pero han empeorado las expectativas. Se destruye valor.	Negocio rentable y con expectativas más favorables. Se crea valor.

Figura 3. RENTABILIDADES FINANCIERA Y DEL ACCIONISTA POR SECTORES

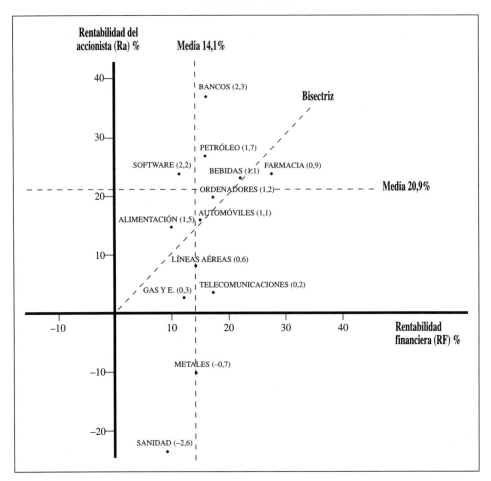

La figura 3 muestra, con datos de 1996, el posicionamiento de varios sectores, según su rentabilidad financiera y del accionista, y de acuerdo con el esquema del cuadro 3[5]. El análisis de dicha figura permite concluir que:

- La rentabilidad del accionista fluctúa más que la financiera en cuanto que la primera es muy sensible a la variación de las expectativas. El beneficio neto y los fondos propios, que determinan la rentabilidad financiera, presentan comportamientos más estables.

---

[5] Datos referidos a sectores de Estados Unidos de América y elaborados a partir de la encuesta anual publicada por *"Fortune"*.

– Un sector puede ofrecer una buena posición en un índice y, simultáneamente, otra regular en el segundo. Es el caso de las empresas de Software que incorporan, actualmente, unas expectativas favorables (rentabilidad del accionista elevada) y, sin embargo, ofrecen de momento una rentabilidad financiera mediocre.

– El caso del sector de Metales es muy revelador. Su rentabilidad financiera, razonable en 1996, convive con una rentabilidad del accionista negativa, basada, previsiblemente, en una degradación de sus expectativas.

La relación entre ambas rentabilidades informa de la convergencia prevista entre la rentabilidad del accionista, basada en la actualización de las expectativas, y la financiera, que mide el rendimiento actual del negocio. Cuanto más se acerque el cociente entre ambas a la unidad, mayor será la estabilidad anticipada de la rentabilidad financiera futura. Cuanto más elevado sea, mayor será la rentabilidad financiera futura.

En la figura 3, junto al nombre de cada sector se indica, entre paréntesis, la relación entre la rentabilidad del accionista y la financiera.

Los sectores situados por encima de la bisectriz trazada ofrecen unas expectativas de rentabilidad superiores a las actuales. Entre ellos, los que tienen una rentabilidad financiera mayor a la media presentan una buena rentabilidad actual, como es el caso de Bebidas. Hay otros, como Alimentación, que, aunque ofrecen unas expectativas razonables presentan una rentabilidad actual más degradada.

Entre aquellos que se sitúan por debajo de la bisectriz, y que por tanto ofrecen unas expectativas inferiores al rendimiento actual, los hay que son muy rentables (como Farmacia), mientras que otros presentan un rendimiento insatisfactorio.

El atractivo económico asociable a un sector viene dado por la relación entre su rentabilidad media del accionista y la del mercado. El cuadro 4 ofrece el valor de este índice, referido a 1996, para un conjunto de sectores y tomando como rentabilidad media del mercado la media de todos los sectores. También incluye la relación descrita entre la rentabilidad del accionista y la financiera.

La elevada rentabilidad media del accionista muestra que dicho año fue de creación de valor para la mayoría de los sectores. Si se estima el coste de los fondos propios en un 14%, el valor medio creado en 1996 ascendió a 6,9 puntos sobre el valor de mercado inicial.

Cuadro 4. **RENTABILIDADES POR SECTORES**

Sector	Rentabilidad %		Atractivo del sector	Ra/RF
	Accionista	Financiera		
Bancos	37	16	1,77	2,31
Refino de petróleo	27	16	1,29	1,69
Semiconductores	26	12	1,24	2,17
Software	24	11	1,15	2,18
Farmacia	24	27	1,15	0,89
Equipo industrial y agrícola	23	16	1,10	1,44
Bebidas	23	22	1,10	1,05
Equipos eléctricos	21	14	1,00	1,50
Ordenadores y equipo oficina	20	17	0,96	1,18
Equipo científico y fotográfico	17	16	0,81	1,06
Automóviles y componentes	16	15	0,77	1,07
Alimentación	15	10	0,72	1,50
Química	15	18	0,72	0,83
Líneas aéreas	8	14	0,38	0,57
Telecomunicaciones	4	17	0,19	0,24
Gas y Electricidad	3	12	0,14	0,25
Ingeniería y Construcción	1	12	0,05	0,08
Metales	−10	14	− 0,48	−0,71
Sanidad	−23	9	−1,10	−2,56
Total sectores	**20,9**	**14,1**	**1,00**	**1,48**

Una forma para evaluar la posición competitiva de una empresa lo ofrece la relación entre su rentabilidad del accionista y la media del sector. A estos efectos, es más relevante utilizar la rentabilidad del accionista que la financiera, en cuanto que aquélla calibra mejor las expectativas y representa la rentabilidad real del inversor. Cuanto mayor sea este índice mayor será la posición competitiva percibida de la empresa.

De modo similar a lo recogido por el cuadro 3, es posible definir otro análogo que recoja los cuadrantes indicados pero referidos a la situación específica de una empresa.

La combinación de los dos índices anteriores, atractivo del sector y posición competitiva de la empresa, ofrece la rentabilidad del accionista de la empresa en relación con la media del mercado, obteniéndose el siguiente índice de éxito:

$$Ie = \frac{Ra_e}{Ra_s} \cdot \frac{Ra_s}{Ra_m} = \frac{Ra_e}{Ra_m}$$

donde Ra es la rentabilidad del accionista y los subíndices e, s y m se refieren a la empresa, su sector y el mercado, respectivamente. Cuanto mayor sea este índice mayor será el valor creado por la empresa en relación al conjunto del mercado.

Por último, la figura 4, similar a la 3, define cuatro cuadrantes, delimitados por las rectas a trazos, que permiten valorar la posición actual de una empresa en relación a sus expectativas de rentabilidad. Para ello, enfrenta la rentabilidad obtenida por el accionista con la rentabilidad financiera de la empresa. Cada cuadrante se define en base a los ejes: rentabilidad financiera media del mercado y expectativas de rentabilidad del accionista.

Las empresas que crean valor han de obtener una rentabilidad del accionista superior a la rentabilidad esperada por éstos y, en consecuencia, se situarán por encima de la frontera trazada y ello con independencia del valor que tome su rentabilidad financiera actual.

Figura 4. RELACIÓN ENTRE RENTABILIDAD DEL ACCIONISTA Y FINANCIERA

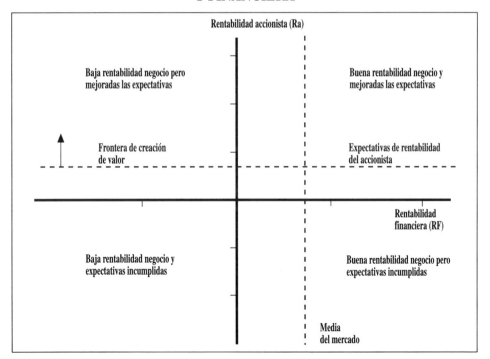

Anexo 1

RENTABILIDAD FINANCIERA ESPERADA Y RENTABILIDAD FINANCIERA DE MERCADO EN CRECIMIENTO CONSTANTE

Como:

$$Pr = \frac{RF - c}{R - c}$$

y

$$RF = RFm \cdot Pr$$

se deduce que:

$$R = RFm + c \cdot \left(1 - \frac{1}{Pr}\right)$$

Anexo 2

FÓRMULA DE LA RENTABILIDAD DEL ACCIONISTA (Ra) POR DIVIDENDOS (Rad) Y PLUSVALÍA (Rap)

Si en la fórmula 2, que da la rentabilidad del accionista por dividendos, se sustituye:

$$DIV = BN - c \cdot FP_1$$

y
$$VT_1 = FP_1 \cdot Pr_1$$

simplificando resulta que, en general, se cumple:

$$Rad = \frac{RF - c}{Pr_1}$$

En el caso de que se espere un crecimiento constante c se puede sustituir Pr_1 por la fórmula 5, y simplificando:

$$Rad = R - c$$

En cuanto a la rentabilidad del accionista por plusvalía (Rap) se obtiene dividiendo el numerador y el denominador de la fórmula 6 por FP_1 y recordando que:

$$FP_2 = FP_1 \cdot (1 + c)$$

y simplificando resulta:

$$Rap = (1 + c) \cdot \frac{Pr_2}{Pr_1} - 1$$

En el caso de crecimiento constante, como los precios relativos son iguales, se concluye que:

$$Rap = c$$

Capítulo 10

Valor por actividades

1. VALOR CREADO POR ACTIVIDADES

El análisis realizado en los capítulos anteriores ha contemplado el conjunto de la empresa. Si ésta desarrolla y se compone de varias unidades de negocio, entendidas como la menor unidad organizativa autónoma, con un producto y mercado diferenciados, para la que es posible formular una estrategia competitiva específica, la metodología expuesta de valoración puede aplicarse a cada una de ellas por separado. Por tanto, el valor de cada unidad de negocio se obtiene descontando su flujo esperado de caja por la tasa que corresponda a su riesgo. El valor teórico del conjunto de la empresa se determina sumando los valores de todas sus unidades de negocio.

Cuando el valor conjunto de la empresa supera a la suma de los parciales de los negocios que desarrolla, el mantenimiento unido de dichos negocios crea valor por la integración. No parecía ser este el caso en 1996 de un gran fabricante de automóviles que integraba, junto a su negocio básico, otros tres según recoge el cuadro 1[1]. La suma de los valores de los cuatro negocios por separado se estimó en 58.000 millones de dólares, mientras que la capitalización bursátil de la empresa se reducía a 40.000 millones, más de un 30% menos. La empresa troceada parecía tener un valor superior al de la empresa integrada, lo cual podría anticipar el inicio de una estrategia de desinversión, como realmente sucedió, para centrarse en su negocio básico.

Un aspecto a abordar, por tanto, cuando existen diversas actividades integradas en una misma empresa, consiste en gestionar la cartera de inversiones a efectos de tomar decisiones de inversión y desinversión en la búsqueda permanente de crear valor para el accionista. Para ello es preciso analizar el potencial de creación de valor de cada una de ellas por separado, con el objetivo de identificar cuáles están creando o destruyendo valor.

---

[1] *Fortune,* abril 29, 1996, pág. 42.

Una vez localizadas las segundas se deberá evaluar el interés estratégico de eliminarlas con el objeto de recuperar los recursos que absorben y movilizarlos hacia aquellas con más capacidad de crear valor.

Cuadro 1. DESGLOSE DEL VALOR POR NEGOCIOS

Negocio	Valor estimado (M$)
Automóviles y camiones	6.000
Componentes para automoción	6.000
Satélites y componentes electrónicos	19.000
Sistemas de información	27.000
Valor teórico por negocios independientes	58.000

A título de ejemplo, IBM, como el resto de grandes empresas de informática, clasifica sus actividades en los grupos que indica el cuadro 2, donde también figura el peso de cada actividad en las ventas totales y el margen bruto (ventas-coste de ventas) sobre ventas[2]. El elevado crecimiento de servicios parece convertir a esta actividad en el eje del desarrollo estratégico de la empresa, en contraposición a planteamientos anteriores basados en la venta de equipos.

Cuadro 2. ACTIVIDADES Y PARÁMETROS

	Participación en % sobre ventas totales	Margen/Ventas en %	Incremento anual Ventas 96/94
Equipos físicos	48	36%	6%
Servicios	21	20%	28%
Software	17	69%	7%
Mantenimiento	9	48%	–2%
Alquileres-financ.	5	56%	4%
Total	**100**	**40%**	**9%**

---

[2] Memoria anual del ejercicio 1996.

La evaluación por actividades complementa los habituales análisis de lo atractivo del sector y de la posición competitiva.

Un ejemplo de este enfoque lo ofrece Philips, que después de unas pérdidas en 1996 de 350 millones de dólares, emprendió un programa de venta o liquidación de actividades que no aportaban beneficios ni ofrecían, en su análisis, expectativas de crecimiento. Así, ha reducido su participación en la fabricación de videos, televisores, tarjetas inteligentes, aspiradores y amplificadores, duplicando en pocos meses la cotización de la acción[3]. En general, cuando se desinvierte en actividades que destruyen valor, el mercado reacciona favorablemente, incrementándose el valor de la empresa.

Otro ejemplo lo ofrece la empresa PULEVA que, como consecuencia de una mejor gestión de su cartera de activos, tendente a centrarse en su negocio básico y a abandonar otros periféricos, entre otras actuaciones, pasó de una situación de crisis en 1996, a alcanzar una revalorización bursátil enorme durante 1997.

Para calcular la creación de valor por actividades es preciso desagregar los resultados, las inversiones y la financiación. Cuando las unidades están organizadas en empresas independientes, este desglose es inmediato a partir de los respectivos estados contables. Pero esto sólo sucede en grandes corporaciones o en empresas que mantienen una cartera de participaciones diversificada.

Lo que es más habitual es que dentro de una empresa convivan negocios diferentes que contribuyen, más o menos independientemente, a la creación del valor global de la compañía.

El cuadro 3 presenta un ejemplo de una empresa con cinco unidades de negocio para las que se ofrecen sus datos financieros individuales. Se trata de una empresa de construcción que opera en cinco submercados tradicionales en el sector: edificación residencial y no residencial, obra civil, rehabilitación y actividades de saneamiento.

Dicho cuadro también añade información de la central corporativa, la cual agrupa funciones comunes para todos los negocios y para el desarrollo de nuevas actividades.

---

[3] *El País.* 10 de agosto de 1997.

Cuadro 3. INFORMACIÓN POR NEGOCIOS
(En millones de euros)

Negocios	Al inicio de 1998		Ejercicio 1998		
	Fondos propios	Valor teórico fondos propios	Beneficio neto	Dividendo	VEA
Edificación residencial	452	435	69	33	5,7
Edificación no residencial	473	647	85	41	18,8
Obra civil	803	1.729	202	98	89,6
Rehabilitación	382	1.298	139	67	85,5
Saneamiento	154	251	35	17	13,4
Central	62	−156	−19		−27,7
Total	**2.326**	**4.204**	**511**	**256**	**185,3**

Esta segregación entre negocios y central responde a la partición habitual de la estrategia. Mientras los primeros acometen la estrategia competitiva, definiendo cómo competir en los productos y mercados respectivos, la central se orienta a la estrategia corporativa o de participación, estableciendo las actividades en las que operar, formulando objetivos para cada una y repartiendo los recursos disponibles. Además, a la central le cabe otro instrumento de generación de valor mediante el esfuerzo para conseguir sinergias entre negocios, es decir, propiciar que se compartan entre ellos recursos físicos e intangibles.

No se abordan aquí los criterios a aplicar para repartir ingresos y costes entre actividades, lo que con frecuencia, exige aplicar precios de transferencia y distribuir costes de la central cuando se pueden aislar como directos de cada negocio. Sí cabe recordar que, como criterio general, se deben repercutir a cada unidad los costes de la central que tendría que soportar si operase independientemente.

El cuadro 3 ofrece datos significativos de cada actividad de la empresa del ejemplo que se comenta. Los fondos propios de la empresa imputables a cada negocio se reparten en proporción al activo neto de cada actividad, es decir, a la inversión que mantiene cada una en inmovilizado y capital circulante operativo. Este criterio de reparto es una aproximación, pues el activo neto de cada negocio viene expresado en términos contables, por lo que no considera ni su valor actualizado ni su valor de mercado.

En cualquier caso, el análisis que aquí se propone no exige una gran precisión numérica: es más útil por las orientaciones que ofrece que por la exactitud de sus estimaciones.

El cuadro 3 ofrece también el valor teórico de los fondos propios según se estimaron a principios del ejercicio en base al valor actual del flujo de caja previsto para el accionista. También recoge el beneficio neto de cada actividad, los dividendos imputables a cada una y el valor económico añadido para el accionista (VEA).

Igual que se han repartido los fondos propios, se considera que se ha distribuido el endeudamiento de la empresa en proporción al activo neto. Ello permite calcular los gastos financieros de cada actividad, suponiendo que todas ellas se financian con la misma estructura. De este modo, es posible calcular el beneficio neto o beneficio después de impuestos.

En cuanto a los dividendos, la política de la empresa ofrece una tasa de reparto del 50%. Por ello, los dividendos totales se reparten entre las actividades con beneficio neto positivo y según el importe relativo de cada uno. Por último, el valor económico añadido se calcula restando del beneficio neto el coste de los fondos propios contables de acuerdo con una tasa única de coste del 14%.

A partir del cuadro 3 se obtienen los datos que figuran en el cuadro 4. Los fondos propios a final del ejercicio de cada negocio se calculan añadiendo a los iniciales el beneficio retenido (beneficio neto menos dividendos) imputable a cada uno. Así, por ejemplo, para la edificación residencial, resulta:

$$\text{Fondos propios finales} = 452 + 69 - 33 = 488$$

De cada actividad se incluye la tasa de crecimiento a que se espera que crezca el valor económico añadido, a partir de 1999 y en el marco de un modelo de crecimiento constante. Con este dato y los anteriores se estima el valor teórico de los fondos propios de cada negocio, referido a finales de 1998. Para ello, se tiene en cuenta que es igual al valor de los fondos propios más el valor actual de la corriente futura del valor económico añadido, según la fórmula 3 del capítulo 2.

Para la edificación residencial resulta:

$$VT = 488 + \frac{5,7 \cdot (1 + 0,04)}{0,14 - 0,04} = 547$$

Por último, el cuadro 4 ofrece el valor creado por cada actividad utilizando la fórmula 1 del capítulo 1, que establece que el valor creado es igual al aumento del valor teórico más el dividendo repartido menos el coste de los fondos propios a valor de mercado.

Para la edificación residencial resulta:

$$\text{Valor creado} = (547 - 435) + 33 - 0{,}14 \cdot 435 = 85$$

Se puede comprobar cómo la suma de los valores creados por todas las actividades coincide con el que se calcula directamente para el conjunto de la empresa, que asciende a 54 millones según el siguiente cálculo:

$$\text{Valor total creado} = (4.591 - 4.204) + 256 - 0{,}14 \cdot 4.204$$

La última columna del cuadro 4 muestra el valor creado por cada actividad en relación al valor teórico inicial, es decir, el índice de creación de valor.

Cuadro 4. VALOR CREADO POR UNIDADES DE NEGOCIO

Negocios	Al final de 1998			Valor creado en 1998	
	Fondos propios	Crecimiento esperado	Valor teórico fondos propios	En millones	En %
Edificación residencial	488	4,0%	547	85	19,4%
Edif. no residencial	517	3,0%	693	−4	−0,6%
Obra civil	908	4,5%	1.893	19	1,1%
Rehabilitación	454	4,0%	1.343	−69	−5,3%
Saneamiento	172	2,0%	286	17	6,8%
Central	43	1,0%	−172	6	N.A.
Total	**2.582**		**4.591**	**54**	**1,3%**

Los cálculos realizados incorporan la hipótesis, para simplificar, de un crecimiento constante del valor económico añadido de cada actividad. Si no fuese así habría que efectuar proyecciones individualizadas por año.

Un análisis del cuadro 4 permite concluir que sólo las unidades de edificación no residencial y rehabilitación han destruido valor y a pesar de que su valor económico añadido ha sido positivo, lo cual ratifica que este indicador no constituye un criterio válido para medir la creación de valor. Estas dos actividades exigen una reestructuración que mejore sus expectativas de flujos futuros para evitar considerar su liquidación. Aunque el objetivo de mantener la variedad de actividades para ofertar a los clientes podría aconsejar su mantenimiento a pesar de los adversos resultados económicos.

En cualquier caso, más importante que el valor creado hasta la fecha es el potencial para crear valor. Para ello, es preciso implantar acciones que permitan mejorar las expectativas futuras. De hecho, una actividad puede haber estado destruyendo valor en el pasado y sin embargo ofrecer la oportunidad de crear valor si se identifican y aplican acciones correctoras que permitan mejorar sus resultados.

La interpretación de los resultados de la unidad central es siempre complicada, pues su contribución es, con frecuencia, difícilmente cuantificable. La central permite, entre otras cosas: una mayor capacidad de endeudamiento, compensar fiscalmente las pérdidas de las unidades deficitarias, alcanzar economías de escala en determinadas funciones, potenciar una marca o nombre que ampare y de credibilidad en el mercado a las diferentes unidades y acceder a información general o de mercados específicos de forma más eficaz.

La figura 1 representa el valor creado por cada división y central del ejemplo en función del importe de fondos propios que absorbe cada unidad.

Este tipo de análisis del valor creado por actividades debe efectuarse periódicamente a fin de conseguir que las decisiones de potenciación o abandono de actividades tengan la oportunidad apropiada.

Por último, cabe insistir en que los modelos expuestos son fácilmente manipulables por basarse en estimaciones sobre comportamientos futuros y por la gran sensibilidad de los resultados a las hipótesis que se formulen. Por ello, es necesario efectuar pruebas de coherencia de modo que los resultados obtenidos sean razonables con: la evolución hasta la fecha, las expectativas de la economía, la evolución previsible del sector de actividad y la posición competitiva de la empresa. Igualmente, han de procurar mantenerse los criterios de cálculo de un período al siguiente, pues a efectos de gestión lo importante son las variaciones que vaya experimentando el valor de cada actividad, más que el propio importe que pueda alcanzar éste en un momento determinado.

A continuación se presenta un caso práctico más detallado del análisis del valor por actividades.

Figura 1. VALOR CREADO Y FONDOS PROPIOS
(En millones de euros)

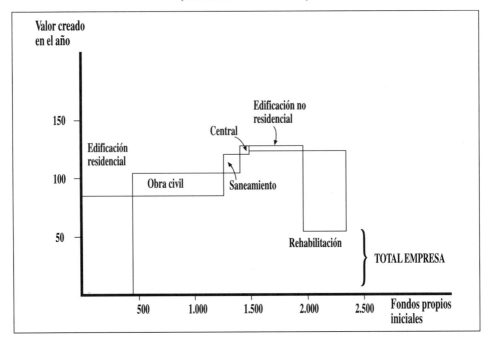

2. UNA APLICACIÓN: EL GRUPO CASDER

Antonio Aguilar, nombrado Director General de CASDER hace cinco meses, analiza, a finales de 1998, la situación de la empresa al objeto de formular una estrategia de reestructuración y relanzamiento del grupo.

CASDER es un grupo familiar constituido en 1980 por Francisco y Jaime Casder. Cuando se jubilaron ambos, tomó la dirección, en 1993, Javier, hijo de Jaime, pero el descontento por la marcha de la empresa y las discrepancias surgidas entre los primos propició una solución de consenso con el nombramiento de Antonio Aguilar como árbitro entre las partes y con el encargo de presentar una propuesta para resolver los litigios entre ellos.

El Consejo de Administración de CASDER está integrado por los ocho primos, cada uno con el 12,5% de las acciones. También asisten, sin derecho a voto, el secretario del Consejo y el Director General.

Antonio Aguilar es consciente de que los accionistas están, en general, insatisfechos con la marcha de las operaciones. Incluso uno de los hermanos del anterior Director General y éste mismo, los más discrepantes en las reuniones de Consejo, aunque con sólo un 25% de la propiedad, bloquean la adopción de medidas de reestructuración y han mostrado interés en vender su parte si encuentran un comprador interesado. Los otros dos hermanos de Javier, aunque están en general más de acuerdo con sus primos sobre la evolución deseable para CASDER, no desean enfrentamientos con sus hermanos y, por ello, vienen tratando de mantener la concordia familiar y conciliar posiciones.

Pero, últimamente, Javier y su hermano han presionado al resto de los accionistas para que les compren su participación a su valor contable, estimado en unos 450 millones. La oferta no ha sido aceptada por el resto de los socios debido, entre otras razones, a su falta de liquidez y de interés en aumentar su participación.

3. LAS DIVISIONES DEL GRUPO

CASDER se compone en la actualidad de cuatro divisiones que no ostentan un régimen jurídico independiente aunque operan con marcas diferenciadas bajo el paraguas de la misma empresa. Las cuatro operan en mercados maduros, competitivos y sin estacionalidades importantes.

La división de mayor tamaño es CADORA, que arrancó en 1985 y fabrica y comercializa cajas registradoras para tiendas pequeñas y supermercados. Si bien, inicialmente, el segmento de los supermercados absorbía buena aparte de su producción, la progresiva concentración del sector de distribución en grandes cadenas de ámbito nacional le fue restando importancia, pues las cadenas adquieren sistemas integrados de los que carece CADORA. Por ello, la división se ha ido concentrando en el suministro de máquinas a pequeñas tiendas familiares en actividades muy diversas. Su capacidad para ofertar cajas registradoras económicas y con software específico, su rapidez de entrega y su excelente servicio posventa, le ha permitido consolidar una buena reputación en este nicho del mercado, menos apetecido por las grandes marcas, que buscan volúmenes elevados y cuentan con menos capacidad de trato diferenciado a cada cliente.

El proceso de producción de CADORA consiste en ensamblar los equipos a partir de componentes que adquiere a suministradores externos. Su ámbito geográfico de actuación se circunscribe al triángulo formado por Madrid, Valencia y Sevilla, aunque su equipo directivo considera que existen excelentes oportunidades para ampliar la cobertura a otras zonas de España, y en concreto a Galicia y a la cornisa cantábrica. Esta expansión no se ha realizado debido a la indefinición estratégica que padece el grupo.

El software de las cajas registradoras fue desarrollado, en un principio, por otra empresa del grupo (SERINFO), quien también se encargaba de su mantenimiento, instalación y asistencia técnica. Sin embargo, con el tiempo, y a fin de alcanzar mayor flexibilidad para atender a sus clientes, la misma CADORA, con el apoyo de SERINFO, fue organizando su propio equipo de software, que en la actualidad es totalmente autónomo.

Los resultados de CADORA han progresado al aumentar su parque instalado y con el incremento de los contratos de asistencia técnica y reposición de equipos. Estos dos conceptos son, en la actualidad, más importantes en cuanto a ingresos que la venta de equipo a clientes nuevos. Por ello, los responsables de CADORA están presionando para conseguir la autorización necesaria para acometer la ampliación de su mercado. De hacerse ésta, el crecimiento de las operaciones y de las ventas podría pasar del 4% actual a un 6% al año.

La segunda división en importancia es FISOCAL, que se constituyó en 1988 para la fabricación y venta de filtros y soportes para ordenadores personales y de cables de conexión entre equipos informáticos. La división se creó cuando CASDER compró tres pequeñas empresas dedicadas, cada una, a la fabricación de uno de los mencionados productos. La similitud de los clientes propició que las tres se agrupasen bajo una sola marca comercial, compartiendo la fuerza de ventas, aunque cada una mantuvo sus instalaciones independientes, que se encuentran en régimen de alquiler. La división, además de vender en España, ha sido capaz de generar unas ventas importantes y estables en el mercado de exportación.

Existe en FISOCAL un viejo proyecto de agrupar los tres procesos de fabricación en una sola nave, pero por discrepancias en el Consejo se ha postergado su implantación. El coste de esta consolidación se calcula en unos 20 millones de pesetas y permitiría reducir en un 4% sus costes operativos, aunque el crecimiento del negocio se mantendría en el 3,5% estimado en la actualidad y similar al que se prevé que experimentará el sector. En relación con esta concentración se estima que los 20 millones podrían financiarse con la venta de equipo, a su valor contable, que sobraría al agruparse los procesos de producción.

FABARNA, que se dedica a la fabricación de archivadores metálicos y de madera para oficinas, es la tercera división y fue el origen del grupo

CASDER. Con la progresiva informatización de las operaciones administrativas, este mercado se ha ido estancando mostrando para el futuro unas expectativas de crecimiento de las ventas de sólo un 2%. La fuerte competencia en el mercado ha reducido los márgenes de venta, que en un inicio fueron atractivos y permitieron la expansión del grupo. En la actualidad la situación se ha estabilizado debido al cese de actividades de algunos de los competidores, aunque los resultados de la división siguen siendo insatisfactorios.

Una acción que baraja Aguilar es la de liquidar esta división. La posibilidad de encontrar un comprador le parece remota por la difícil situación que atraviesa el mercado. Además, en la última reunión del Consejo en la que planteó esta opción, recibió una fuerte oposición de los dos accionistas discrepantes, quienes rechazaron vender la cabecera de CASDER por haber sido la primera actividad que fundó su padre. Otro accionista mostró preocupación por el futuro de la plantilla, a la que todos los primos conocen desde que eran niños.

FABARNA tiene su planta en un solar próximo a la M–40 de Madrid, por lo que ha experimentado una fuerte revalorización. Antonio Aguilar encargó, recientemente, una tasación del solar a una empresa especializada, obteniendo una estimación del mismo, sin edificar, de unos 700 millones de pesetas. En cuanto a los gastos de liquidación, incluidos el derribo y desescombro, el desguace de la maquinaria, la indemnización al personal y los honorarios de abogado, notario y Registro de la Propiedad, se estiman en torno a 100 millones de pesetas. La viabilidad de esta liquidación se confirma porque Aguilar ha recibido, recientemente, alguna llamada de potenciales compradores del terreno, a los que de momento no ha respondido.

La última división, SERINFO, fue creada en 1985 para la prestación de servicios informáticos con la idea de soportar el arranque de CADORA y de captar clientes externos al grupo. Los primeros trabajos externos fueron realizados para una agrupación de empresas ubicadas en un polígono industrial del sur de Madrid y que absorbe ya más del 80% de su carga de trabajo. La importancia de esta agrupación, que negocia colectivamente con SERINFO, ha reducido sus márgenes, orienta su desarrollo tecnológico, exige la realización de importantes inversiones, pacta unos dilatados plazos de pago de sus servicios y fuerza siempre la prioridad para sus encargos.

En realidad, SERINFO se encuentra cautivo de dicha agrupación, lo que condiciona su desarrollo y viabilidad futuros. De hecho, las expectativas de crecimiento se limitan a un 2%, sin que se vislumbre la posibilidad de mejorar márgenes.

Durante los últimos meses el representante de la agrupación cliente ha mostrado interés en adquirir los equipos físicos de SERINFO e incluso ha valorado la posibilidad de absorber al personal. En una última reunión, en la que ya participó Antonio Aguilar, se barajó un precio de venta en torno a los 30 millones de pesetas por la marca, la propiedad de los paquetes desarrollados, el inmovilizado y la subrogación de la plantilla.

De realizarse la venta, CASDER se quedaría con el capital circulante y se comprometería a no competir con los nuevos propietarios durante cinco años.

Por último, CASDER dispone de una oficina que centraliza algunas tareas comunes a las divisiones, como contabilidad, tesorería, administración, personal, financiación, asuntos legales, impuestos y seguros. Este centro, abierto en 1994, se creó también con la idea de explorar nuevas actividades, pero, aunque existen oportunidades en cartera, no se ha acometido ninguna por la parálisis que padece la empresa. En cuanto a la previsión de incremento de los gastos de central, existe un consenso generalizado de que deben restringirse al máximo. Por ello, se considera que una tasa de crecimiento del 2% es la máxima admisible en la actual coyuntura.

Aguilar es consciente de que si liquida FABARNA y vende FISOCAL podrá obtener ahorros en los gastos de la oficina central e incluso sería factible trasladarla a unos locales disponibles en CADORA. Además, considera que dicha oficina debe revitalizar su función de búsqueda y desarrollo de nuevas actividades para relanzar el crecimiento y rentabilidad de CASDER.

4. SITUACIÓN DE PARTIDA

Desde su entrada en el grupo, Antonio Aguilar se ha dedicado a conocer los distintos negocios y, con la ayuda de sus respectivos responsables, ha elaborado las previsiones para 1999 que recoge el cuadro 5. Estas han sido obtenidas después de rigurosos análisis de los mercados servidos y de las operaciones internas y resumen, satisfactoriamente, las expectativas de los respectivos responsables y del propio Aguilar. No incluyen, sin embargo, las eventuales acciones de cambio que está planteándose la empresa: son proyecciones ajustadas de los negocios en base a la perspectiva de continuar como hasta ahora.

Las previsiones del cuadro 5 fueron presentadas por Aguilar en un reciente Consejo y, después de una discusión minuciosa, fueron aprobadas por unanimidad.

Cuadro 5. PREVISIONES PARA 1999
(En millones de pesetas)

Cuenta de resultados	CADORA	FISOCAL	FABARNA	SERINFO	CENTRAL	TOTAL
1. Ventas	1.811	971	507	127	0	3.416
2. Costes operativos	1.428	786	389	112	35	2.750
3. Amortización	83	62	38	8	5	196
4. Beneficio económico	300	123	80	7	–40	470
5. Intereses					120	120
6. Beneficio antes imptos.	300	123	80	7	–160	350
7. Impuestos (30% de 6)	90	37	24	2	–48	105
8. Beneficio neto	210	86	56	5	–112	245

Resumen balance inicial	CADORA	FISOCAL	FABARNA	SERINFO	CENTRAL	TOTAL
9. Activo circulante	534	645	198	37	12	1.426
10. Inmovilizado neto	1.064	493	639	77	97	2.370
11. Activo total (9+10)	1.598	1.138	837	114	109	3.796
12. – Pasivo espontáneo	348	195	87	14	9	653
13. = Activo neto (11–12)	1.250	943	750	100	100	3.143
14. Deuda bancaria						1.194
15. Fondos propios						1.949

Ratios seleccionados	CADORA	FISOCAL	FABARNA	SERINFO	CENTRAL	TOTAL
Coste operativo/Ventas (2/1)	78,9%	80,9%	76,7%	88,2%		80,5%
Amortización/Ventas (3/1)	4,6%	6,4%	7,5%	6,3%		5,7%
Margen (4/1)	11,6%	8,9%	11,0%	3,9%		7,2%
Rotación (1/13)	1,4	1,0	0,7	1,3		1,1
Rentabilidad económ. (4/13)	24,0%	13,0%	10,7%	7,0%	–40,0%	15,0%
Endeudamiento (14/15)						0,61
Cobertura de intereses (4/5)						3,9
Rentabilidad financ. (8/15)						12,6%

Puesto que la contabilidad de CASDER desagrega por línea de negocio las ventas, los costes, las inversiones y la financiación espontánea, fue fácil obtener datos históricos de cada uno como elemento de referencia para realizar las previsiones. También se realizó una revisión detallada de todas las cuentas para asegurar la fiabilidad de esta información de partida, que, por otro lado, se audita todos los años por una firma externa de reconocida solvencia técnica.

Además, Aguilar ha aplicado una serie de criterios para repartir parte de los gastos de la central entre las divisiones de modo que absorban una porción equivalente a los gastos en que incurrirían, razonablemente, de operar como empresas independientes. Después de varias iteraciones, el reparto realizado contó con el acuerdo de los distintos responsables de división, que lo encontraron razonable. De los 95 millones de gastos de la central, previstos para 1999, se han imputado a las divisiones 60 millones, con el siguiente desglose:

En millones de pesetas	CADORA	FISOCAL	FABARNA	SERINFO	CENTRAL	TOTAL
GASTOS REPARTIDOS	30	17	10	3	35	95

Lo que no se ha hecho ha sido distribuir los costes de la financiación bancaria, una parte importante de la cual se compone del descuento de efectos comerciales girados a clientes. Los gastos financieros se imputan, por tanto, a la central. La financiación espontánea de las unidades, tal y como la ha estimado Aguilar y según aparece en el cuadro 5, incluye proveedores, acreedores, IVA e IRPF a pagar e impuesto de sociedades previstos. El dividendo a distribuir correspondiente a 1998, que se estima en unos 100 millones de pesetas, se incluye en los fondos propios previstos para finales de 1998 de 1.949 millones de pesetas, hasta que la Junta de Accionistas no apruebe el reparto del beneficio del año.

CASDER opera bajo el criterio de tesorería nula, disponiendo de una póliza de crédito de utilización variable como cuenta reguladora del movimiento de fondos.

5. VALOR ACTUAL DE LAS DIVISIONES

A continuación, Aguilar calculó el coste medio de capital de la empresa. Teniendo en cuenta la estructura actual de financiación de CASDER, expresada en términos contables, el coste del 10,05% previsto para la deuda bancaria y el coste de los fondos propios del 14%, obtuvo un coste medio del 11,35%, según muestra el cuadro 6. El coste de los fondos propios lo ha estimado añadiendo siete puntos y medio al rendimiento actual de la Deuda del Estado a largo plazo. La tasa así obtenida del 14% la ha contrastado con algunos accionistas, confirmando que esta rentabilidad responde a sus expectativas de rendimiento para apoyar el desarrollo de CASDER. En cuanto al coste de la deuda, se reduce del 10,05% al 7,04% como consecuencia del ahorro fiscal que provocan los intereses.

Cuadro 6. COSTE MEDIO DE CAPITAL
(después de impuestos)

Fuente	Participación	Coste	Contribución
FONDOS PROPIOS	62,01%	14,00%	8,68%
DEUDA BANCARIA	37,99%	7,04%	2,67%
		COSTE MEDIO =	11,35%

El conocimiento de este dato le ha permitido obtener el valor económico añadido por cada negocio como producto del activo neto respectivo por la diferencia entre su rentabilidad económica después de impuestos y el coste medio de capital, alcanzando los valores que indica el cuadro 7.

Cuadro 7. DESGLOSE POR NEGOCIOS DEL VALOR
ECONÓMICO AÑADIDO

	CADORA	FISOCAL	FABARNA	SERINFO	CENTRAL	TOTAL
Activo neto	1.250	943	750	100	100	3.143
Rentabilidad económica después impuestos	16,8%	9,1%	7,5%	4,9%	−28,0%	10,5%
Margen financiero	5,4%	−2,2%	−3,9%	−6,5%	−39,4%	−0,9%
Valor económico añadido	68	−21	−29	−6	−39	−28

Sólo CADORA, con una rentabilidad económica después de impuestos superior al coste medio de capital, parece cubrir todos los costes, incluido el de capital, necesarios para obtener los ingresos. Incluso la empresa en su conjunto obtiene un valor económico añadido negativo de 28 millones.

Posteriormente, Aguilar calculó (ver cuadro 8) el valor teórico del activo neto de cada negocio en base al valor actual del flujo operativo de caja que prevé que generará. Para ello, dada la estabilidad que parecen ofrecer las divisiones, ha aplicado el modelo de una renta perpetua de importe inicial el flujo previsto para 1999, a una tasa de crecimiento igual a la esperada para las actividades y con una tasa de descuento equivalente al coste medio de capital de CASDER.

Para obtener estos valores ha preparado el cuadro 8, que calcula el flujo de caja de cada negocio sin tener en cuenta los desembolsos ligados a la deuda ni los dividendos. Por ello, los importes obtenidos estiman el valor del activo neto de cada negocio en base a la corriente de rentas que producirá su explotación. La partida de inversión anual recoge la estimación de la suma de los aumentos previstos de inmovilizado y capital circulante operativo.

De su análisis ratifica la gran importancia que tiene CADORA para el grupo, pues supone un 72% del valor total. SERINFO, por el contrario, aparece como una actividad marginal a estos efectos. También observa la repercusión de la oficina central, cuestionándose si de verdad contribuye tanto a las actividades como para justificar que reduzca el valor económico de las cuatro divisiones en casi un 10%.

Cuadro 8. VALORACIÓN DEL ACTIVO NETO POR NEGOCIOS
(al 1 de enero de 1999)

	CADORA	FISOCAL	FABARNA	SERINFO	CENTRAL	TOTAL
16. Beneficio económico	300	123	80	7	−40	470
17. Amortización	83	62	38	8	5	196
18. − Impuestos (30%/16)	−90	−37	−24	−2	12	−141
19. Inversión anual	−133	−95	−53	−10	−7	−298
20. = Flujo operativo de caja	160	53	41	3	−30	227
21. Crecimiento futuro	4,0%	3,5%	2,0%	2,0%	2,0%	
22. Valor teórico activo neto	2.176	676	438	31	−321	3.000
% del valor total	72%	23%	15%	1%	−11%	100%

Con estos resultados concluye que el valor de los fondos propios se eleva a 1.806 millones de pesetas, obtenido por diferencia entre el valor del activo neto (3.000) y la deuda (1.194). Así pues, el valor teórico de la inversión de los accionistas es inferior a su valor contable de 1.849 millones obtenido de restar de su valor previsto para finales de 1998 el importe de los dividendos estimados. Un resultado, sin duda, poco satisfactorio.

Aunque es consciente de las simplificaciones que introduce el modelo aplicado, lo considera suficientemente aproximado para obtener una idea razonable de lo que vale cada negocio en base a sus rentas futuras. Piensa que el realizar previsiones año a año de los flujos de caja, en vez de sustituirlos por la fórmula de una renta perpetua creciente, daría unos resultados similares debido a la manifiesta madurez y estabilidad de las actividades de las divisiones.

Tampoco considera relevante haber utilizado la misma tasa de descuento para todas las unidades. Además, haberse creado las divisiones en distintos años y no poder asociar la financiación específicamente a cada una de ellas, dificulta calcular el coste de capital respectivo.

6. PLAN DE ACCIÓN ENFOCADO AL VALOR

A continuación se propone introducir en el modelo de valoración de negocios las acciones posibles para cada uno, según se han descrito anteriormente y que son las siguientes:

- CADORA: acometer la extensión geográfica de las operaciones a fin de alcanzar una tasa de crecimiento del 6%.

- FISOCAL: proceder a agrupar las operaciones de fabricación y obtener una reducción de costes operativos del 4%, realizando una inversión de 20 millones, simultánea a la venta del equipo redundante.

- FABARNA: liquidar la división y vender el terreno. Deduciendo de la venta del terreno los gastos de cierre y el valor contable del inmovilizado se obtiene una pérdida de 39 millones. Se supone que CASDER recuperará el activo circulante y abonará el pasivo circulante.

- SERINFO: vender la división por 30 millones de pesetas, de los que, al deducir el valor contable del inmovilizado, resulta una pérdida de 47 millones. Se considera el mismo tratamiento del circulante que en el caso anterior.

– CENTRAL: trasladar la oficina alquilada a locales disponibles en CADORA y reenfocar su actuación para que la menor carga de trabajo provocada por la reducción del número de divisiones permita una mayor atención a la evaluación y puesta en marcha de nuevas actividades. Con esta medida, los gastos de central se reducirían de los 95 millones actuales a 69, imputándose 22 a CADORA y 13 a FISOCAL. Su implantación no originaría indemnizaciones de personal, pues la plantilla excedente tiene contratos temporales que se cancelarían. El coste de amortización se reduciría de 5 a 2 millones.

Aguilar considera que tiene tiempo suficiente para que las acciones anteriores estén culminadas a primeros de 1999, siempre y cuando se aprueben previamente por el Consejo.

Según este plan de actuación ha reelaborado las previsiones para 1999 según recoge el cuadro 9, que muestra que la liquidación de las dos divisiones originarían unas pérdidas contables que permitirían reducir la carga fiscal del siguiente ejercicio, haciendo más atractiva la propuesta de liquidación.

Cuadro 9. PREVISIONES REVISADAS PARA 1998
(en millones de pesetas)

Cuenta de resultados	CADORA	FISOCAL	FABARNA	SERINFO	CENTRAL	TOTAL
1. Ventas	1.846	971			0	2.817
2. Costes operativos	1.447	751			34	2.232
3. Amortización	85	61			2	148
4. Beneficio económico	314	159	−39	−47	−36	351
5. Intereses					98	98
6. Beneficio antes imptos.	314	159	−39	−47	−134	253
7. Impuestos (30% de 6)	94	48	−12	−14	−40	76
8. Beneficio neto	220	111	−27	−33	−94	177

Otro aspecto que contempla Aguilar se refiere a la estructura de financiación apropiada. Si bien la situación actual la considera ajustada, con un ratio de cobertura de intereses de 3,9, estima que podría establecerse como política estable a largo plazo aumentar la deuda bancaria hasta un 40% de la financiación total, siendo fondos propios el resto. Con esta nueva estructura, que equivale a un ratio de endeudamiento contable del 66,6%, resulta un coste medio de capital de CASDER del 11,21% según calcula el cuadro 10.

Cuadro 10. NUEVO COSTE MEDIO DE CAPITAL

	Participación	Coste	Contribución
FONDOS PROPIOS	60,00%	14,00%	8,40%
DEUDA BANCARIA	40,00%	7,04%	2,81%
		COSTE MEDIO =	11,21%

En base a los datos del cuadro 9, Aguilar recalcula el flujo operativo de caja de cada división para el ejercicio 1999 según indica el cuadro 11. En el caso de FABARNA y SERINFO los flujos calculados son terminales y se materializarían en tesorería o en deudores según los términos de pago en que se pacte la venta de sus activos.

7. LAS NUEVAS VALORACIONES

Aplicando las tasas de crecimiento previstas para cada una de las divisiones que permanecerían en la empresa y el nuevo coste de capital, obtuvo los valores teóricos que recoge el cuadro 11. Aunque la venta de las dos divisiones a liquidar se produciría, probablemente, a primeros de 1999, considera que su valor teórico debe estimarse en base a los importes previstos de enajenación.

Cuadro 11. VARIACIÓN DEL VALOR POR NEGOCIOS
(al 1 de enero de 1999)

Cuenta de resultados	CADORA	FISOCAL	FABARNA	SERINFO	CENTRAL	TOTAL
16. Beneficio económico	314	159	−39	−47	−36	351
17. Amortización	85	61			2	148
18. − Impuestos (30%/16)	−94	−48	12	14	11	−105
19. − Inversión anual	−136	−95	750	100	−5	614
20. = Flujo operativo de caja	169	77	723	67	−28	1.008
21. Crecimiento futuro	6,0%	3,5%			2,0%	
22. Valor teórico activo neto	3.243	1.000	723	67	−306	4.726
Incremento de valor	49%	48%	65%	116%	5%	58%
% del valor total	69%	21%	15%	1%	−6%	100%

La inversión anual con signo positivo de FABARNA y SERINFO corresponde a la desinversión prevista por la liquidación y se calcula a partir de:

	FABARNA	SERINFO	TOTAL
Baja del inmovilizado	639	77	951
+ Activo circulante inicial	198	37	235
− Pasivo espontáneo inicial	−87	−14	−101
Importe de la desinversión	750	100	850

En cuanto al valor teórico de ambas divisiones, despreciando el efecto financiero del crédito fiscal que se recuperará en el año 2000, coincide con el flujo operativo de fondos y se obtiene, alternativamente, por:

	FABARNA	SERINFO	TOTAL
Ing. neto de la venta de activos	600	30	630
+ Activo circulante inicial	198	37	235
− Pasivo espontáneo inicial	−87	−14	−101
+ Crédito fiscal por liquidación	12	14	26
Valor de liquidación	723	67	790

Si bien el crédito fiscal incrementa el valor de la venta de activos, sin embargo se mantendrá como un activo circulante hasta que se recupere en la liquidación del impuesto de sociedades a presentar en julio del 2000. Por ello, la liquidez generada en el año será de 764 millones (790−26).

En el nuevo escenario el valor del activo neto de CASDER se incrementa de 3.000 millones de pesetas a 4.726 con un aumento del 58%. De mantenerse la deuda prevista para finales de 1998 en 1.194 millones, el valor teórico de los fondos propios se elevaría a 3.532 millones con un aumento del 96%. Además, Aguilar valora que la reducción de las actividades le permitirá liberar fondos y concentrar sus esfuerzos en las dos divisiones más importantes, que constituyen su negocio básico, y en el crecimiento del grupo en torno a sus capacidades clave.

En relación con el activo neto, a primeros de 1999 quedaría como muestra el cuadro 12, en el que se supone realizada la liquidación de las dos divisiones. Con una liquidez generada por las ventas de activos de 764 millones de pesetas, CASDER podría recomprar las acciones de los socios que desean vender por importe de unos 450 millones de pesetas y así conseguir un Consejo más homogéneo que apoyase el desarrollo del grupo. Si bien el beneficio neto de 1999 se reduciría en 68 millones (de los 245 previstos en el cuadro 5 a los 177 recalculados en el 9), considera que los accionistas que quedasen podrían aceptarlos para, en un año, sanear el grupo y prepararle para una fase nueva de expansión, interrumpida desde que se retiraron sus dos fundadores.

El activo neto contable se reduce de 3.143 millones (cuadro 5) a 3.083 (cuadro 12) siendo la diferencia de 60 millones igual a la pérdida contable después de impuestos generada por la venta de las dos divisiones (27 y 33 millones). Este importe es igual, también, a la diferencia entre el activo neto inicial de ambas divisiones (750 + 100) y el valor estimado de su liquidación (790).

Cuadro 12. ACTIVO NETO INICIAL REVISADO PARA 1999
(en millones de pesetas)

Resumen activo neto inicial	CADORA	FISOCAL	FABARNA	SERINFO	CENTRAL	TOTAL
9. Activo circulante	534	645	723	67	12	1.981
10. Inmovilizado neto	1.064	493			97	1.654
11. Activo total (9 +1 0)	1.598	1.138	723	67	109	3.635
12. – Pasivo espontáneo	348	195			9	552
13. = Activo neto (11 – 12)	1.250	943	723	67	100	3.083

De aceptarse este plan por el Consejo y recomprar acciones por 450 millones de pesetas, el nuevo Balance podría ser el presentado en el cuadro 13, que ya deduce de los fondos propios la pérdida contable de la venta de las dos divisiones y la recompra proyectada de acciones. Además, se supone que se cancelan 220 millones de pesetas correspondientes a la financiación por descuento bancario imputable a FABARNA y SERINFO. El ratio de endeudamiento contable se elevaría al 67,7%, sólo un punto por encima del objetivo fijado por Aguilar.

Cuadro 13. BALANCE INICIAL REVISADO PARA 1999
(en millones de pesetas)

Resumen balance inicial	CADORA	FISOCAL	CENTRAL	TOTAL
9. Activo circulante	534	645	132	1.311
10. Inmovilizado neto	1.064	493	97	1.654
11. Activo total (9 + 10)	1.598	1.138	229	2.965
12. – Pasivo espontáneo	348	195	9	552
13. = Activo neto (11 – 12)	1.250	943	220	2.413
14. Deuda bancaria				974
15. Fondos propios				1.439

Como consecuencia de los movimientos derivados del plan de Aguilar, el activo circulante de central pasaría de los 12 millones previstos inicialmente a 132, según justifica el cuadro 14. Este aumento se materializaría, durante 1999, en tesorería, excepto el crédito fiscal de 26 millones de pesetas surgido de las pérdidas por la venta de activos.

Cuadro 14. VARIACIÓN DEL ACTIVO CIRCULANTE DE LA CENTRAL
(en millones de pesetas)

+ ACTIVO CIRCULANTE INICIAL	12
+ VALOR LIQUIDACIÓN FABARNA	723
+ VALOR LIQUIDACIÓN SERINFO	67
– RECOMPRA DE ACCIONES	–450
– CANCELACIÓN DESCUENTO BANCARIO	–220
ACTIVO CIRCULANTE FINAL	132

La reducción de los fondos propios permitiría alcanzar una rentabilidad financiera del 12,3% (177/1.439) en 1999 aun a pesar del impacto negativo de las pérdidas contables previstas por la venta de ambas divisiones y de no incluir los previsibles rendimientos de la tesorería excedente.

Puesto que en los años sucesivos estas pérdidas extraordinarias no se producirían, es de esperar que dicha rentabilidad se iría incrementando. Para 1999, sin considerar las pérdidas resultado de la reestructuración, el beneficio neto sería de 237 millones y la rentabilidad financiera alcanzaría el 16,5%, que parece un objetivo más razonable a largo plazo.

El cuadro 15 resume los mecanismos previstos que soportan la crea-ción de valor en la reestructuración de CASDER. En su conjunto apoyan los cinco objetivos presentes en todo proceso de este tipo, cuyo objetivo último ha de ser conseguir resultados sostenibles una vez culminada aque-lla, y que son:

1.º Obtener liquidez mediante la reducción de activos.

2.º Recomponer la estructura de financiación y la participación socie-taria.

3.º Mejorar la rentabilidad impulsando ventas y reduciendo costes.

4.º Implantar medidas para que la mejora de la rentabilidad sea soste-nible y los efectos favorables de la reestructuración perduren.

5.º Propiciar el crecimiento en nuevas actividades.

Cuadro 15. MECANISMOS DE CREACIÓN DE VALOR EN CASDER

CADORA	CENTRAL
– Crecimiento por expansión geográfica.	– Reducción del coste de capital. – Reducción del tamaño y reorganización. – Reducción de impuestos. por pérdidas contables. – Recompra de acciones. – Inicio de nuevas actividades.
FISOCAL	
– Concentración de la producción. – Reducción de costes comunes.	
FABARNA	
– Liquidación y venta de activos.	
SERINFO	
– Venta de la división.	

Terminada su tarea de evaluación, Aguilar se propone presentar su pro-puesta en la próxima reunión del Consejo. Sabe que la decisión que se adopte no depende sólo de los cálculos que ha realizado, sino también de las relaciones entre los accionistas y de su reacción a las medidas que incluye su plan.

Capítulo 11

Valor creado por
la adquisición de empresas

1. TIPOLOGÍA DE OPERACIONES

La compra de una empresa por otra es una operación que se justifica por su capacidad para crear valor para los accionistas de ambas. La creación de valor surge cuando el valor de la entidad combinada supera a la suma de los valores de las dos empresas actuando de forma independiente. Culminada la operación, el valor creado se repartirá entre los accionistas de ambas empresas, en función de los términos del acuerdo. A veces sucede lo contrario, es decir, se destruye valor por la integración, debido por ejemplo a los costes de una mayor complejidad o a la canibalización mutua de mercados.

El éxito de una estrategia de adquisición de empresas se basa en identificar candidatos que valgan más para el comprador que para el vendedor. Igualmente, la estrategia de venta de una empresa depende de encontrar potenciales compradores que valoren más a la empresa que sus actuales propietarios.

Según sea la relación entre las actividades de las empresas participantes, la operación se clasifica, desde el lado de la compradora, como de: expansión horizontal, integración vertical y diversificación. La primera se produce cuando ambas empresas se encuadran en el mismo negocio. La segunda surge cuando la operación permite a la empresa compradora expandirse aguas arriba de su cadena de valor, irrumpiendo hacia sus fuentes de suministro, o aguas abajo, tomando posiciones en su canal de distribución. Por último, la diversificación supone entrar en nuevas actividades, sin relación con las actuales.

En una operación de compra, la empresa adquirente se hace con la totalidad de las acciones de otra empresa o una parte de las mismas, manteniéndola como una participada. Otros instrumentos análogos, que también permiten crear valor, se refieren a la compra de activos de otra empresa, a la consolidación o fusión de dos empresas de tamaño similar, para crear una nueva, o a la absorción de una empresa por otra en la que desaparece la primera. En la adquisición de activos, la empresa compradora abona el importe de la transacción directamente a la empresa en venta, mientras que en el resto de los casos, cuando hay cambio de propiedad de la empresa comprada, el pago se realiza a los accionistas de esta última empresa, en efectivo, en acciones de la empresa compradora o, incluso, en obligaciones o acciones preferentes[1] convertibles o algún otro instrumento.

Si la participación adquirida le permite a la empresa compradora ejercer el control de la empresa adquirida, probablemente tendrá que ofrecer un precio superior para inducir a aceptar la operación a un número suficiente de accionistas. Este premio refleja la prima que hay que abonar para adquirir el control.

Aunque no siempre es necesario afrontar este premio, puesto que la dispersión del accionariado en las grandes empresas que cotizan en Bolsa permite ejercer el control aun disponiendo sólo de un pequeño paquete de acciones. Así, algunas entidades financieras adquieren una participación minoritaria pero suficiente para ejercer un control efectivo sobre grandes empresas mediante la compra pausada de acciones en Bolsa. Participación, además, que se agranda debido a los mecanismos de delegación de la representación concedidos a su favor por los pequeños accionistas. El número de acciones que se pueden adquirir por este procedimiento queda limitado por la necesidad de tener que informar a la Comisión Nacional del Mercado de Valores cuando se supera el 5% de la participación. Si se desea tomar más de un 25% de la participación de una empresa, es preciso lanzar una OPA sobre sus acciones.

Durante los años 1997 y 1998 se han intensificado los procesos de compra y fusiones de empresas. Así, en el primero de dichos años este tipo de operaciones creció en importe, en Estados Unidos de América, casi un 50% sobre el volumen alcanzado en 1996. Las razones que sustentan este aumento son, entre otras:

– La creciente globalización de los mercados de productos y la convergencia entre sectores, en cuanto que fuerzan la entrada en nuevos territorios y amplían las oportunidades de diversificación relacionada, respectivamente.

– Las elevadas cotizaciones de las empresas compradoras que facilitaron abonar el precio de compra en acciones.

---

[1] Las acciones preferentes carecen de derecho de voto, pero tienen derecho a un dividendo mínimo prefijado, con prioridad al dividendo de las acciones ordinarias.

- Los excesos de tesorería acumulados por las grandes corporaciones, generadas por la bonanza económica.

- Los bajos tipos de interés que favorecen el endeudamiento necesario para apalancar la adquisición.

- La exigencia del mercado para que las empresas aumenten su beneficio por acción.

2. EL ESPEJISMO DEL BENEFICIO POR ACCIÓN

Es frecuente que en el análisis de este tipo de operaciones se analice la repercusión sobre el beneficio por acción de la empresa adquirente, en cuanto que el mercado lo considera un indicador relevante de su situación. Sin embargo, este criterio no indica si se crea valor o por el contrario se destruye. De hecho, la compra de una empresa puede aumentar el beneficio por acción de la adquirente sin que, necesariamente, la operación genere valor, según muestra el ejemplo siguiente.

Supongamos que la empresa AUROPA compra a la empresa CUARDA en una transacción que ni crea ni destruye valor. El cuadro 1 recoge los datos de las dos empresas antes de la operación y de la primera una vez que absorba a la segunda, en el supuesto indicado respecto a la no creación de valor, y aceptando que el pago a los accionistas de CUARDA se realiza mediante la entrega de acciones de AUROPA, que deberá efectuar una ampliación de capital para ello.

Cuadro 1. COMPRA SIN CREACIÓN NI DESTRUCCIÓN DE VALOR

Millones de euros	AUROPA	CUARDA	AUROPA+ CUARDA
1. Beneficio neto previsto	300	125	425
2. Valor de mercado	4.000	1.100	5.100
3. Valor de la acción (euros)	50	25	50
4. Número de acciones (millones)	80	44	102
5. Beneficio por acción (euros) (1/4)	3,75	2,84	4,17
6. Rentabilidad financiera de mercado (1/2)	7,50%	11,36%	8,33%

Si la operación no crea valor, el beneficio neto y el valor de mercado de la empresa combinada coinciden con la suma respectiva de ambas partidas referidas a cada empresa independiente. En la hipótesis de que el patrimonio de los accionistas de ambas empresas no varía por la transacción, la cotización de la empresa combinada debe ser igual a la que ofrecía AUROPA antes de la operación, a fin de que no se altere el patrimonio de sus accionistas. En consecuencia, el número de acciones a entregar a los accionistas de CUARDA deberá ser de 22 millones a fin de que también ellos mantengan el valor de su participación antes de la operación.

La línea 5 del mencionado cuadro calcula el beneficio por acción de las empresas individuales y de la combinada. El de ésta se incrementa de 3,75 a 4,17 euros y, sin embargo, el valor total no se altera. Ello se debe al trasvase que se produce entre rentabilidad a corto y expectativas de rentabilidad a largo, como se explica a continuación.

Los accionistas de AUROPA obtienen, antes de la operación, una rentabilidad financiera de mercado de sólo el 7,50%, lo que indica que el mercado está valorando fuertemente sus acciones porque debe esperar un crecimiento futuro importante. Parece que lo contrario sucede con los accionistas de CUARDA: su mayor rentabilidad de mercado, el 11,36%, responde a unas expectativas de crecimiento menores, suponiendo, como parece razonable, que las exigencias de rendimiento de ambos colectivos de inversores sean similares.

Cuando se combinan ambas empresas, los accionistas de AUROPA ven aumentar su rentabilidad financiera de mercado hasta el 8,33%, pero, al incorporar un crecimiento más moderado de CUARDA, se reducirán algo sus expectativas de crecimiento. Para los accionistas de CUARDA sucede al revés: disminuye su rentabilidad de mercado del 11,36% al 8,33%, pero aumentan sus expectativas de crecimiento por el potencial que aporta AUROPA y del que ellos, como nuevos propietarios, se beneficiarán.

El análisis anterior se confirma en base a los datos disponibles y si se supone un escenario compartido por ambas empresas de crecimiento constante. En este caso, admitiendo que la inversión coincida con la amortización anual y el índice de endeudamiento se mantenga, el flujo de caja del accionista coincide con el dividendo y el valor teórico de los fondos propios (VT) de la empresa se calcula a partir de una renta perpetua creciente según la expresión:

$$VT = \frac{BN}{R - c}$$

donde:

- BN = beneficio neto previsto
- c = tasa de crecimiento anual
- R = coste de capital de los fondos propios.

Despejando la tasa de crecimiento, resulta:

$$c = R - \frac{BN}{VT}$$

Suponiendo un coste de capital de los fondos propios de ambas empresas y de la combinada del 14% y sustituyendo en la fórmula anterior los valores del cuadro 1, se obtiene:

Tasa prevista de crecimiento	%
AUROPA	6,50%
CUARDA	2,64%
AUROPA + CUARDA	5,67%

La relación entre el valor de mercado y el beneficio neto previsto (el denominado índice PER) ofrece una aproximación de las expectativas de crecimiento que percibe el mercado: cuanto mayor sea el PER mayores serán dichas expectativas de crecimiento.

Empresa	Valor de mercado	Beneficio esperado	PER
AUROPA	4.000	300	13,3
CUARDA	1.100	125	8,8
AUROPA + CUARDA	5.100	425	12,0

AUROPA ofrece un PER mayor en cuanto que el mercado percibe un crecimiento más importante que el de CUARDA. En el primer caso está dispuesto a pagar 13,3 veces el beneficio neto esperado porque confía en que éste crecerá un 6,5% al año. En el caso de CUARDA sólo paga 8,8 veces porque el beneficio crecerá por debajo del 3%. La empresa combinada se sitúa en una posición de PER intermedia, aunque más próxima a la de AUROPA por su mayor ponderación.

De acuerdo con lo expuesto, el análisis del comportamiento del beneficio por acción no es representativo de la capacidad para crear valor en las operaciones de compra de empresas. Sin embargo, dado que el mercado sí es sensible a su evolución, siempre es preciso comprobar que no se diluye el beneficio por acción de la empresa compradora.

3. VALOR CREADO POR LA OPERACIÓN

La evaluación del valor creado en este tipo de transacciones se calcula de forma similar a cuando se evalúa un proyecto de inversión desarrollado internamente. El valor actual neto de un proyecto ofrece el valor que se espera que cree su ejecución y nace del exceso de su tasa interna de rentabilidad sobre el coste medio de capital de la empresa. Para que un proyecto de inversión cree valor es preciso que su rentabilidad esperada supere al coste medio de capital, es decir, que su valor actual neto sea positivo.

El valor total creado por una operación en la que una empresa compra a otra, con independencia de cómo se reparta entre ambos colectivos de accionistas, se obtiene por:

Valor creado = Valor combinado – valor compradora – valor vendedora (1)

donde el valor de ambas empresas individuales se refiere al previo al de la operación y el combinado al posterior de las dos, una vez consolidadas.

En cuanto al valor creado para los accionistas de la empresa compradora, se calcula restando del valor combinado de ambas empresas después de la compra la suma del valor de la empresa compradora antes de la operación más el precio satisfecho por la adquisición de la empresa vendedora. Es decir:

Valor creado compradora = Valor combinado – valor compradora – precio

En el caso de la empresa vendedora, el valor creado para sus accionistas se calcula restando del precio acordado su valor anterior a la operación, esto es:

Valor creado vendedora = Precio – valor vendedora

El valor total creado por la operación se obtiene como suma de los dos anteriores, en coherencia con la fórmula 1.

El reparto de este valor total entre ambos grupos de accionistas depende de las valoraciones que se acuerden entre las partes en el proceso de negociación de la operación. Puesto que dichas valoraciones suelen diferir cuando se calculan desde las ópticas de las empresas compradora y vendedora, lo que exige llegar a un acuerdo, la determinación del valor creado no es inmediata. Los accionistas de la empresa vendedora suelen apropiarse de más valor que los accionistas de la compradora en cuanto que ésta paga un premio por conseguir el control. Además, el vendedor puede beneficiarse de la competencia entre posibles compradores que, como en una subasta, rivalizan con sus ofertas.

La compra de una empresa es análoga a un proyecto de inversión de crecimiento interno, pues también exige realizar un desembolso (el precio de compra) y promete un flujo futuro de fondos generado por adquirir la propiedad de la empresa adquirida.

Una diferencia importante entre el desarrollo externo por compra de una empresa y el interno por la realización de un proyecto de inversión se refiere a la naturaleza del desembolso exigido por ambas operaciones. Para el proyecto interno el desembolso inicial viene dado por la suma de los precios de mercado de los recursos a movilizar para su ejecución. El precio a pagar por la compra de una empresa depende, por el contrario, en parte importante, de las negociaciones que se lleven a cabo para fijarlo donde, junto a criterios financieros, no siempre objetivos, se añaden consideraciones estratégicas de las partes, en ocasiones difíciles de cuantificar, e incluso actitudes emocionales como la predisposición a comprar o vender.

Respecto a la previsión de los flujos de caja, que también deberán expresarse en términos incrementales, es más fácil de realizar en una operación de compra, en cuanto existe una historia de las empresas para fundamentar las hipótesis sobre una base de partida más sólida que la existente en proyectos de nuevo desarrollo. Además, cuando éstos son de entidad llegan a alterar la estructura competitiva del sector en el que se opera, añadiendo incertidumbre a las previsiones a realizar. Por ejemplo, la construcción de una nueva planta de productos químicos agrícolas, que exigen una dimensión mínima importante a fin de alcanzar economías de escala imprescindibles para competir en este tipo de productos genéricos donde el precio de venta es clave, provocará un exceso de capacidad transitorio que recortará los precios. La compra de una empresa por otra puede afectar menos al sector, pues no aumenta la capacidad instalada ni el número de oferentes, lo que favorece la fiabilidad de las previsiones.

Por último, es preciso diferenciar el valor creado, aflorado antes de culminar la transacción, con el que se cree posteriormente, cuando se gestione dicha transacción. Aquí nos limitaremos al primer análisis, pero sin dejar de reconocer que la fase posterior de gestión de la operación es determinante: si la ejecución supera las expectativas iniciales, se creará valor adicional. Pero si los resultados defraudan las expectativas, se destruirá valor.

4. GENERADORES DE VALOR DE LA ADQUISICIÓN

La creación de valor precisa que el valor combinado de ambas empresas sea superior a la suma de los valores independientes de las dos empresas participantes. Es decir, la operación debe desencadenar algún tipo de ventaja, con independencia de cómo se distribuya entre las partes el valor que origine. Si no es así, el valor que se genere para una de ellas será a costa de la otra, produciéndose un mero mecanismo de cesión de valor y haciendo más difícil el acuerdo.

Dicha ventaja, cuando se expresa en términos financieros, ha de producir alguno de los dos siguientes efectos: incrementar los flujos de caja o reducir su variabilidad. En este último caso, la creación de valor nace de la mayor calidad de los flujos previstos, es decir, de su menor riesgo.

Siendo éstas las consecuencias, lo relevante es identificar las causas que explican el origen de la creación de valor. Las más frecuentes, que justifican la realización de la operación, se relacionan a continuación:

– Obtener economías de escala que permitan reducir costes por alcanzar un mayor tamaño. Este tipo de ventaja es propio de las expansiones horizontales en lo que se refiere a los costes operacionales de suministros, producción o distribución. Así, por ejemplo, un tamaño mayor permitirá reducir el coste de materiales si se aprovecha el incremento del poder de negociación con proveedores que otorga el mayor volumen de las actividades.

– Complementar la oferta de productos o la cobertura geográfica. La fusión de dos empresas eléctricas españolas, para constituir la segunda empresa del sector, permitió complementar las fuentes de generación de electricidad y el territorio cubierto.

— Ahorrar costes al compartir recursos y evitar duplicidades. Esto puede afectar, por ejemplo, a los gastos de estructura de las empresas combinadas o aflora cuando se comparte la misma red de ventas para la distribución de sus productos por el mismo canal. Esto parece justificar la OPA lanzada por el Banco Santander para adquirir Banesto y que permitirá reducir gastos de transformación.

— Impulsar el crecimiento de la actividad mediante la utilización de medios disponibles por la otra empresa. El nacimiento de uno de los principales laboratorios farmacéuticos nació de la combinación de dos más pequeños: uno con una gran capacidad en investigación y desarrollo y otro con una amplia red de ventas.

— Reforzar la estrategia de la empresa compradora si, por ejemplo, desea entrar en un nuevo sector rápidamente, sin tener que construir la posición desde cero y evitando los riesgos que toda aventura nueva comporta. Esta causa se aduce con especial énfasis en los procesos de internacionalización, cuando las diferencias culturales y de contexto hacen más difícil el desarrollo interno de proyectos, favoreciendo la compra de una empresa local.

— Mejorar la gestión de la empresa adquirida cuando se considera que está deficientemente gestionada y que el comprador tiene capacidad para rectificarla. Además, la ruptura que se produce brinda la oportunidad de revitalizar la empresa y adoptar medidas de ajuste más difíciles de implantar en un contexto de continuidad.

— Evitar que la compra la realice un competidor de la empresa compradora, lo que podría deteriorar su posición competitiva, no por lo que hace sino por lo que omite. A este respecto, la empresa compradora debe tratar de mantener la ventaja generada por la operación en cuanto que existe el riesgo de ser imitada por sus competidores. Si así sucede, el valor creado será transitorio, pues podrá ser anulado por una operación similar realizada por la competencia. En un sentido más amplio, es preciso calibrar la posible reacción de la competencia, pues un movimiento tendente a crear valor puede desencadenar una reacción de la competencia de efecto contrario. Así, la compra de una empresa en otro país para acceder a ese mercado puede provocar, en una maniobra de represalia, la entrada de un competidor en el territorio propio.

— Neutralizar la amenaza de un competidor emergente. Algunos analistas observan que Microsoft adquiere aquellas compañías, en su fase inicial de desarrollo, en las que percibe una amenaza para su situación predominante. Con ello, trata de evitar lo que le sucedió a IBM, que vio deteriorada su posición hegemónica, entre otras causas, por dejar desarrollarse a competidores embrionarios a los que no apreció en su justa medida. En ocasiones la operación se justifica para reducir la rivalidad del sector y reducir la capacidad instalada.

– Reducir la variabilidad del resultado de la empresa combinada si los comportamientos de los resultados de las empresas independientes tienden a fluctuar en sentido contrario. Esta menor variabilidad permitirá acceder a una mayor capacidad de endeudamiento que apalanque la rentabilidad de los accionistas de la empresa combinada.

– Disminuir el coste de capital de las fuentes de financiación y, por tanto, reducir la tasa de descuento, aumentando el valor actual de los flujos implicados, como consecuencia de la menor volatilidad de los resultados. Esta menor volatilidad aminora el riesgo de la empresa combinada percibido por accionistas y prestamistas. Además, una empresa de mayor tamaño consigue, en general, un menor coste de su endeudamiento por un efecto de autoseguro.

– Favorecer una mejor gestión interna de los fondos en cuanto posibilita transferirlos de una empresa a otra en función a sus distintas estrategias y necesidades de fondos.

– Conseguir liquidez o capacidad de endeudamiento no utilizadas por la empresa objetivo.

– Posibilitar la obtención de ahorros de impuestos derivados de la consolidación fiscal de las empresas con la consiguiente capacidad de compensar pérdidas. Para ello es preciso adquirir al menos el 90% de la empresa comprada. Igualmente, la operación puede ofrecer exenciones fiscales sobre las plusvalías afloradas en la transacción.

En ocasiones, la empresa compradora aprovecha la infravaloración de la empresa vendedora para pagar un precio inferior al teórico. La diferencia entre el valor estimado por la empresa compradora de la vendedora y el precio satisfecho es la fuente de valor para los accionistas de la primera, generado a expensas del valor perdido por los vendedores.

Con frecuencia, la adquisición de una empresa se realiza con el objetivo de abrir oportunidades de desarrollo difíciles de valorar, cuyas palancas de creación de valor son incluso desconocidas en el momento de la operación. El propósito puede consistir en conocer un nuevo mercado, una nueva tecnología o un sector de actividad en el que no existan intereses inmediatos, pero que permite ir creando una base de partida, un observatorio, para apoyar actuaciones a largo plazo.

Cabe señalar que, en principio, una mera diversificación que no conlleve alguna ventaja no genera valor para los accionistas de la empresa compradora, aunque reduzca su riesgo de negocio. En efecto, el accionista tiene mayor capacidad para lograr esa diversificación por su cuenta, repartiendo su capital entre varias empresas. Aun así, en ocasiones, los gestores propician operaciones de este tipo, pues a ellos sí les interesa tener una empresa mayor y menos arriesgada. Su remuneración, su puesto de trabajo y su reputación en el mercado mejoran si la empresa que dirigen es de mayor tamaño y tiene menor riesgo de entrar en crisis. Además, una empresa en crecimiento ofrece nuevas oportunidades a sus profesionales. Mientras que el accionista puede diversificar su inversión, el directivo apuesta a una sola opción.

Incluso los horizontes relevantes para evaluar las decisiones son, con frecuencia, distintos. Por ejemplo, algunos accionistas otorgan más valor a los comportamientos a largo plazo, mientras que el gestor puede estar más interesado en el corto plazo si lo que busca son resultados rápidos que le permitan acceder a nuevas oportunidades profesionales. Este conflicto de intereses refleja los denominados problemas de agencia que surgen cuando se enfrentan intereses contrapuestos entre distintos partícipes de la empresa y, en concreto, entre el control y la propiedad. En este caso, entre los gestores y los accionistas.

En cuanto a las razones del vendedor para acordar la operación, también son diversas. Entre ellas se señalan: materializar una plusvalía latente, recibir como pago acciones de una empresa que cotice en Bolsa ganando así liquidez para su inversión, resolver litigios entre socios y desprenderse de actividades que no forman parte de su negocio básico para reinvertir en éste los recursos liberados.

Por último, hay operaciones cuyo valor se crea de una vez, como por ejemplo, cuando la empresa a comprar se considera que está infravalorada. Más interesantes parecen aquellas causas que permiten sostener en el tiempo la creación de valor, es decir, cuando se genera una ventaja, como las enunciadas anteriormente, que mejoran la posición competitiva de las empresas involucradas en la operación.

5. CÁLCULO DEL PRECIO DE COMPRA

Para determinar el precio de una operación de compraventa que genere valor para los accionistas, son de aplicación los métodos basados en el cálculo del valor actual del movimiento previsto de fondos.

A efectos de presentar la metodología de cálculo, supongamos que el fabricante de materiales diversos de construcción denominado MATCON desea adquirir la compañía distribuidora DISMAT, que cuenta con una potente red comercial. MATCON anticipa que esta operación le permitirá impulsar la venta de sus propios productos y, simultáneamente, aumentará la gama ofrecida por DISMAT y, en consecuencia, también su cifra de negocios.

Al objeto de que el mercado no asocie a DISMAT, en exclusiva, con la marca MATCON y posibilitar que pueda seguir comercializando sus productos actuales, algunos incluso pertenecientes a competidores de MATCON, la operación se ha diseñado de modo que ambas empresas mantengan su autonomía como unidades independientes, por lo que no se producirá una absorción. Por esta razón, sólo se contempla el previsible incremento de las ventas sin que se anticipe ninguna economía de gastos por agrupar determinadas funciones comunes a ambas empresas y que en otros casos alimentan el interés de este tipo de operaciones. MATCON tampoco estima que pueda mejorar la gestión interna de DISMAT, pues en la actualidad se considera que es excelente, siendo ésta otra razón que aconseja la compra en estudio.

MATCON evalúa por tanto la adquisición de las acciones de DISMAT y, en consecuencia, se enfrenta a la valoración de los fondos propios de dicha empresa. Para hacerlo, debe calcular el valor actual de los flujos de caja para el accionista o, alternativamente, restar del valor teórico del activo neto el valor de la deuda, según la ecuación:

> Valor fondos propios = valor activo neto – valor deuda

El valor del activo neto se estima como el valor actual de la corriente prevista del movimiento operativo de fondos. De comprarse sólo los activos, DISMAT retendría el compromiso de atender su exigible. Por el contrario, si se negocia, como es el caso de este ejemplo, la propiedad de la empresa, lo que implica adquirir sus acciones, será MATCON quien deba hacer frente al exigible de DISMAT.

Calcular el valor del activo neto y deducir el valor de la deuda de la empresa a comprar permite ponderar el valor del negocio con independencia de su fórmula de financiación. Además, el cálculo del flujo de caja para el accionista arranca de la determinación previa del flujo operativo de caja. Sin embargo, en lo que sigue se valorarán directamente los fondos propios a partir del flujo de caja para el accionista, en cuanto que no distorsiona el análisis del valor que se pretende abordar y a fin de simplificar la exposición.

También, con este propósito, se considera que ambas empresas, MATCON y DISMAT, presentan, en la actualidad, una evolución de crecimiento constante, con lo cual se utilizará la fórmula de valoración basada en una renta perpetua y creciente. Más normal suele ser tener que estimar los movimientos de fondos durante un período de planificación, que abarque el transitorio del cambio de los parámetros del negocio originados por las ventajas que aporte la operación, y añadir luego un valor residual. Éste pretende resumir los movimientos posteriores al horizonte de previsión, ya con un comportamiento razonablemente más estable, debido a que la consolidación de la ventaja y la previsible reacción de la competencia anularán, al cabo del tiempo, la ventaja creada.

El cuadro 2 presenta la valoración de ambas empresas en su escenario actual, antes de producirse la compra en estudio. Recoge el flujo de caja para el accionista de cada empresa previsto para el próximo ejercicio y su tasa esperada de crecimiento. Suponiendo un coste de capital de los fondos propios del 14%, se calcula el valor de cada empresa, según recoge la última columna de dicho cuadro. Cabe advertir que ninguna de las dos empresas posee activos cuya renta no esté incluida en el flujo de caja reseñado ni tampoco cuentan con activos ociosos. Si no fuese este el caso, sería preciso incrementar el valor calculado de los fondos propios por efecto de dichos activos adicionales.

Tampoco existen partidas extraordinarias en el flujo de caja del accionista previsto para los próximos ejercicios que, por su singularidad, impidiesen contemplar un crecimiento constante. Si existiesen, habría que realizar la valoración a partir de los flujos de caja individualizados para cada año hasta que desaparezcan las singularidades y se pueda estimar un valor residual en base a un crecimiento constante.

El valor conjunto actual de ambas empresas funcionando independientemente asciende, en consecuencia, a 1.181,8 millones de euros. Como siempre, la fiabilidad de este importe depende de la calidad de las previsiones que se efectúan sobre los parámetros involucrados.

**Cuadro 2. VALORACIÓN ACTUAL DE LAS EMPRESAS
INDEPENDIENTES (millones de euros)**

	Flujo de caja previsto para el accionista	Crecimiento	Valor fondos propios	Fórmula de cálculo
MATCON	100,0	4,0%	1.000,0	100/(0,14–0,04)
DISMAT	20,0	3,0%	181,8	20/(0,14–0,03)
		TOTAL	1.181,8	

Si se consuma la operación, la empresa MATCON confía en incrementar la tasa de crecimiento de su actividad hasta un 5% al año, siendo éste el único cambio previsible. El resto de sus parámetros operativos se prevé que permanecerán inalterados, siendo el mencionado crecimiento de la actividad el único generador de valor identificado. Además, MATCON estima que la incorporación de sus productos a la oferta comercial de DISMAT permitirá a esta empresa incrementar su tasa de crecimiento del 3% actual al 4%.

Tampoco se contempla ninguna alteración significativa del coste de capital de los fondos propios, pues por operar ambas empresas en el mismo sector, aunque en ámbitos diferentes de su cadena de valor, no se anticipa una reducción de la volatilidad de sus flujos de caja una vez realizada la operación todavía en estudio. Igualmente, MATCON considera que mantendrá su actual objetivo de estructura de financiación.

Para actualizar los flujos de caja de la empresa a adquirir se debe utilizar el coste de capital de esta empresa, pues es la tasa que incorpora el riesgo asociado a dichos flujos. Así pues, la empresa compradora no debe utilizar su propio coste de capital para realizar la valoración. Sí cabría hacer algún ajuste al coste de capital de la empresa a adquirir si se prevé cambiar el índice de endeudamiento de mercado, en los términos expuestos en el capítulo cuarto, para ajustar el riesgo financiero diferencial.

En este ejemplo, supondremos que el coste de capital de los fondos propios de ambas compañías se eleva al 14%.

El cuadro 3 ofrece los nuevos valores teóricos de los fondos propios de ambas empresas después de la operación y una vez incorporados los incrementos previstos de crecimiento.

**Cuadro 3. VALORACIÓN DE AMBAS EMPRESAS DESPUÉS
DE LA OPERACIÓN (millones de euros)**

Empresa	Flujo de caja previsto	Crecimiento	Valor fondos propios	Incremento del valor	
				Importe	%
MATCON	100,0	5,0%	1.111,1	111,1	11,1%
DISMAT	20,0	4,0%	200,0	18,2	10,0%
		TOTAL	1.311,1	129,3	10,9%

El aumento de valor de ambas empresas sobre su situación previa se recoge en la última columna del mencionado cuadro y responde al valor que se prevé crear por la materialización de la compra. En conjunto, el valor crece un 10,9%, que refleja el valor que MATCON estima que creará la transacción y que asciende a 129,3 millones de euros.

En principio, el precio máximo que podría pagar MATCON por la compra de DISMAT sería igual al valor total creado más el valor de esta última empresa calculado antes de la operación. Esta cifra es de 311,1 millones de euros y se calcula por:

Precio máximo = Valor creado + Valor actual de DISMAT

Alternativamente, el precio máximo a pagar se calcula sustituyendo el valor creado en la fórmula anterior por el que indica la fórmula 1, resultando:

	Millones
Valor combinado de las dos empresas	1.311,1
− Valor actual de MATCON	−1.000,0
Precio máximo para MATCON	311,1

Pero de abonarse este importe, MATCON cedería a los accionistas vendedores todo el valor de la operación cuando parece razonable que pretenda quedarse con una porción importante del mismo en cuanto es ella la que impulsará la creación de valor.

Desde el lado de los accionistas de DISMAT el precio mínimo a solicitar sería de 181,8 millones calculado por el valor actual de la corriente de movimiento de fondos, con un crecimiento del 3% y según el cuadro 2. Por tanto, el precio final deberá situarse, razonablemente, dentro de la horquilla definida por los 311,1 millones y los 181,8 millones. Existe pues una banda de negociación, dependiendo el resultado final de la conclusión de las negociaciones y de consideraciones no financieras que impulsen a las partes a realizar la operación.

En realidad, de ambos importes habría que restar los gastos que, respectivamente, genere la operación a cada empresa originados por los honorarios de asesores, auditores, abogados, notarios y registro, además de los impuestos a satisfacer y los gastos de gestión en que previsiblemente se incurrirá para culminar la transacción. A efectos de no complicar innecesariamente los cálculos, vamos a prescindir de estos gastos aunque, con frecuencia, son importes significativos que afectan al análisis que se realice de una transacción como la que se comenta.

En cualquier caso, MATCON debería contrastar su oferta de precio con el coste actualizado en el que incurriría si, alternativamente, desarrollase con sus propios medios una red de distribución similar a la que le ofrece DISMAT. Aunque, probablemente, podría abonar un precio superior al desembolso exigido por un desarrollo interno en cuanto que la adquisición ofrece la ventaja de su mayor rapidez de implantación y el menor riesgo de fracasar en el intento. La operación aporta también la ventaja de evitar que un competidor adquiera este canal de distribución en perjuicio de MATCON.

Por su parte, los accionistas de DISMAT deberían conocer el valor de liquidación de su empresa para no aceptar un precio de venta inferior.

6. REPARTO DEL VALOR CREADO Y ECUACIÓN DE CANJE

Supongamos que, finalizadas las negociaciones entre las partes, se acuerda un precio de compraventa intermedio de 250,0 millones de euros. Si en la actualidad DISMAT tiene un millón de acciones, el precio pactado por acción se eleva a 250 euros. De este modo, el valor creado para cada grupo de accionistas se incluye en el cuadro 4, donde el nuevo valor de MATCON se ha ajustado de modo que se mantenga el valor de la empresa combinada que indica el cuadro 3, es decir, se ha calculado como diferencia entre el valor combinado final y el precio pactado.

Cuadro 4. REPARTO DEL VALOR CREADO PARA EL PRECIO PACTADO

	Valor actual	Nuevo valor	Valor creado
MATCON DISMAT	1.000,0 181,8	1.061,1 250,0	61,1 68,2
	1.181,8	1.311,1	129,3

Queda claro que la distribución del valor creado depende del precio de compra que se acuerde.

Una vez fijado el precio, se trata de analizar la forma de pago. Este puede realizarse, por ejemplo, en efectivo o, como es también habitual, en acciones de la empresa compradora. Como veremos a continuación, la ecuación de canje, que establece el número de acciones de MATCON a entregar por cada acción de DISMAT, introduce otro elemento de nego-ciación que afecta a la distribución entre ambos colectivos de accionistas del valor creado por la transacción. Cuando el precio pactado por la opera-ción se abona en efectivo, el reparto del valor creado está perfectamente definido para el precio acordado. No sucede así cuando el pago se realiza mediante entrega de acciones de la empresa compradora, pues depende del precio que se las asigne.

Lógicamente, para adoptar esta decisión las partes deben consensuar el precio de las acciones de la empresa compradora, una vez realizada la tran-sacción. Desde la perspectiva de ésta, si considera que el precio que se pacte para sus acciones está infravalorado, podría preferir el pago en efec-tivo. Si, por el contrario, consigue que se fije un precio por acción sobre-valorado, se decantaría por el pago en acciones para aumentar el valor creado para sus accionistas. La posición de la empresa vendedora será, razonablemente, simétrica.

Además, se deben introducir otros parámetros para la toma de esta decisión, como por ejemplo: posible dilución del beneficio por acción de la empresa compradora, disponibilidad para mantener el dividendo o capa-cidad para financiar la compra si el pago se hace en efectivo. Son paráme-tros importantes por la relevancia que les asignan los accionistas, aunque menos relacionados con la creación de valor.

Supongamos que MATCON tiene en la actualidad cinco millones de acciones y que se acuerda que hará una ampliación de capital para pagar en acciones el precio pactado. El número de acciones a emitir, aceptando las previsiones de MATCON del cuadro 3, se calcula a partir de la siguiente fórmula y referida a las acciones de esta empresa.

$$\frac{\text{Valor combinado}}{\text{Acciones antiguas} + \text{Acciones nuevas}} \cdot \text{Acciones nuevas} = \text{Precio pactado}$$

Esta fórmula expresa que el valor de las acciones nuevas a entregar a los accionistas de DISMAT ha de ser igual al precio acordado de 250 millones. En efecto, el primer cociente del primer término calcula el valor de la acción de MATCON después de la operación, que multiplicado por el número de acciones nuevas ha de coincidir con el precio pactado. Obsérvese que el nuevo valor de MATCON, después de la transacción, incluye el valor de DISMAT y, por tanto, coincide con el valor combinado de ambas empresas. La fórmula anterior supone compartir la totalidad del valor creado entre ambas empresas. Alternativamente, se podría sustituir el valor combinado por la suma del valor actual de la empresa compradora, previo a la operación, y el precio acordado o, incluso, por la suma de los valores independientes de ambas empresas antes de la operación. El criterio a aplicar dependerá de lo que se negocie entre las partes.

Despejando las acciones nuevas en la fórmula anterior y aplicando los datos del ejemplo, expresando los importes en millones de euros, resulta:

$$\text{Acciones nuevas} = \frac{\text{Precio pactado} \cdot \text{Acciones antiguas}}{\text{Valor combinado} - \text{Precio pactado}}$$

$$\text{Acciones nuevas} = \frac{250 \cdot 5.000.000}{1.311,1 - 250,0} = 1.178.023$$

Este resultado expresa que los accionistas de DISMAT recibirán el 19,07% de la propiedad de MATCON una vez consumada la operación.

Si en la primera de las dos fórmulas anteriores se dividen ambos términos por las acciones actuales de DISMAT, se obtiene la ecuación de canje de la operación que informa de cuántas acciones de MATCON se entregarán por cada acción de DISMAT y que viene dada por:

$$\text{Ecuación de canje} = \frac{\text{Precio pagado por acción} \cdot \text{Acciones antiguas}}{\text{Valor combinado} - \text{Precio pactado}}$$

Como DISMAT cuenta con un millón de acciones, la ecuación de canje se eleva a 1,178 acciones de MATCON por cada acción de DISMAT, calculada por:

$$\text{Ecuación de canje} = \frac{0,00025 \cdot 5.000.000}{1.311,1 - 250,0} = 1,178$$

donde 0,00025 es el precio pactado, en millones de euros, por cada acción de DISMAT. Esta proporción coincide con el cociente entre las acciones de MATCON a entregar a los accionistas de DISMAT (1.178.023) y las acciones en curso de esta empresa antes de la operación (1.000.000).

La ecuación de canje se calcula también como cociente entre el nuevo valor asignado a las acciones de las empresas vendedora y compradora después de la operación ((250/1.000.000)/(1.311,1/6.178.023)).

El cuadro 5 muestra los resultados de la transacción así formulada para los accionistas de cada empresa.

Cuadro 5. RESULTADOS DE LA TRANSACCIÓN
(Importes en millones de euros)

		Incremento de valor
Valor combinado	1.311,1	
Número acciones totales de MATCON	6.178.023	
Valor de la acción (euros)	212,2	
Nuevo patrimonio accionistas DISMAT	250	68,2
Nuevo patrimonio accionistas MATCON	1.061,1	61,1
TOTAL		129,3

El valor de la acción de MATCON después de la transacción (212,2) se obtiene dividiendo el valor combinado (1.311,1 millones) entre el número total de acciones (6.178.023). En cuanto al patrimonio de cada colectivo de accionistas, se calcula multiplicando el número de acciones respectivas por el valor de la acción de MATCON una vez culminada la operación. La figura 1 resume los cálculos realizados.

Figura 1. REPARTO DEL VALOR CREADO
(millones de euros)

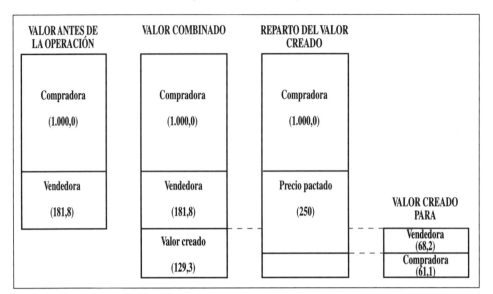

7. CONSIDERACIONES SOBRE LA FORMA DE PAGO

Lo expuesto en los párrafos anteriores muestra que al comprador le interesa, en una primera instancia, minusvalorar frente al vendedor las ventajas generadas por la operación. De este modo se reducirá el importe esperado del valor creado a repartir entre las partes y se acotarán las exigencias de la parte vendedora. La empresa adquirida, por el contrario, pretenderá explicitar y magnificar el potencial de creación de valor por la transacción, a fin de ampliar el límite superior de la horquilla de precio.

Pero, por otro lado, reducir el impacto favorable de la operación disminuirá el valor de las acciones de la empresa compradora una vez adquirida la empresa vendedora. Por ello, el número de acciones a entregar como pago será más elevado, lo que originará una transferencia de valor de los accionistas compradores a los vendedores. Para mejorar a su favor la ecuación de canje de acciones, la empresa compradora debería tratar de que la otra parte aprecie en su justa medida el impacto generado por la operación en curso.

Por ello, se deberá abordar la negociación del precio de compraventa y de la forma de pago simultáneamente, en un intento de equilibrar los efectos de la paradoja enunciada.

El pago en acciones reduce el riesgo de fijar un precio demasiado elevado a la empresa vendedora en cuanto que una parte del exceso de precio pagado, al incrementar el precio de la empresa combinada, será absorbido por los accionistas de la empresa vendedora. Si, por el contrario, se paga en efectivo, toda la posible sobrevaloración será a costa de los accionistas de la empresa compradora.

Por último, el pago de la transacción mediante acciones suele resultar más elevado para la empresa compradora que hacerlo en efectivo en cuanto puede ser señal de que la empresa compradora considera que sus acciones están sobrevaloradas. En caso contrario sería razonable que negociase el pago en efectivo.

8. CUANDO LAS EMPRESAS COTIZAN EN BOLSA

El desarrollo hasta aquí expuesto considera que ninguna de las dos empresas cotiza en Bolsa. De no ser este el caso, la negociación se vería facilitada por la referencia que ofrecen las respectivas cotizaciones. El precio que pagaría MATCON estaría razonablemente por encima de la cotización bursátil de DISMAT a fin de estimular a vender a un número suficiente de accionistas y poder acceder así a obtener una posición de control que le permita gobernar la ventaja inherente a la compra. Este premio se estima superior al 25%, aunque en ocasiones ha sido muy superior, en consonancia con el interés estratégico que el comprador asigne a la operación.

Igualmente, la cotización de MATCON permitiría fijar más objetivamente las acciones a entregar como pago de la transacción, en el supuesto de que su cotización no variase después de la compra y de la ampliación de capital a realizar.

Cuando las empresas cotizan en Bolsa, el valor creado por la operación se estima como la diferencia entre la capitalización de la empresa combinada y la suma de los capitales antes de la operación. Sin embargo, las fluctuaciones de las cotizaciones nacidas del conocimiento de la operación pueden distorsionar esta estimación.

Las operaciones de este tipo, en cuanto son percibidas por el mercado, tienden a repercutir en la cotización de las empresas involucradas, produciendo fluctuaciones previas en las cotizaciones respectivas, reforzadas por la actuación de especuladores, que pueden distorsionar los cálculos de valoración e intercambio de acciones. Si este es el caso, sería preciso contemplar las cotizaciones anteriores al anuncio de la transacción.

En general, la cotización de la empresa vendedora suele subir cuando se conoce que se planea la operación porque el mercado anticipa que se pagará una prima por la compradora para adquirir el control. Por esta misma razón, es frecuente que la cotización de la empresa compradora experimente un recorte. No sucedió así, sin embargo, con la OPA lanzada en 1998 por el Banco de Santander sobre BANESTO, que provocó una fuerte y súbita subida de la cotización de ambas entidades.

Además, la apreciación sobre la razonabilidad de la cotización de las acciones permitirá a las partes fundamentar su decisión, como se adelantó anteriormente. Una eventual sobrevaloración de las acciones de la empresa compradora inclinará a ésta a efectuar el pago en acciones, mientras que la vendedora pretenderá lo contrario si comparte dicha estimación.

El análisis anterior se ha realizado contemplando la repercusión sobre el valor creado. Pero, en el caso de que exista cotización bursátil, se refuerza el interés de evaluar cómo incidirá sobre otros parámetros de la compañía compradora en cuanto son seguidos, atentamente, por los inversores para fijar la cotización de las acciones. Así, por ejemplo, es conveniente comprobar que no se diluye el beneficio por acción de la empresa compradora o que se puede mantener el dividendo teniendo en cuenta el eventual incremento del número de acciones en circulación.

Significado de las abreviaturas utilizadas

α	Coeficiente alfa de una acción.
A	Dotación anual a amortizaciones.
Ac	Importe total de la ampliación anual del capital social.
AN	Activo neto (activo total menos financiación espontánea).
b	Factor de retención de beneficios (beneficio retenido/beneficio neto).
β	Coeficiente beta.
βcd	Beta observada de una acción (incluye su estructura de financiación real).
βd	Coeficiente beta de la deuda.
βsd	Beta del activo neto de la empresa o de los fondos propios cuando no hay deuda.
BE	Beneficio económico (antes de intereses e impuestos).
BN	Beneficio neto o después de impuestos.
BR	Beneficio retenido (beneficio neto menos dividendos).
c	Tasa de crecimiento de las magnitudes contables (en modelo de crecimiento constante).
Ccm	Coste medio contable de capital de la empresa (media ponderada de los costes de las fuentes a valores contables).
CCm	Coste medio de capital de la empresa (media ponderada de los costes de las fuentes a valores de mercado).
D	Valor contable de la deuda o exigible con coste explícito.
DIV	Dividendos distribuidos en el año.
Dm	Valor de mercado de la deuda.
e	Índice de endeudamiento (valor contable de la deuda/valor contable de los fondos propios).
em	Índice de endeudamiento a valores de mercado de la deuda y de los fondos propios.

FCA	Flujo de caja para el accionista.
FF	Flujo financiero de la empresa.
FOC	Flujo operativo de caja (a veces denominado flujo libre de caja).
FP	Valor contable de los fondos propios.
FPm	Valor de mercado de los fondos propios.
i	Coste de la deuda antes de deducir el ahorro fiscal.
ICV	Índice de creación de valor (valor anual creado/valor inicial de mercado).
id	Coste de la deuda después de impuestos.
Ie	Índice de éxito (rentabilidad del accionista de la empresa dividida por la media del mercado).
IN	Inversión anual en inmovilizado y capital circulante operativo.
INVc	Inversión de crecimiento.
INT	Importe de los gastos financieros anuales.
k	Tasa de descuento.
Pr	Precio relativo (valor teórico o de mercado de los fondos propios/valor contable).
PRF	Prima de riesgo financiero de los fondos propios.
r	Renta monetaria de un activo.
R	Rentabilidad esperada por los accionistas o coste de capital de los fondos propios.
Ra	Rentabilidad real obtenida por el accionista.
RA	Importe total de la recompra anual de acciones.
Rac	Rentabilidad esperada de un activo.
Rad	Rentabilidad real por dividendos obtenida por el accionista.
Ran	Rentabilidad esperada del activo neto cuando no hay deuda.
R'an	Rentabilidad esperada del activo neto cuando hay deuda.
Rap	Rentabilidad real por plusvalía obtenida por el accionista.
RE	Rentabilidad económica (beneficio económico/activo neto).
REe	Rentabilidad económica esperada (TIR del flujo operativo de caja).
REm	Rentabilidad económica de mercado (beneficio económico/valor de mercado del activo neto).
REr	Rentabilidad económica real.
Rf	Rentabilidad esperada de los activos sin riesgo.
RF	Rentabilidad financiera (beneficio neto/fondos propios).
RFe	Rentabilidad financiera esperada.
RFm	Rentabilidad financiera de mercado (beneficio neto/valor de mercado de los fondos propios).
Rm	Rentabilidad esperada del mercado (para el conjunto de activos con riesgo).
t	Tipo impositivo.
td	Tasa de reparto de dividendos (dividendos/beneficio neto).
TAE	Tasa anual equivalente (tipo de interés expresado en período anual de liquidación).
TIR	Tasa interna de rentabilidad de un flujo de fondos.
VAM	Valor añadido de mercado (valor de mercado de los fondos propios menos valor contable).
VAN	Valor actual neto de un flujo de fondos.

VC   Valor anual creado para los accionistas.
VEA   Valor económico añadido (beneficio neto menos coste de los fondos pro-
          pios).
VEAva   Valor actualizado de la corriente futura del valor económico añadido.
VM   Valor de mercado de los fondos propios (en las empresas que no cotizan se
          sustituye por el valor teórico).
VR   Valor residual de un activo físico o financiero.
VT   Valor teórico de los fondos propios.
VTan   Valor teórico del activo neto con la estructura de financiación de la empresa.
VTansd   Valor teórico del activo neto financiado sin deuda.

Índice analítico

Bibliografía recomendada

Michael MORROW: *Activity-based management.* Woodhead-Faulkner. 1992.

Pankaj GHEMAWAT: *Commitment.* The Free Press. 1991.

Robert M. GRANT: *Contemporary strategy analysis.* Blackwell Business. 1997.

Gordon DONALDSON: *Corporate restructuring.* Harvard Business School Press. 1994.

Alfred RAPPAPORT: *Creating shareholder value.* The Free Press. 1986.

R. KAPLAN y D. NORTON: *Cuadro de mando integral.* Ediciones Gestión 2000. 1996.

Juan PÉREZ-CARBALLO VEIGA: *Estrategia y políticas financieras.* ESIC Editorial. 1997.

Eduardo BALLARÍN, Jordi CANALS y Pablo FERNÁNDEZ: *Fusiones y adquisiciones de empresas.* Alianza Economía. 1994.

Price WATERHOUSE: *In search of shareholder value.* Pitman Publishers. 1998.

Aswath DAMODARAN: *Investment valuation.* John Wiley & Sons, Inc. 1996.

Josep FAUS: *Políticas y decisiones financieras.* IESE. Universidad de Navarra. 1998.

Xavier ADSERÁ y Pere VIÑOLAS: *Principios de valoración de empresas.* Deusto. 1997.

BREALEY y MYERS: *Principles of corporate finance.* McGraw Hill. 1991.

Cynthia A. MONTGOMERY y Michael E. PORTER: *Strategy.* Harvard Business School Press. 1991.

G. BENNETT STEWART III: *The quest for value.* Harper Business. 1991.

Arnoldo C. HAX y Nicolas S. MAJLUF: *The strategy concept and process.* Prentice-Hall International, Inc. 1996.

James M. TAGGART, Peter W. KONTES y Michael C. MANKINS: *The value imperative.* The Free Press. 1994.

Tom COPELAND, Tim KOLLER y Jack MURRIN: *Valuation.* John Wiley & Sons, Inc. 1996.

OTROS LIBROS de Juan F. Pérez-Carballo Veiga publicados en ESIC EDITORIAL

333 Págs. ISBN 84-7356-065-5

CONTROL DE LA GESTION EMPRESARIAL
TEXTO Y CASOS
..

Juan F. Pérez-Carballo Veiga

ESTE LIBRO EN SU TERCERA EDICIÓN, PRESENTA UN PLANTEAMIENTO AMPLIO DE LA FUNCIÓN DE CONTROL COMO RESPONSABILIDAD DIRECTIVA. CONCILIA LA FORMULACIÓN CONCEPTUAL DE LOS SISTEMAS DE CONTROL CON LA INTRODUCCIÓN DE LAS TÉCNICAS DE UTILIZACIÓN MÁS FRECUENTES.

Fundamentos del control de gestión • La información de costes • La práctica de los sistemas de costes • Control por ratios • El presupuesto y sus desviaciones • Control de las actividades operativas • Control de inversiones • Control de la gestión financiera • La función del controller.

ESTRATEGIA Y POLITICAS FINANCIERAS
..

Juan F. Pérez-Carballo Veiga

ABORDA EL AUTOR LA ACTUACIÓN FINANCIERA DE LA EMPRESA EN EL MARCO DE SUS DECISIONES ESTRATÉGICAS Y EN SU RELACIÓN CON EL RESTO DE LAS ÁREAS FUNCIONALES.

Evaluación financiera de la estrategia • Los factores clave de éxito • Imagen financiera de la empresa • Componente estratégico de los costes • Dinámicas financieras • La información contable • Interpretación de la información económica-financiera • Financiación del crecimiento • Cálculo de las decisiones financieras • Decisiones de asignación de recursos financieros • Evaluación financiera de proyectos estratégicos • Riesgo y rendimiento • Control de gestión de las operaciones.

412 Págs. ISBN 84-7356-154-6